首都经济贸易大学工商管理学院　编著

THE MANAGEMENT CASES OF CHINESE ENTERPRISES

第二版

中国本土企业经营管理案例

经济管理出版社

ECONOMY & MANAGEMENT PUBLISHING HOUSE

图书在版编目（CIP）数据

中国本土企业经营管理案例/首都经济贸易大学工商管理学院编著.
—2版.— 北京：经济管理出版社，2012.6
ISBN 978-7-5096-2007-6

Ⅰ．①中… Ⅱ．①首… Ⅲ．①企业管理－案例－中国 Ⅳ．①F279.23

中国版本图书馆CIP数据核字（2012）第142251号

责任编辑：勇　生
责任印制：杨国强
责任校对：超　凡

出版发行：经济管理出版社
　　　　　（北京市海淀区北蜂窝8号中雅大厦A座11层 100038）
网　　址：www.E-mp.com.cn
电　　话：（010）51915602
印　　刷：北京晨旭印刷厂
经　　销：新华书店
开　　本：720mm×1000mm/16
印　　张：19
字　　数：465千字
版　　次：2012年11月第2版　2012年11月第1次印刷
书　　号：ISBN 978-7-5096-2007-6
定　　价：38.00元

首都经济贸易大学工商管理案例库

总 序

大力推进案例教学　切实提高教育质量

戚聿东

　　管理是生产力中的软件，只有通过管理才能将劳动者、劳动资料和劳动对象这三个要素有机地结合起来，形成现实的生产力。所以，国际上对管理教育特别是工商管理教育非常重视，形成了比较成熟的教育体系，案例教学是其中最重要的体现之一。在发达国家高等教育中，案例教学已经有了百余年的历史。工商管理学如同医学、法学等学科一样，无论是教学、研究还是服务社会，都离不开案例这种有效的形式。案例是人们理论联系实际、认识客观世界、提炼客观规律的重要途径。通过案例教学，各层次学生不仅可以进一步消化所学书本理论知识，掌握基本的实践技能、方法和手段，而且还可以发现问题、提出问题、解决问题，进而达到培养创新意识和创新能力的目标。

　　20世纪80年代初期，邓小平同志在访问美国时主动与美国总统卡特达成协议，签署了培训中国企业管理人才、引进美国哈佛大学案例教学法的中美合作议定书，确定的项目名称为"中国工业科技管理大连培训中心"。这个中心的目标是由美国教授讲授美国现代化管理知识，通过案例分析，使受训者能够较完整地学到美国工业企业现代化管理的基本理论和方法。从此，我国高校开始探索案例研究和教学工作。经过近20年的发展，我国案例教学已经有了一定程度的普及，人们越来越认识到案例教学的重要性和价值。然而，我国开展工商管理教育的时间毕竟较短，案例教学仍处于起步阶段，案例教学的数量和质量与国外仍有较大的距离。北京大学光华管理学院2000年成立管理案例研究中心，承担"北大案例库"的建设工作。清华大学从2001年起步，由清华大学和国家教育部共同出资1000万元，建设"中国工商管理案例库"。目前，我国设立工商管理专业（本科）的高校已经有300多所，有企业管理专业硕士学位授予权的高校近 300 所，有工商管理硕士（MBA）培养资格的高校有 126 所，绝大部分高校的工商管理案例教学都较为薄弱。因此，大力强化案例教学是摆在我国高校工商管理教育面前的迫切任务。

首都经济贸易大学作为北京市属重点大学，担负着为首都培养高级经济管理人才的使命。首都经济贸易大学早在 1964 年就设立了企业管理专业。经过 44 年的发展和几代人的努力，首都经济贸易大学工商管理学院现已拥有博士、硕士、MBA、学士等完整的办学体系和学位授予权，设企业管理系、市场营销系、物流管理系、电子商务系、旅游管理系 5 个系，专职教师 65 人，60% 具有博士学位。另外聘请了张瑞敏、段永基、陈峰、杜昌焘、陈惠湘等 30 余位著名企业家担任本院兼职教授，形成了一支既有较高教研水平又有较多实践经验的实力雄厚的师资队伍，大部分教师在政府、学会、企业兼任着重要职务。我院还是中国工业经济学会、中国企业管理研究会等众多全国学术团体的副会长和常务理事单位，首都企业改革与发展研究会、北京行为科学学会等北京市级学会挂靠我院。

2005 年 3 月，本人担任首都经济贸易大学工商管理学院院长，针对我院的历史传统和特色优势，提出了"格物致知，明体达用"的院训和"以三好教师育四好人才"的学院使命。所谓"三好"，是指教学好、科研好和实践好。"四好"是指德、智、体、美四好。工商管理学科作为历史性和实践性特别强的学科，对师资的要求不能不考虑实践背景，而目前世界范围内工商管理教育的一大弊病就是相当多的专业教师缺乏实践背景，教学内容脱离实践，科学研究"闭门造车"，在这种背景下，强调"三好"教师导向意义重大。我院一向重视理论联系实际，重视案例教学。从 20 世纪 80 年代开始，我院就接受中共中央组织部和国家经委委托，与清华大学、复旦大学、上海财经大学一道，共同承担国有大中型企业厂长（经理）现代化管理培训试点任务。当时，我院教师的授课水平尤其是擅长理论与实践结合方面为广大学员留下了深刻印象。90 年代以来，我们为社会各界包括政府部门进行了大量管理培训，获得了广泛的认同。目前所有的专任教师都具有一定的企业实践背景，有些从事过企业管理工作，有些在企业中兼任独立董事、高级顾问，绝大部分教师都为企业从事过项目咨询、研究工作，这就为开展案例研究和教学提供了良好的基础。

我院对各个培养层次的工商管理案例教学都比较重视，专门成立了首都经济贸易大学工商管理案例研究与开发中心，致力于工商管理案例开发、研究、推广等工作。近些年来，我们先后与中国企业联合会、北京市企业联合会等多家单位合作，联合开发并获得国家级和北京市级企业管理现代化成果的有关案例。同时，我们也鼓励广大教师自己把项目咨询成果改造成教学案例。通过多管齐下，促进了案例教学工作的深入和普及。经过多年的积累，我院组织开发的原创型的案例数量已经有了一定基础，准备分卷结辑出版，以与全国同行共享。同时，我们也诚挚地欢迎全国同行专家、学者、广大学生和读者提出批评和指导意见。

　　工商管理学科专业是实践性最强的学科专业之一，大力加强案例教学符合工商管理学院的使命追求和院训精神，学院的生命力也在于通过加强案例教学和实践教学切实提高教学水平。只有这样，我们才能真正办出人民满意的高等教育，也才能打造出工商管理学院的教学特色和教育优势。

（总序作者戚聿东为首都经济贸易大学工商管理
学院院长兼 MBA 教育中心主任）

前　言

自 100 年前美国哈佛商学院在商业教学中引入案例教学法以来，案例教学的优越性越来越得到社会的认可。我国工商管理教育 20 世纪 80 年代初从美国引进案例教学法，目前已经成为各大学商学院和管理学院普遍采用的教学方式。

案例是案例教学的基础。案例教学的特点决定了开发本土企业管理案例的重要性。本案例集收编的 12 个案例全部是首都经济贸易大学工商管理学院教师带领研究生开发的本土化企业管理案例。

教学案例按照教学功能分为描述/评审型案例与分析/问题型案例，本案例集收编的案例大部分属于描述/评审与分析/问题结合型的综合性案例，内容包括行业及企业背景、决策及实施、结果及存在的问题，过程相对完整，便于学习者应用。

案例具有时代性。本案例集收编的都是 21 世纪初中国企业经营管理的热点问题，其主题主要包括两个：

（1）如何贯彻科学发展观的发展战略。如钢铁企业提升企业发展品质的战略决策案例；代表中国传统行业的黄酒企业、中药企业实施"蓝海战略"、科技创新战略求发展的案例；零售业企业抓住机遇实现高速发展的战略案例；企业实施零库存提高效益的案例。

（2）转型时期中国企业如何提升核心竞争力。如大型国有企业通过资本运作加强核心业务的案例；中小企业在激烈竞争中谋取生存发展的"利基战略"案例；大型国有老企业通过建立学习型组织增强活力的案例；消费品行业企业品牌建设案例；大型装备制造业为进入世界一流企业而实施精确管理、开展全员培训的案例；乡镇企业如何为持续成长制定发展规划的案例。

本案例集面向对象主要是工商管理研究生和高年级本科生。此外，也可供相关教学研究人员参考。本案例集编写的目标有三个：

1. 帮助学习者丰富相关行业知识

工商管理离不开具体的行业，不同的行业对企业管理有不同的要求。缺乏基本的行业知识，管理人员就很难与其他人合作解决具体的管理问题，甚至因为缺乏共同语言而被边缘化。目前中国大学生毕业后面临激烈的就业竞争，大学有责任通过各种途径，包括案例教学尽可能丰富工商管理学生的行业知识，提升其职业竞争力。本案例集12个案例涉及钢铁、酿酒、机械、化工、制药、商业六个行业，可以从一定程度上满足、丰富学生行业知识的要求。

2. 帮助学员了解企业，特别是本土企业的实际运作方式，加深对理论知识的理解

学习管理知识的基本途径，一是从书本、从课堂上学，主要是学习在总结前人经验的基础上提炼出来的理论；二是从实践中学，通过案例分析、管理实习、模拟演练等了解组织决策和运行的实际过程，积累分析和解决管理问题的能力。前者获得知识的效率高，一本书、一门课可以概括某个方面管理的基本规律和基本法则，但是比较抽象、比较典型，有时不好理解、不好记忆、不便运用，因此，需要借助第二条途径。通过案例教学，让学生置身于真实、复杂的环境之中，特别是中国本土环境之中，了解企业的实际决策和运作方式，运用所学理论加以评判分析、诊断谋划，管理知识就会变得非常有用、非常亲切、难以忘怀。例如，通过学习金枫酿酒的案例、广州白云化工的案例，就可以对特定行业中"蓝海战略"、"利基战略"的运用有生动而深刻的了解；通过学习东方电机实施全员培训的案例，可以了解该公司面对6000多名不同职业、不同层次、不同隶属关系的员工，他们是如何计划、如何组织培训，如何考核效果，如何激励员工的？对于诸如教材问题、师资问题、工学矛盾问题、因人施教问题，企业有何"高招"？通过案例学习，管理就具体化、系统化、形象化了，当遇到类似问题时就不至于束手无策了。

3. 提高学员分析问题和解决问题的能力

提高学员分析问题和解决问题的能力，是案例教学最主要的目标和功能。理论是灰色的，实践是常青的。理论总是落后于实践。我们要想培养优秀的管理人才，就不能仅仅依靠成熟的教科书，必须通过各种教学方式，包括案例教学培养他们分析问题、解决问题的能力和创新能力。本案例集提供的案例，尽管过程相对完整，结果已经显示，但是大部分案例蕴涵着没有解决的问题，需要学员去思考、讨论。例如，京东集团面临的分配问题、员工流失率过高的问题；莱钢集团公司面临人才"瓶颈"和即将到来的并购压力；等等。

本案例集所采用的体例，参照了中国自然科学基金会管理学部、中山大学、香港浸会大学联合举办的案例教学研讨会征文规定的格式，其内容包括两大部分：第一部分是案例的正文，包括背景、决策和实施、效果和问题；第二部分是案例使用说明，包括案例编写目的、案例性质、启发讨论题、分析路

线、理论依据、参考文献等，可供教师和学生参考。

本案例集的许多基础素材选自第 11~12 届国家企业管理现代化创新成果，由首都经济贸易大学工商管理学院案例研究中心组织人员于 2005~2007 年开发完成。案例的开发得到中国企业联合会常务副会长蒋黔贵、副理事长胡新欣、管理现代化创新成果办公室主任柏东海、成果处副处长刘刚等人的大力支持；得到了莱钢集团公司副总经理魏佑山、管理部部长王爱军、副部长王星元、王冠飞，上海金枫酿酒公司总经理汪建华、办公室主任金益民，白云山和黄制药公司总经理李楚源、办公室主任陈必根，上海联华超市股份有限公司董事长王宗南、总经理办公室副主任孙明，广州白云化工公司董事长李和昌、副总经理曾强，武钢集团公司总经理刘本仁、副总经理兼总会计师彭辰、武钢股份公司总经理刘文仲、武钢集团计财部部长易矛、计财部委派中心处长吴杰，京东集团董事长于虎山，烟台冰轮股份公司及 DKC 有色金属制品有限公司的有关领导的大力支持，在此表示诚挚的感谢。

本案例收编的案例由于具有完整的决策和实施过程，企业决策的时代背景大致在 2000 年，其结果大致在 2005 年。请案例使用者注意当时时代背景的特点和当前的变化。

由于经验不足，案例难免有不完善之处，敬请读者批评指正。

本案例集仅仅是第一辑，首都经济贸易大学工商管理学院后期将陆续开发与出版新的管理案例集，敬请各界关注和支持。

黄津孚

2008 年 3 月于北京

目　录

　　莱芜钢铁集团有限公司（简称莱钢）地处鲁中山区，虽然附近有煤铁资源可以利用，但离海港大河和大城市较远。1970 年建厂，经过缓慢发展，1994 年钢产达到 100 万吨，1999 年达到 200 万吨，不仅规模不大，在全国 50 多家冶金企业中，大部分技术经济指标都在 40 多名以后。2000 年以后，莱钢实施了以提升发展品质为核心的可持续发展战略，2005 年跨越千万吨大关，不但进入中国十大钢厂行列，其主要技术经济指标也进入行业前列。

　　雄关漫道，面对一系列机遇和挑战，莱钢下一步怎么发展？

　　本案例全面描述了联华超市股份有限公司的创业及其发展历程，向读者展示了目前中国最大的零售连锁公司的战略管理及其实施过程的诸多方面。我国经济高速平稳发展为零售业发展带来了良好的发展机遇；与此同时，零售业的全面对外开放和日趋激烈的市场竞争也给联华超市的未来发展带来了严峻的挑战，如何继续保持联华超市在业界的领导地位？如何提升企业绩效，实现持续发展？

案例 3　黄酒行业的"蓝海战略" ·················· 49

2005 年 2 月韩国的 W. 钱金和美国的勒妮·莫博涅出版了《蓝海战略》，然而早在 2000 年上海金枫酿酒公司就采用了这种"另辟蹊径"的战略，即从关注和超越竞争对手转移到关注消费者价值，通过重组价值元素开启潜在需求，而且取得了巨大的成功。本案例向读者介绍这家黄酒生产企业选择、设计和实施"蓝海战略"的过程和效果。

案例 4　武汉钢铁集团公司主业整体上市 ·············· 69

由于历史原因，我国绝大多数公司采用主体重组、分拆上市的模式。这种上市重组模式带来了工艺或业务及产业链条的人为割裂、关联交易频繁发生、上市公司透明性差、利润操纵等问题。同时相对于集团公司来说，由于上市资产规模有限，使得股权融资平台过小，不足以满足集团发展对资金的需求。因此，如何利用已上市公司这一壳资源实现集团（或主业）整体上市，成为许多企业面临的现实问题。本案例描述了武汉钢铁集团公司在解决主业整体上市过程中面对的一系列问题及最后解决方案。

案例 5　白云化工的利基战略 ·················· 87

1995 年白云化工是一个岌岌可危的小厂，在新任厂长李和昌的领导下，采取利基战略，专攻建筑密封胶，加强科技创新，并配合营销创新、体制创新和人才战略，不到 10 年，该企业已经发展成为建筑密封胶行业力压群雄的小巨人。

案例 6　科技创新将中药企业推上了快速发展路 ………… **117**

中国有中药企业千余家，大都沿袭传统工艺，默默无闻、发展缓慢，甚至自生自灭。广州白云山中药厂通过实施人才战略，坚持科技创新，走中药现代化之路，加大科技投入，大力开发有市场前景的新产品，开发应用先进生产和检测新工艺，建设原料基地，贯彻国家质量标准，配合营销方面的创新，推动企业走上了快速发展之路，吸引了世界 500 强企业之一——香港和黄集团的合作注意力。

案例 7　莱芜钢铁集团公司学习型组织的创建 ………… **145**

对学习型组织的概念和理论的学习，目的是让企业学会如何学习和利用知识，以提升企业的竞争力。但学习型组织的建设在企业管理实践上却遇到了障碍，不少企业感觉学习型组织像是海市蜃楼，远远看去光彩诱人，可就是无法走进。莱钢集团从 1999 年开始接受学习型组织理论，至今已成为比较成功的创建学习型组织的中国企业。本案例描述了莱芜钢铁创建学习型组织的背景、历程和具体措施，也揭示了创建工作所遭遇的困难和面临的问题。

案例 8　上海金枫的品牌管理创新 ·················· **173**

本案例以上海金枫酿酒有限公司（以下简称为金枫）的品牌管理创新为主题，介绍金枫近年来如何通过组建品牌建设领导小组、依托市场调研、坚持创新导向，进行有效的品牌管理建设，使企业在短短几年的时间内获得了较高的品牌认知度、市场份额和赢利能力，在国有企业如何实现可持续发展的问题上，探索出一套值得借鉴的思路和方法。

案例 9　从精确管理到工序流程管理 ··············· **195**

精确管理是烟台冰轮公司独具特色的管理模式。案例首先介绍了精确管理理论体系产生的历史背景，分析了该理论体系产生的思想来源：学习型组织理论、精益生产理论、六西格玛管理理论、流程管理理论、平衡计分卡方法等先进的管理理论方法，引出了由六大功能模块构建起来的精确管理体系并逐一展开。由于流程管理对制造型企业具有特别重大的意义，案例进一步介绍了冰轮公司工序流程管理的特征，以及公司如何从转子磨工序的试点出发，在公司各部门大力推进工序流程管理的详细过程。

案例 10　全员培训助推东方电机跻身世界一流 ·········· **225**

东方电机集团公司是从事大型发电设备，承担国家重大装备制造任务的国有企业，面对难得的发展机遇和跨国公司的竞争压力，决定通过全员培训，提升员工和管理人员素质，支持"建成世界发电设备行业一流企业"战略目标的实现。该公司职教中心在各方面支持下，创新培训模式，在课程设计、教材师资、解决工学矛盾、考核激励等方面创造了许多经验，取得了很大的成功。

案例 11　零库存是怎样实现的 ……………………… **247**

在经济全球化的背景与趋势下，企业之间的竞争日益加剧。为了提高生产效率，降低成本，从而在竞争中立于不败之地，许多企业对生产经营的业务流程进行再造或调整。其中"零库存"是部分企业采取的管理手段之一。"低库存—零库存"作为一种库存管理理念，得到了一些企业的认同；同时信息技术和物流产业的发展，打破了时空对经济活动的限制，也会使低库存—零库存成为可能。DKC 公司为了强化管理、节约成本、提升企业的竞争力，提出并探索了"降低库存—趋于零库存—零库存"的管理思路与模式，其实践取得了较为显著的成效，促进了该公司的改革与发展。

案例 12　一家乡镇企业的发展史和规划 ……………… **265**

本案例叙述了河北省一家乡镇企业如何白手起家，艰苦创业，从小到大，从仅仅为改变家乡面貌到积极发展循环经济、努力承担解决当地就业等社会责任，从产权不够清晰的农村集体所有制过渡到规范的股份制，从维持生存到考虑长远发展，其成长发展过程以及面临的问题颇具代表性。

莱钢以提升、发展品质为核心的可持续发展战略①

黄津孚　解进强

摘要： 莱芜钢铁集团有限公司（简称莱钢）地处鲁中山区，虽然附近有煤铁资源可以利用，但离海港大河和大城市较远。1970 年建厂，经过缓慢发展，1994 年钢产达到 100 万吨，1999 年达到 200 万吨，不仅规模不大，在全国 50 多家冶金企业中，大部分技术经济指标都在 40 多名以后。2000 年以后，莱钢实施了以提升发展品质为核心的可持续发展战略，2005 年跨越千万吨大关，不但进入中国十大钢厂行列，其主要技术经济指标也进入行业前列。

雄关漫道，面对一系列机遇和挑战，莱钢下一步怎么发展？

关键词： 发展品质　经营战略　钢铁企业

---

① 本案例是在对莱芜钢铁集团有限公司进行大量实地调查的基础上，参考莱芜钢铁公司内部资料、公司主页（http://www.laigang.com/）以及相关网站资料编写而成。

一、战略思考的背景

（一）国内外钢铁市场与行业背景

1. 中国经济持续、高速的成长为钢铁企业提供了难得的发展机遇

中国经济从 1991 年开始到 2000 年连续 10 年以高于 7% 的比率增长，1996~2000 年，我国连续 5 年钢产量超过 1 亿吨，成为世界上发展速度最快、钢产量最多的国家。党的十六大明确指出，要把发展作为党"执政兴国"的第一要务，并强调 21 世纪头 20 年是我们必须紧紧抓住而且可以大有作为的重要战略机遇期，发出了全面建设小康社会的号召。为实现建设小康社会的目标，我国 GDP 将保持每年 8% 以上的高速增长。我国经济已经进入重化工业时期，对钢铁产品提出了旺盛的需求。

20 世纪 90 年代我国钢铁产量尽管增长较快，但是产品结构不平衡，低档次钢材产品严重过剩，高档次钢材需要大量进口，如 1998 年国产钢材实物市场占有率 89.3%，价值市场占有率 84.2%，说明高附加值钢材市场占有率还较低，当年我国进口钢材 1242 万吨，价值 520 亿元。企业产品升级市场空间较大。

2. 钢铁工业粗放式的增长方式亟待转变

总体上看，我国钢铁工业是建立在高消耗、低产出基础上的粗放式发展模式。

（1）工艺装备比较落后，我国钢铁工业主要技术设备水平较低，整体达到国际先进的大型企业只有宝钢和天津钢管公司，宝钢年产钢铁 1000 余万吨，不到全国钢产的 10%。据有关部门统计，2000 年前后中国钢铁企业的装备水平，处于国际水平的只有高炉、转炉、连铸机和线材轧机，并且只占中国钢铁企业总体装备水平的 15%~20%，其余装备达到国际水平的不到 10%（见表 1）。

（2）产业集中度不高，在全国 300 多家钢铁企业中，前 10 位产量的总和仅占国内钢产量的 40% 左右；技术落后、产业分散加上管理粗放，我国钢铁行业劳动生产率低于世界平均水平，远远低于发达国家。美国韦伯公司调查的 1998 年部分国家人工费用及吨钢工耗如表 2 所示。根据美国 WSD 公司对 2000 年世界主要产钢国冷轧带钢成本分析，巴西和独联体国家吨材成本低于我国，韩国与我国大体相当。欧、美、日板材到岸成本比国内高 150~500 美元/吨，但是实

表1　我国钢铁企业装备水平的统计①

设备名称	国际水平		国内先进		国内一般	
	能力（万吨）	比重（%）	能力（万吨）	比重（%）	能力（万吨）	比重（%）
高炉	2438	19.28	1360	10.75	4394	34.74
电炉	223	7.33	450	14.79	1348	44.3
转炉	1399	20.14	1648	23.74	2739	39.43
连铸机	1027	19.07	3004	55.77	1077	20.00
大型轧机	0	0	68	12.45	468	85.71
中型轧机	54	3.63	234	15.72	759	50.97
小型轧机	233	5.32	588	12.73	1767	40.32
线材轧机	348	16.79	286	13.80	932	44.96
中厚板轧机	56	4.54	530	42.95	470	38.09

表2　部分国家的钢铁劳动生产率

国　家	美国	日本	英国	加拿大	韩国	中国
雇员工资（美元/小时·人）	36.0	36.3	28.0	27.0	9.0	1.9
吨钢工耗（人·小时/吨）	4.1	4.1	4.1	4.5	5.7	30.0

物质量优势部分抵消了价格劣势，影响了我国钢铁产品的国际竞争力。

3. 钢铁企业面临巨大竞争压力

面对巨大的市场需求，我国各地政府纷纷要求钢铁企业大干快上。许多百万吨级企业制订了上千万吨规模的规划，宝钢、鞍钢、武钢则将目标设立在2000万吨以上，而当时莱钢还未跨入十大钢厂之列（见表3），一些民营钢铁企业特别是江苏、河北的钢铁厂发展迅速，产能规划超过市场需求。全国各地大上钢铁项目，导致周期性价格波动；粗放式的发展，导致国内矿石、煤炭、电力、运输资源日趋紧张。

表3　2000年我国十大钢铁厂产量　　　　单位：万吨

企业	宝钢	鞍钢	首钢	武钢	本钢	包钢	马钢	攀钢	唐钢	邯钢
产量	1130	881	803	665	422	392.5	392.2	360	320	315

资料来源：中国钢铁工业协会网站。

---

① 中外钢铁产业发展比较研究，http://www.yskj.com.cn/xxzyk/Article/ShowArticle.asp？ArticleID=358。

（二）企业发展历史

莱钢自 1970 年建厂至 2000 年，已经走过了 30 个年头，大体上可分为三个历史发展阶段。

1. 创业阶段（1970~1975 年）

莱钢集团的前身是莱芜钢铁总厂，始建于 1970 年 3 月。当时，"文化大革命"尚未结束，全国都在"备战、备荒"。按照当时中央的战略部署，为了支持山东独立作战兵团，在沂蒙山和泰山交界处，建有十几家兵工厂，为了给这些兵工厂供给钢铁，就成立了莱芜钢铁总厂。企业处于莱芜、新泰等三县交界处，荒山野岭，条件十分艰苦。当时企业只有四座 100 立方米的小高炉，一个矿山。第一座 620 立方米的高炉从 1970 年 3 月开始建设，平整场地依靠民兵手拉肩扛，直到 1975 年才建成投产，当时年产钢仅为 11.5 万吨。

2. 形成钢铁生产能力阶段（1975~1990 年）

创业刚开始莱钢并不具备炼钢能力，炼出来的生铁要运到青岛钢铁厂冶炼成钢。1983 年前企业连续 13 年亏损，靠财政补贴过活。1982 年 2 月莱钢开始建第一座 25 吨转炉，1984 年 1 月出钢，年产钢 30 万吨。1985 年 11 月莱钢建成第二座 25 吨转炉。在这一历史阶段，莱钢虽然已经具备炼钢能力，但是计划经济色彩浓厚，加上工艺布局不合理，一直为人员多、社会负担重、资金紧张所困扰。

3. 技术和产能升级阶段（1990~2000 年）

20 世纪 80 年代中期，在改革开放政策的引导下，国家鼓励企业利用外资改扩建钢厂，以减少进口。莱钢抓住机遇，从 1987 年开始筹划引进外资，1989 年开始和亚洲开发银行谈判，1992 年达成协议，获得亚洲开发银行 2.53 亿美元贷款，加上国内配套资金，共计 52 亿元人民币实施改扩建工程。1993 年 6 月建成第一座 750 立方米高炉；9 月建成 25 吨转炉；1994 年实现钢产量 100 万吨；1995 年 5 月建成第二座 750 立方米高炉。在这个阶段，企业对炼铁、炼钢设备进行了全面改造，由于引进了几条先进的生产线，包括从日本引进 H 型钢生产线、中小冷轧机，工艺水平有很大改进，同时也带动了管理模式的改造。

1998 年，莱钢通过业务重组，主业挂牌上市，成立莱钢股份公司。1999 年莱钢集团公司成立，主业 1.8 万人产钢 200 万吨。

（三）莱钢的发展基础

在中国钢铁行业中，莱钢发展既有一定优势，又面临不少制约因素。

1. 莱钢的产品与技术优、劣势

莱钢具有市场短缺的钢铁产品，20 世纪 90 年代利用亚行贷款引进的 H 型钢生产线，可以生产国内短缺的高层建筑骨架材料。我国城市化进程正在加速进行，中国人口多、土地少，高层建筑未来市场空间很大。

20 世纪末莱钢虽然实现了技术和产能的升级，但是大部分工艺装备属于小型化而且不配套，多项指标落后于国内先进企业，与国外先进企业相比差距则更大，产品主要是螺纹钢等低端产品。企业富余人员多，劳动生产率低，非钢产业还未成气候，20 多家非钢单位涉足十多个行业，但都缺乏主导产品和独立闯市场的能力，集团将近 4 万名员工，就靠这 200 万吨钢吃饭，人均产钢只有50 吨。企业竞争力和效益都不高，发展后劲不足。

2. 莱钢的自然、地理、人文环境优、劣势

莱钢本部地处鲁中山区。一方面，原是以靠山、隐蔽、分散为原则建设的"三线"企业，当地水资源只能满足 300 万吨钢的规模；距离海岸线、大江大河远，运输成本比较高；该地区多是荒山秃岭，生态条件差，基本建设投入大；附近没有大城市作依托，生活条件比较单调，人才流失比较严重，同时又不能简单地靠减员的办法解决企业冗员问题；山东是孔孟之乡，是齐鲁文化的重要发祥地，总体上民风淳朴。另一方面，本部所在地与农村相互交叉错落，社会环境较为复杂，与地方政府和当地农民的关系处理不好，就会产生诸多矛盾。这些不利因素，不同程度地制约着莱钢的进一步发展。

3. 莱钢的经济环境优、劣势

改革开放以来，山东省经济发展迅速，基础设施如公路比较发达。山东省政府制定了东部突破烟台、中部突破济南、西部突破菏泽的战略部署，半岛城市群和制造业强省建设步伐加快，汽车、农用车、造船、家电、工程机械等产业发展迅速，成为钢铁消费量大于生产量的省份之一。

莱钢所在地莱芜自然资源丰富，素有"钢城煤都"之称，拥有煤、铁、铜、金、磷及花岗石、大理石、石灰石、长石、燕子石等几十种矿藏。其中煤炭储量 4 亿吨，铁矿石储量 4.8 亿吨。这些自然资源可以部分满足企业生产需要，但是如果要上规模，就面临大宗原材料采购与供应商的战略合作问题，目前尚受制于人；营销方式比较落后，市场开拓力度不够，缺乏与客户的有效沟通。

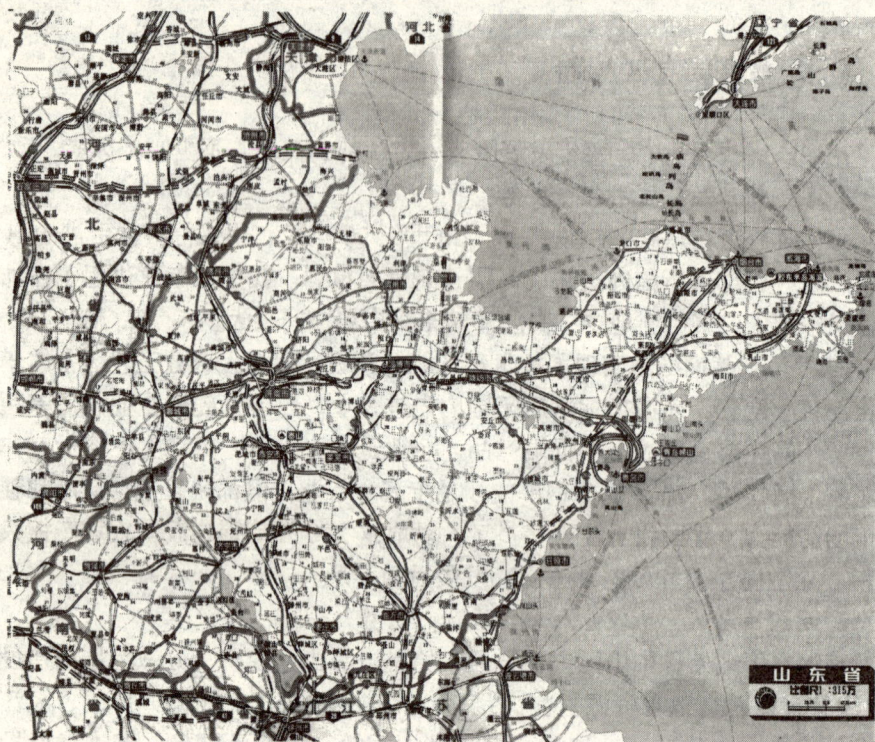

图1　山东省地图（带星号处为莱钢所在地莱芜市）

　　4. 莱钢的管理状况

　　莱钢一方面继承了国有老企业的好传统，能打硬仗；但另一方面管理粗放，内部秩序混乱，1998~1999 年炼钢厂发生过两次重大事故，各项技术经济指标在同行中处于相对落后状态。

二、战略规划

（一）发展思路

　　莱钢发展战略的总体思路是抓住机遇，大干快上和保证发展品质。一方面，面对中国钢铁工业迅猛发展的新形势，莱钢领导班子清醒地认识到：以莱钢的历史负担和竞争能力，如不能快速发展，调整结构，迅速提高规模效益，提高产品的科技含量与经济附加值，提高资源利用的效率，不仅难以满足员工日益增长的物质文化需求，企业的生存也将面临巨大危机。因此，一定要抓住历史机遇，大干快上。另一方面，作为国有大企业，具有不可推卸的社会责任，企业发展要讲品质、讲道德，要实现发展速度与经济效益、发展后劲的和谐统一，经济效益与环境效益、社会效益的和谐统一。

2000年底，莱钢先后召开了九届一次职代会与集团公司第四次党代会，以提升发展品质为基调确立了新的发展战略：遵循现代钢铁企业的成长规律，突出企业的社会责任，系统思考企业的各种发展要素，加强企业的风险控制，协调好生产与需求、企业发展与社会、环境、资源、员工、上下游企业之间的关系，优化和适度发展钢铁主业，大力发展非钢产业，以改革和科技进步为动力，以积极稳妥地推进资本运营为手段，在快速发展中优化资源配置，挖掘资源潜能，依靠科技进步，提高装备与产品的科技含量，实现产业升级，营造良好的人文环境和生态环境，尽快把莱钢做强做大。

莱钢在发展速度和规模上确立了"三步走"的战略目标：第一步，到2003年生产400万吨钢；第二步，2004年生产钢500万吨以上；第三步，到"十五"末，钢产量达到700万吨以上，力争进入全国十大钢厂行列。结合企业的发展实际，他们研究制定了《莱钢走新型工业化道路实施纲要》（以下简称《纲要》），系统策划了提升企业发展品质、拓展企业综合价值的指导大纲。

（二）抓住机遇，大干快上

1. 把握发展规律，抓住历史机遇

在公司"十五"发展规划指导下，莱钢集团抓住了国内钢铁产业大发展的良好机遇，在2000~2001年钢铁市场仍然低迷的时候，根据钢铁市场的波动规律，预见早、决策果断、行动快，屡创奇迹。如3号750立方米高炉于2002年1月开工，9月30日点火，5天达产；当年10月建成的公司4#45万吨转炉，只用了6个月时间，当日当班达产；2003年第四座高炉用了5个月零19天的时间就建成，3天达产。技改项目和工程建设的高速度与高质量，为新一轮重大工艺结构调整赢得了宝贵时间，也使莱钢能够抓住钢铁市场需求旺盛的大好机遇，2002年完成铁产量210.79万吨，钢产量289.93万吨，钢材产量307.47万吨；2003年钢铁产品需求增大时，莱钢由于超前准备，当年就增加钢材130多万吨，达到421万吨，钢铁主业连续两年创造出丰厚的经济效益。2004年钢产量又跨上了650万吨的新台阶，实现了第二步发展目标；2005年公司乘势而上，登上千万吨钢的大台阶，超额完成第三步发展目标，公司盈利水平大幅度提高。

　　莱钢工程建设的高速度，在业界树立了良好形象，国内不少企业要求莱钢给他们建高炉、建转炉，实施"交钥匙"工程。此外，莱钢的非钢产业已经初步形成钢结构、房地产、新材料三大非钢支柱产业和两个产业链的整体框架。

　　由于战略方向明确，确立了以型钢、板材为主的发展方向，以市场需求和未来的市场潜力为基点确立产品定位，论证有力、准备充分，2003年在国家宏观经济强调调控的形势下，莱钢大型H钢建设方案获得了国家发改委批准，从而赢得了新的发展机遇。

　　2. 加快技术改造，促进产品结构升级

　　以主体装备大型化提高资源利用效率，广泛应用新技术推进产业升级。莱钢通过跟踪世界钢铁行业前沿技术，与俄罗斯、德国、法国等国家广泛合作，研发和应用了高炉顶燃式热风炉、高炉炉底烧蚀监测等具有国内外领先水平的"十大亮点技术"，全面提升了科技含量，其中高炉冷却壁检漏技术填补了国内钢铁行业空白。在新一轮技术改造中，莱钢建成了以6米焦炉、265平方米烧结机、2240立方米高炉和120吨转炉为主体工艺的装备结构，以生产工艺的优化促进产品结构的升级。莱钢大力压缩长线产品，由以螺纹钢和窄带钢为主，调整为以型钢、板带材、特殊用钢和优质钢材为主，板带比达50%以上。H型钢产品规格从中型向两头拓展，建设成大、中、小规格齐全的H型钢生产基地；带钢由窄带拓展到中宽带，增大了板带钢的比例；在大量减少螺纹钢的同时，增加三级螺纹钢的比例，满足了市场的高层次需求。

　　3. 优化生产工艺，实现挖潜增效

　　莱钢以"不断整合内部资源"的理念为指导，突出专业化、规模化和"准时生产"，将各种生产要素进行系统整合，编制出主要生产设备合理的生产搭配关系，制定出相互关联的各类检修模式，进行生产系统的整体优化，建立起快节奏、高效率的生产组织模式，为产能的不断超越创造了必要的条件。先后制定实施了《炼铁系统赶超全国一流水平优化大纲》、《特钢系统提高核心竞争力方案》等一系列挖潜增效措施。前者从根本上解决了转炉系统的"瓶颈"问题，后者使电炉系统实现了全精炼、全连铸、全一火成材、全部品种赢利。在此基础上，又对全

图2　莱钢某轧钢车间

流程进行系统的研究，进一步挖掘轧钢工序的潜力和铁的提升条件。针对炼钢产能的"短板"，制定实施了《2004年深度挖潜方略》，依靠技术改造和创新，进一步优化工艺流程，在仅投入7亿多元的情况下，1年就增产200万吨钢。全流程系统优化与技术进步并举，使主体设备产能不断实现突破，中小型和H型钢两条具有20世纪90年代国际先进水平的生产线，分别由40万吨和50万吨的设计能力，提升到100万吨和107万吨。2003年以来，莱钢的钢产量提升速度在全国冶金行业前20家重点企业中位居第一。

4. 因势利导发展非钢产业

莱钢没有把历史形成的非钢产业当成包袱，而是将布局分散、形不成气候的项目进行战略调整，依托主业优化和发展主导项目，安置主业精简的人员，培育新的经济增长点。通过整合扶植，莱钢非钢产业形成了以钢结构制作与安装、粉末冶金与制品、房地产为代表的支柱产业，截至2003年底，20多个子公司全部实现盈利，并通过公司制改造实现了独立经营。其中，粉末冶金、钢结构和立体车库产销量均居全国第一位。莱钢的钢结构节能住宅、节能住宅建筑体系在获得首届"全国绿色建筑创新奖"和"全国十大建设科技成就"之后，又被科技部列为2005年国家科技成果重点推广项目。

(三) 采用循环经济模式，节约资源、保护环境

莱钢以工业生态学理论为指导，以资源的高效利用和循环利用为核心，遵循"3R"原则（减量化、再利用、再循环），实现两提高、两降低（提高资源效率、提高吨钢减负量，降低吨钢生态包袱、降低末端排放量），完善三大功能（钢铁制造功能、能源转换功能、社会大宗废弃物消纳处理功能），确立了循环经济运行模式。

1. 建立资源循环利用的工业生态链

莱钢从2001年开始打造工业生产的产业链，以主导产品之一"H型钢"为基础，向下游拓展钢结构生产，开发房地产及新型墙体材料，使非钢产业依托钢铁主业稳步发展。以钢铁生产过程产生的氧化铁皮为主要原料，建设了亚洲最大的粉末冶金生产基地；利用粉煤灰、高炉渣、石灰石尾矿等生产过程排放物建成年产量超过100万吨的矿渣水泥项目；开发焦化煤化工产品。

莱钢在老设备改造和新区建设中，先后应用了大型高炉和转炉干法除尘、蓄热式加热炉、干熄焦等7项推进循环经济发展的关键技术，成为国内掌握绿色技术最多的钢铁企业和先进技术的研发、应用基地。莱钢在炼铁系统实施高炉炉顶余压干式TRT发电技术，回收高炉余能发电，仅按先期投入的3#750立

方米高炉发电机组的工作状况计，年可增加效益 820 万元。实施该项目，收到了减少噪声污染、调整高炉炉顶压力、减少设备损耗、降低维修费用的综合效益。

2. 大力开展节能、节材活动

莱钢深度拓展节能空间，将能源利用与工艺结构调整有机结合，包括开发煤气利用途径，提高煤气的综合利用率；加强氧气平衡问题的研究，减少因供求不平衡带来的能源浪费；拓展蒸汽利用范围，根据季节特征，研究开发工业生产过程产生蒸汽的利用途径；研究低污染物燃烧工艺，回收利用低温余热资源。多渠道挖掘二次能源利用潜力，尤其是充分挖掘烧结、炼铁、炼钢等生产工序能耗的潜力，使莱钢冶金厂区的能耗逐年降低，转炉系统实现了负能炼钢。

在固体废物综合利用和可再生资源升值利用方面，研究推广应用尾渣深加工技术，扩大尾渣使用途径并提高附加值；实现粒化高炉渣深加工，提高其综合利用价值；在含铁尘料返烧结利用、粉煤灰生产彩色路面砖、转炉污泥生产炼钢化渣剂、钢渣处理等项目的废物综合利用的基础上，着力解决固体废物处置相对分散、综合利用产品附加值低问题，集中资金和技术力量，实现固体废物集中管理和统一处置，促进资源综合利用产业规模化、处理专业化。

3. 实现水资源有效利用

加大节水技术改造投资，优化供水设施，实施工业废水零排放工程，采用工业废水回收利用技术和工业用水串级利用技术，充分循环利用；采用新型节水设施，减少非生产用水；建立节水项目"绿色通道"，对节水项目优先论证，优先下达投资计划，优先组织实施；对周边河道进行综合治理，涵养和保护水源；利用经济杠杆，提高新水的内部结算价格，增加新水在成本考核中的比重。2004 年产钢 658 万吨，耗水仅 2310 万吨，与 1999 年产钢 200 万吨钢耗水 3561 万吨相比，不升反降。周围水源得到有效涵养，以前春季地下取水要打到 80~100 米深，而现在 20 米内就可出水，水位不再下降。莱钢工业用水循环系统稳定运行，冶金中心厂区工业废水实现零排放，为莱钢实现 1000 万吨钢的产能提供了可靠的水资源保障。

（四）恪守企业信条，实现与其他利益相关方共赢

莱钢确立了"共赢共享、直到永远"的企业信条，将其作为指导企业运作的核心价值观。

1. 系统实施风险控制，确保经营安全与投资收益

莱钢努力完善法人治理结构，健全董事会、监事会、经理层的决策、监督

和管理机制，建立重大问题专家论证制度，畅通集团信息渠道，及早把握有关产业、政策信息和行业动态；注重加强对经济走势、行业发展形势、国家大政方针和产业发展政策的研究，为决策提供依据。建立了法律顾问制度，重要的法规性文件、合同管理、重要协议和重要决策都要经过法律部门的审核，坚持所有的决策都必须有决策依据，防范法律风险。

莱钢在快速成长期，资金流动量骤然增加的情况下，一方面，靠科学的投资组合和存量资产的经营管理，确保实现资金链条安全。另一方面，注意规避多元投资的陷阱，不盲目涉足自己不熟悉的领域；注意维护资金流转顺畅，突出强调项目建设期要短，避免资金链条的断裂。根据承受能力，不管项目大小，一般都严格控制在 1 年左右的时间投产。如果最终产品的投产时间超过 1 年，就千方百计把中间产品推向市场。在工程建设上，坚持"又快又好又省又安全"和"更快更好更省更安全"的建设理念，高炉、焦炉、转炉等建设与达产速度均创出国内同类项目的新纪录，被同行业誉为"莱钢速度"。2004 年，抓住国际钢材市场回暖的有利时机，积极组织中间产品出口，3 个月创汇 1 亿多美元，有效地补充了现金流，保证了资金链条安全。

积极搭建和寻求融资平台，创造更多的题材，稳定融资渠道。成功利用诸如招商引资、盘活存量资产、设备租赁、合法吸收民间资本等各种融资办法，保证莱钢的资金链条安全。

莱钢集团与莱钢股份（上市公司）做到"人员、资产、财务"三分开和"机构、业务"两独立，母子公司严格按照《公司法》要求和市场规则，规范经营行为，与投资者建立了良好的关系。股份公司本着"尊重股东，热情服务，积极答复"的服务和沟通原则，加强与投资者的联系，搭建起与投资者沟通与交流的平台，积极探索主动性信息披露途径与措施，提高透明度，与投资者实现双向沟通，保障股东的权益。在分配政策的制定上坚持现实回报与长远发展相结合。莱钢股份自 1997 年上市以来，累计实施现金分红 15.38 亿元，已经超过从资本市场上的融资额达 4.2 亿元。

2. 广泛建立战略合作，与相关方利益共享

莱钢与利益相关方交往不片面强调自身利益的最大化，而是突出诚信与合作、共享共赢的理念。确立了"两个百分之百"的营销承诺，即采购原燃料百分之百支付现款、销售产品百分之百以现款交易，首先从资金链上奠定诚信的基础。莱钢先后与矿石、煤炭、设备制造、铁路等上游厂商建立了长期的战略合作伙伴关系，稳定资源供应。在新的结构调整前，莱钢就超前打通原燃料市场，与国内外重要供应商建立了长期的战略合作伙伴关系，建立了产品战略用户群。在产品畅销时期，保证战略用户的资源。市场疲软时期，充分考虑战略用户的赢利空间。同时，莱钢还力求以热情周到的服务，为用户解决实际问题。

3. 营造和谐环境，促进地方经济的发展

作为地方的龙头企业，莱钢注重处理好与地方政府和周边农村的关系，形成有效的厂地关系运行机制。在发展中把周边利益作为重要因素统筹规划，努力造福于民。先后与当地合资兴建了 30 多个企业，并带动起了一批以物流、钢材深加工为主的地方企业，安排了大量人员就业。近几年还从莱芜市范围内招聘劳务用工 3000 多人，大幅度提高了地方经济收益和当地人民的生活水平。为推进厂区附近荒山的绿化，莱钢与当地政府联合治理山川河流，取得了显著效果。为不占用耕地良田，莱钢对大型 H 型钢项目建设进行反复论证，多次调整方案，优化工艺布局，最终把建设项目定在人迹罕至的荒山野岭，整个工程开挖山石土方量 2300 万立方米，工程造价比平地施工增加了 7 亿元，但保障了农民的利益。大型 H 型钢工程建筑按照国家钢铁行业建设用地指标估算，共减少用地 1860 亩。

（五）加强科学管理，提升企业效能

1. 加快组织结构调整，建立适应现代企业制度要求的运作机制

莱钢管理体制的总体改革思路是：围绕一个目标——确保国有资产保值增值，实现股东权益最大化；实施两个转变——由总厂对分厂的管理模式向母子公司的管理模式转变，由母子公司之间以利润、成本为中心的经营管理方式向资本保值增值为中心转变；建立三个中心——集团公司为投资决策中心，各子公司为利润中心，子公司下属生产单位为成本控制中心。为健全母子公司管理体制，完善了集团公司董事会、监事会、经理层工作条例，出台了《母子公司管理体制实施条例》。集团公司与 19 个子公司签订了《资产经营责任书》，对各子公司重点考核国有资本的保值增值和净资产收益率两项指标，确保国有资产的保值增值。

2002 年，按照中国证监会的要求，莱钢实行了集团公司与股份公司"人员、资产、财务"三分开和"机构、业务"两独立的体制改革，两级管理机构比改革前减少 11 个，共减压分离人员 3036 人。

在机构调整的同时，公司深化了人事、劳动、分配三项制度改革，真正做到"干部能上能下、人员能进能出、收入能增能减"，激活人力资源，彻底打破禁锢、阻碍莱钢发展的种种枷锁。集团公司将职工的收入总额（包括基本工资、各种津贴、补贴、奖金、加班工资、住房补贴等）纳入了考核范围，职工收入随着经济效益的增长而适度增长。职工收入总额按"两低于"的原则确

定，即职工收入总额增长率低于经济效益的增长率；职工平均收入的增长率低于劳动生产率的增长率。

2. 实施人才战略

实现莱钢的战略目标，人才是关键。集团坚持引进和培养相结合，搞好人才评价体系，搞活内部分配，将个人收入与业绩紧密挂钩，营造以业绩论人才的理念和范围，进一步激发各类人才的积极性。按照"不求所有，但求所用"的思路，拓宽招才引智渠道，发挥莱钢博士后科研工作站的作用，加强与高等院校、科研院所、咨询机构的合作，使更多的高层次人才、成熟的先进技术为我所用，为实现莱钢发展战略提供人力和智力保障。

3. 推进信息化与自动化建设

经过系统研究，莱钢编制了信息化建设总体规划，逐步用数字化技术覆盖生产经营全过程，本着整体规划、分步实施、稳妥推进、力求实效的原则，积极稳妥地推进信息化进程，促进管理变革，建设开放型、数字型、高效型的信息化莱钢。

莱钢投资上亿元对原料、烧结、转炉、电炉等主要工艺生产线实施了计算机控制技术改造，建成了以高速光纤为传输介质的计算机骨干网、能源数据计量网和通讯专网。炼铁系统开发了具有自主知识产权的高炉专家系统，电炉系统在亚洲首次使用了 NEC（人工智能电极调节）系统，还相继开发了固定资产核算系统、生产调度管理信息系统、产品质量管理信息系统、能源计量管控一体化信息网络平台、视频会议系统等，这些都为提高企业经营管理效率、促进企业快速发展奠定了坚实的技术基础。

莱钢加强了决策信息和市场信息的管理。建立企业决策支持系统，努力建立畅通的信息渠道，及时对企业宏观、中观、微观环境深入分析，寻找发展机遇，规避经营风险。职能部门则建立完善的信息收集、处理、运用和反馈机制，形成一个信息畅通、反应灵敏、运转高效的组织。莱钢还根据国际化经营战略和市场营销战略需要，积极建立覆盖全球的电子商务网络体系。

（六）创建学习型组织，凸显人文精神，追求企业发展与员工利益的统一

莱钢积极引进国外先进管理理论，把人的发展作为企业的目标之一，把创建学习型企业作为强大动力，推动员工在学习中成长，推动企业健康发展，在追求企业的生存价值中，充分体现人的价值，着力建设员工安居乐业的美好家园。

1. 开展创建学习型组织的活动

在总结炼钢厂经验的基础上，2001 年 12 月在莱钢集团公司九届二次职代会上，李名岷总经理正式提出积极创建学习型企业，培育独特的企业文化的工作要求。其目标是把莱钢从传统的"等级权力控制型组织"改造为"学习型组织"，通过创建学习型企业，持续不断地提高学习力，提高职工的素质和技能，最终提高莱钢核心竞争力。各单位各部门积极响应，纷纷制订实施计划，广泛开展创建学习型班组、学习型车间、学习型工厂活动，企业及时总结推广基层新鲜经验，如运输部工务段的姜立松道岔加工班实行班务公开、团队学习、坚持创新的经验，炼钢厂转炉车间的团队学习、规范操作的经验，炼钢厂管理团队深度会谈、加强协作的经验等，并通过系统培训、表彰等把该项活动推向深入。

2. 培育大家庭的情怀，激发员工的潜能

莱钢倡导"大事业的追求，大舞台的胸怀，大团队的精神，大家庭的情怀"，让"莱钢是我家"成为员工认同的理念，营造干事创业兴建家园的人文环境，并将广大员工被充分激发出来的创造性激情，转化成自我超越的能量，使莱钢的劳动关系形成了一种良性的和谐互动状态。公司郑重向社会和员工承诺：通过事业发展解决人员多、历史负担重的问题，绝不让一个热爱莱钢的员工受下岗之苦。

公司把品德、知识、能力、业绩作为衡量人才的主要标准，打造高素质管理人才团队、高层次专业技术人才团队、高技能人才团队。集团公司实施了"专家、学科带头人、优秀科技人才"三级评价奖励政策，各子公司和直属单位也根据实际建立了自己的创新激励机制。如负责信息技术与自动化系统的自动化部在科技人员中实施了"双百工程"，即每年评聘 100 名优秀科技人员，瞄准省内外和莱钢冶金自动化、信息化的发展方向和实际应用，拟定 100 项技术创新课题。

坚持"培训是员工最大的福利"的理念。构筑适应企业发展的学习体系，持续开展多层次的培训教育，全面提高员工的综合素质。仅 2004 年，莱钢就举办各类培训班 270 多个，培训 2 万多人次，荣获"国家技能人才培育突出贡献"奖。

3. 因地制宜，建设绿色家园

为营造一个天蓝水碧的员工生存空间，莱钢不断加大污染预防和治理的力度，先后投入 8400 万元，完成了 11 项重点水污染治理工程；研究制定了《莱钢大气污染治理规划》，投资 1.39 亿元，完善废气治理设施。适应区域生态平衡的功能要求，建设多种植物共生的人工植物群落，提高绿地率、绿化覆盖率，提高景观质量，发挥园林绿化的多种功能创造优美和谐的现代生态环境。

图 3 莱钢努力改善生态环境

按照区域特点调整生产区的环境建设结构，将生产区分为污染区和产品区，根据各自特点进行立体防护，兼顾景观效果，形成不同特色。系统规划景观风貌及园林建设，与公园相协调搭配，营建现代钢铁工业景观风貌、厂区主干道景观通道、滨水景观风貌区以及生态型生产防护绿地系统，形成冶金厂区及周边区域的山、水、林、企一体化，山水特征明显的花园式生产、生活空间。

三、效果及未来的挑战

（一）战略实施效果

1. 实现了发展速度与经济效益的统一

莱钢 2005 年实现 1000 万吨钢产量，是 2000 年的 5 倍；销售收入 400 亿元，接近 2000 年 60 亿元的 7 倍；利税由 2000 年的 5.06 亿元提高到 2004 年的 28.02 亿元；非钢产业实现了从亏损到 2004 年赢利 5.78 亿元的变化；员工年平均收入由 2000 年 1.4 万元提高到 2004 年的 2.56 万元；股东得到良好的回报，莱钢股份在 2005 年举办的首届"中国上市公司竞争力公信力 TOP10 调查"活动中，莱钢股份当选"十佳最重分红回报上市公司"。

2. 实现了当前效益与发展后劲的统一

通过工艺装备的大型化、现代化，莱钢实力大为增强，已经跨入中国十大钢铁企业行列；产品结构日趋合理，赢利的空间和潜力增大。随着投资 20 亿元的大型 H 型钢生产线于 2005 年 9 月份投产，莱钢集团公司成为全国规模最大、品种最全的 H 型钢生产基地。公司还以钢铁生产过程产生的氧化铁皮为主要原料，建成了亚洲最大的粉末冶金生产基地。钢铁主业和非钢产业呈现出协调发展的良好局面。企业的技术研发和创新能力增强，仅 2004 年就获得省部级技术进步项目 68 项。主要技术经济指标大幅提升，2004 年在全国重点钢铁企业 57 项指标排序中 9 项列第一位，15 项进入前三位，36 项进入前十位，其中转炉炉龄达到 37271 炉，为世界先进水平。具有自主知识产权的产品和技术提高了产品的科技品位及社会、经济价值。莱钢的 H 型钢成为全国冶金行业首批获得"中国名牌"的产品，轴承钢和齿轮钢荣获国家冶金产品实物质量"金杯奖"，齿轮钢产销量位居全国第一。

图 4　莱钢一瞥

3. 实现了社会效益与生态效益的统一

2003 年和 2004 年两年，莱钢上缴税金 20.18 亿元。莱钢的发展给地方经济注入了活力，莱芜钢城区 910 个招商引资项目中有 80% 是因莱钢而来、依托莱钢而建。2004 年，莱芜市工业利税、地方财政收入、进出口 3 项指标增幅均居山东省首位。莱钢环境建设成为当地城市建设的一大亮点，带动了周边环境的改善。良好的人文环境为莱钢赢得了良好的声誉和发展空间。

莱钢固体废物综合利用率达到 96.8%，吨钢综合能耗由 0.872 吨标煤下降到 0.694 吨标煤，比国家产业政策要求的 2010 年目标还低。2004 年，水的循环利用率提高到 96.77%，吨钢耗新水降到 3.51 吨，跨越了国内外冶金行业吨钢耗水 4 吨的理论极限值，达到世界领先水平。2003 年，"莱钢冶金企业废水零排放"工程被原国家经贸委授予国家资源节约与环境保护重大示范工程。2004 年，莱钢被山东省授予"资源节约先进单位"称号。绿色钢城建设已见成效，"厂在园林里，工作入画图"的生产环境及绿化美化净化的生活环境，促使莱钢人凝结出把企业当做"家"的强烈意识。

（二）未来的挑战

莱钢在国内具有较大影响，先后被授予中国大中型工业企业竞争力百强企业、中国工业技术开发实力百强企业、全国思想政治工作优秀企业、全国名优产品售后服务优秀企业、国家"重合同，守信用"企业、全国质量管理先进企业、国家完善计量检测体系合格单位、全国再就业先进企业、国家技能人才培育突出贡献奖、山东省管理创新优秀企业、山东省"AAA"级信誉企业等荣誉称号。《以提高创造力为核心的学习型企业创建》课题荣获全国企业管理现代化创新成果一等奖。

然而，在本案例结束调查时，莱钢领导正在思考如何应对未来的一系列挑战。

1. 国内钢铁行业总体出现供大于求的局面

在 2003~2004 年钢材价格飙升、利润丰厚的诱惑下，国内各钢铁企业纷纷扩大产能，2005 年上半年钢材产量同比增长 25.9%，而表观消费量经过连续三年 20% 以上的高增长后，一度回落至 15.7%。钢铁行业产能扩张的风险和压力逐渐加大，根据我国钢铁协会的预测，我国已有和在建的钢铁产量为 5.4 亿吨，而实际产量可能为 5.99 亿吨。到 2010 年，国内实际需求约为 3.4 亿吨，最大需求也只有 4.1 亿吨，已经严重供大于求。即使去掉"钢铁新政"可能要淘汰的落后产能 6000 万~8000 万吨，还有富余能力约 1 亿吨。我国从净进口国变为净出口国，而国际上的整体供求形势也是供过于求。

供需矛盾的激化直接反映为钢材市场价格的下跌，2005 年 4 月份以后，大多数钢材品种价格降幅达 20% 以上，下半年价格虽有所回升，但是，随着产能的进一步释放，后期走势仍不容乐观。钢材价格的回落，直接导致行业利润下滑，将使部分竞争力弱的钢铁企业经营难免陷入困境，自身内在的重组要求趋于强烈。

在钢铁市场总体供大于求的同时，钢材品种高端产品供给不足与低端产品产能过剩的局面共存，线材、螺纹钢、棒材等建筑用材自给率已大于100%，国内产量已远远大于国内市场需求，而电工钢、镀层板以及冷轧薄板卷的市场自给率却只有60%左右，还需要大量进口。

2. 经济周期处于下滑阶段，企业重组势在必行

钢铁业作为传统资源型行业，其周期性特征较为明显。在2005年经历了数十年来最为繁荣的局面以后，全球钢铁业已进入了景气下滑阶段。

我国经济发展速度也将适度控制在8%~9%，由于"十一五"规划要求节能20%，对耗能较高的钢铁行业，其发展无疑将受到制约。专家们认为，在宏观经济增速减缓的背景下，目前我国钢铁行业正进入转折时期，将从高增长期进入一个相对低速的平稳增长期。

国际权威信息咨询机构世界钢铁动态（WSD）一份分析报告称，中国钢铁业目前正进入过渡期，从高增长期进入相对低速的增长期，并将出现大量的行业整合行为。完成这一轮整合后，到2010年中国将会出现年产能达到4000万~5000万吨的国际钢铁巨型企业。

3. 中国政府出台"钢铁新政"

我国正逐步加大对资源性产品出口的限制。因为，出口初级产品相当于出口资源，中国是一个资源贫乏的国家，而世界能源和矿产资源供给不但有限而且很不稳定。

2010年，我国将要产生两个3000万吨钢的特大型钢铁企业集团：宝钢、鞍钢，还会出现十来个1000万吨的大型钢铁公司。到2020年，产业集中度进一步提升，大型钢铁企业总产量要达我国总产量的75%以上。

但从我国国情来说，中小企业的生产经营活动不易确定，100万吨小钢厂产品有市场就能存活，没市场就关闭，行政命令往往不奏效，屡禁不止，因为中小钢厂关闭与否会影响地方财政。

4. 莱钢产品及市场情况不容乐观

莱钢当时的产品结构以面向建筑、机械为主，占60%~70%。大多数产品档次依然较低。"十五"计划期间企业虽然做大了，但尚未做强。特种钢、窄带钢、H型钢、电炉钢等附加值高的产品比重较低。公司成本问题比较突出，比行业平均每吨钢高138元，比先进水平每吨钢高400元。

目前，我国钢铁产品出口量大于进口量，为保护本国资源，政府取消了钢坯出口退税，低档次钢铁产品也不再允许出口。

由于莱钢产能上了千万吨规模，与国外矿业公司谈判实力增强，有利于建立比较稳定的供应渠道。煤电油运等能源方面的供应也将成为钢铁企业发展的

"瓶颈"。从山东莱芜到日照港运输存在一些问题，道路需要改造，且汽车运输成本高，莱钢本部要适度控制规模。吨公里运费汽车80元/每吨，铁路运输30元/每吨。而莱钢铁路运输仅占总运量的30%。从山西进煤同样遭遇运输困难，往往是有煤运不出。

5. 企业竞争力有待加强

莱钢生产能力比较强，营销和研发能力不足。由于历史原因，钢材销售主要借助中间商，集团直销比例低，其中特钢仅占15%，普钢仅占20%，其好处就是中间商支付能力比较强，可以以较快的速度回笼销售资金。但是导致公司的营销机制薄弱，不仅公司与客户的沟通被隔绝，无法满足客户的个性化需求，主要钢种的研发活动远离现场，远离市场，多家中间商还相互联合，和莱钢讨价还价。

与此同时，企业以市场为导向的产品开发能力不足，自主创新机制尚未建立，这对莱钢今后的发展是一个致命的问题。

为了增强市场营销和研发力量，目前公司正和世界第二大钢铁企业阿瑟罗洽谈合作事宜。公司着眼于长期战略发展，通过引入外部投资者不仅可加速莱钢发展步伐，优化产品结构，而且可以吸收国际一流企业的先进技术和管理模式、经验，进一步完善莱钢的管理机制。阿塞洛是世界第二大钢铁公司，它的经济实力、产品结构和技术背景都首屈一指，如果合作成功，对莱钢的技术和市场提升无疑有很大好处。

6. 以创造价值为导向的企业文化尚未形成，人才问题突出

莱钢还存在着国有企业的一些通病。薪酬、考核体系不够健全，集团公司一些不能量化的部门，考核难度比较大。集团下属公司已经开始实施按贡献分配，但差距不是很明显。操作部门待遇薪酬划定中，技术水平占20%，资历年限、工龄占30%~40%、岗位重要性（职责、责任）占40%。技术性奖励属于工资待遇的微调，只强调一部分人，目的是留住人才。职工年平均工资为2.5万元，高层能达到15万元，总经理、董事长，与一般员工工资差距拉得过大不易被接受。管理部门、技术部门比实际操作部门的工资待遇高方向是正确，但是有一定阻力。

由于莱钢地处内地，吸引一流大学毕业生比较困难。

四、附　录

附录一　钢铁生产一般工艺

钢铁生产过程包括从矿石原料的冶炼至生产出钢铁的各个工序，大体可以分为炼铁工序、炼钢工序和轧钢工序。这三个过程统称为钢铁联合生产过程。钢铁联合生产过程还有原料处理，包括炼焦、煤气、蒸汽、电力、水、运输等辅助设备。

炼铁的工序：炼铁工序的主体设备是由高炉（核心设备）、烧结机和炼焦炉，辅助设备有热风炉和鼓风机。炼铁是以焦炭为主要燃料，在高温下通过以CO为主的还原剂发生还原反应，把铁矿石中的铁提取出来。高炉炼铁过程实质是，生铁中各元素的还原过程；普通高炉的产品是生铁（铁和碳以及含少量硅、锰、硫、磷等杂志的合金），包括由炼铁生铁、铸造生铁、合金生铁和高炉铁合金；副产品是炉渣、煤气和一定量的炉灰（瓦斯灰）。

用于炼铁的矿石有磁铁矿、赤铁矿、褐铁矿和菱铁矿。

熔化的生铁硬而脆，不便于轧制和焊制，需要经过进一步的冶炼（炼钢），成为含碳量低于 1.7% 的铁碳化合物。高炉炼铁是还原反应为主，而炼钢是氧化反应为主。

铁产品包括：化学纯铁（含碳量几乎为 0）、工业纯铁（含碳 0%~0.0007%）、钢（含碳 0.0007%~1.2%）、铸铁或生铁（含碳 1.7%~4.5%）。

高炉炼铁的基本过程见图 5。

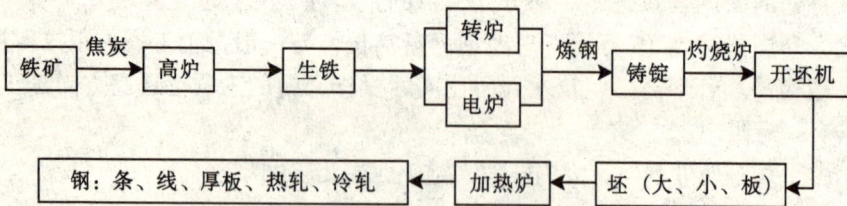

图 5　高炉炼铁的基本过程

炼钢的工序：炼钢工序的主要目的是把来自高炉的铁水（生铁）配以适量的废钢，在炼钢炉内通过氧化、脱碳和造渣过程，降低有害元素，冶炼出符合要求的钢水；概括地讲，炼钢就是创造一定的有利条件，利用氧化剂（空气中的氧、氧化性炉气中的氧、纯氧、铁矿石、氧化性渣、钢屑的铁锈粉等）与铁水中的 C、Si、Mn、P、S 等元素进行直接或间接的氧化以及造渣反应，将其转化为炉气或炉渣而除去。简言之，炼钢过程是氧化去除铁水中的碳，将碳浓度吹炼至目标值而成为钢的过程。

钢材不能由钢水直接制造，要先铸成钢坯，此过程要脱氧去杂质。

炼钢工序主要有三个过程：原料预处理过程、吹炼过程、铸锭或连铸过程。

目前炼钢的方法主要有三种，其对比情况见表 4：

表4			
	转　炉	电　炉	平　炉
原料	主要铁水、少量废钢	主要废钢、少量生铁	废钢和生铁各半
热源	杂质氧化热	电能	燃料（重油、煤气）
氧化剂	纯氧、空气	铁矿石、氧气	铁矿石、氧石
造渣剂	$CaCO_3$、CaO	$CaCO_3$、CaO、硅砂	$CaCO_3$、CaO
特征	时间短，废钢使用少	热效率高，钢的 P、S 低，成分易调整	原料广，优质钢，炼钢时间长
作用	普通钢、低合金钢	合金钢、普通钢	同转炉

高炉生产的生铁（铸铁）93%~94%的铁用于炼钢，炼钢的基本过程见图6。

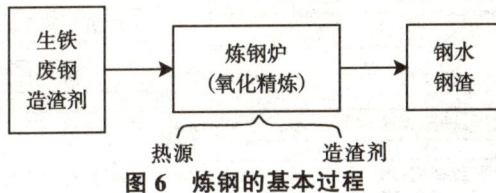

图6　炼钢的基本过程

附录二　莱钢的组织体系

截至 2005 年 6 月 30 日，莱钢集团公司拥有全资及控股子公司 26 家，包括上市公司莱钢股份。其中直属单位 10 家，参股单位 16 家，权属法人单位 3 家。莱钢当年总资产为 301 亿元，在岗职工 3.7 万人，其中钢铁主业 1.7 万人，莱钢集团目前的组织结构见图7。

附录三　莱钢股份的财务状况

截至 2005 年 8 月末，莱钢股份公司总股本由上市时的 52980 万股增加到

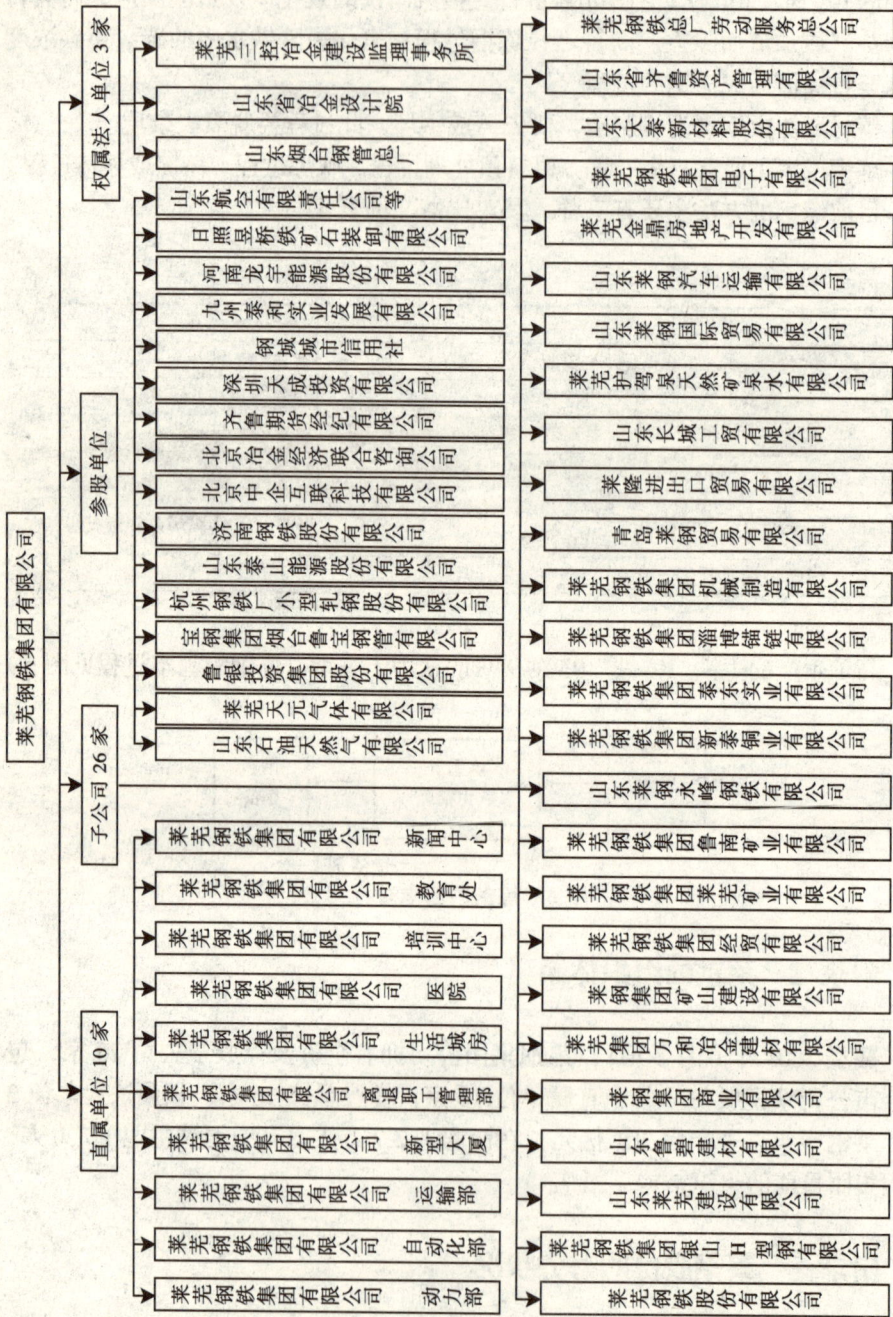

图7 莱钢的组织结构

92227.31 万股，增长了 74.08%。其中莱芜钢铁集团有限公司持有国有法人股 70847.31 万股，占总股本的 76.82%；山东省经济开发投资公司持有国有法人股 1100.00 万股，占总股本的 1.19%；社会公众股 20280.00 万股，占总股本的 21.99%。总资产和股东权益也分别由上市时的 24.19 亿元、12.30 亿元增加 112.00 亿元和 46.61 亿元，分别增长 363% 和 278.94%。2004 年，公司铁、钢、材产量分别达到 362.45 万吨、505.85 万吨和 527.22 万吨，增长幅度位居全国同行业前列，主营业务收入和主营业务利润分别达到 172.09 亿元和 16.39 亿元，分别比上市之初增长了 141.30%、241.03%、424.65%、384.21% 和 261.81%。

钢的种类包括：碳素钢（含 C）、低合金钢（含 Si，Ni，Cr，Mn）、高合金钢（含 Ni，Cr，W，V，Co）。

表 5　莱钢股份近三年主要财务数据

单位：万元

项　目	2005 年前三季	2004 年报	2003 年报	2002 年报
资产负债				
总资产	1192776.220	982795.142	826530.819	705636.990
流动资产	330582.184	425297.938	372018.398	273553.461
长期投资	—	7500.000	7500.000	6944.178
固定资产	856659.469	549997.204	447012.421	424724.602
无形其他资产	34.567	—	—	414.750
流动负债	474204.421	274109.402	262108.767	204962.434
长期负债	235670.095	235479.018	124637.712	119408.996
股东权益	472889.947	466083.778	438059.619	380230.955
资本公积金	135491.215	134554.976	134556.033	134009.216
利润				
主营业务收入	1407845.200	1776182.605	1089685.434	601464.359
主营业务利润	124576.499	163673.154	153365.160	98264.567
利润总额	56638.113	103974.423	83442.180	57937.531
净利润	42760.854	74138.870	57281.848	38503.738
未分配利润	—	123114.466	104263.640	105856.956
现金流量				
经营现金净流量	62674.718	94155.110	72510.150	72138.410
投资现金净流量	−154428.486	−137686.553	−64889.710	−65203.466
筹资现金净流量	66476.270	42226.107	−22587.032	57218.829
汇率对现金影响	—	—	—	—
现金流量净增额	−25277.499	−1305.337	−14966.592	64153.773

五、案例使用说明

（一）案例类型与教学目的

本案例为企业发展战略案例。本案例的教学目的：

（1）领会企业发展品质新概念。

（2）大型企业集团的发展规划体系与决策因素。

（3）企业应承担的社会责任。

（4）钢铁行业等基础行业与宏观经济态势的关联性、风险性。

（5）中国企业的发展历程、企业发展过程中机遇的把握。

（6）独特的企业文化构成企业的竞争力。

（7）学习型组织对于企业发展的意义。

（二）可供教师在课堂上选用的启发思考题

（1）在我国为什么要特别强调企业发展品质问题？莱钢发展品质主要体现在哪些方面？

（2）地处鲁中地区的莱钢为什么能够取得高速发展，其基本经验是什么？

（3）技术进步与管理现代化、体制改革如何互动？

（4）莱钢 2005 年规模达到 1000 万吨，正值我国宏观经济调控，钢铁产品供大于求，价格下滑，如何处置？

（5）莱钢如何应对新形势的挑战？

（6）与阿瑟罗钢铁公司合作预计会出现什么结果？

（三）案例分析路线

企业发展战略的类型━━➤我国企业发展的经验教训━━➤中国钢铁工业的机遇和风险━━➤莱钢的经营环境━━➤莱钢的发展战略━━➤莱钢的成就━━➤莱钢面临的挑战━━➤莱钢可以采取的对策。

（四）背景资料

（1）中国钢铁行业的资料（供求情况、价格走势、主要竞争对手）。

（2）山东莱芜的简介。

（3）阿瑟罗钢铁公司简介。

（4）中国"钢铁新政"。

（5）宝钢发展战略简介。

（五）理论要点

（1）战略决策结构。

（2）规模经济、经济周期与企业决策。

（3）企业文化理论。

（4）学习型组织。

（5）机遇管理。

联华超市快速进入强势竞争圈

张映红　孙明　汪翔红

摘要：本案例全面描述了联华超市股份有限公司的创业及其发展历程，向读者展示了目前中国最大的零售连锁公司的战略管理及其实施过程的诸多方面。我国经济高速平稳发展为零售业发展带来了良好的发展机遇；与此同时，零售业的全面对外开放和日趋激烈的市场竞争也给联华超市的未来发展带来了严峻的挑战，如何继续保持联华超市在业界的领导地位？如何提升企业绩效，实现持续发展？

关键词：公司战略　业务组合战略　购并战略　经营变革与创新　供应链管理

一、中国最大的本土零售连锁公司

联华超市股份有限公司于 1991 年起在上海开展业务，在 14 年的发展历程中，以直接经营、加盟经营、并购和托管方式发展成为一家具备全国网点布局、业态最齐全的零售连锁超市企业。联华超市及其附属公司（集团）经营大型综合超市、超级市场及便利店三大主要零售业态，分别通过"世纪联华"、"联华超市"、"快客便利"品牌不断扩张。截至 2005 年 6 月 30 日，联华超市的总门店数目已经达到 3377 家（不包括联营公司经营的门店），遍布全国 20 个省份及直辖市，连续 8 年保持中国连锁超市的龙头地位。"联华超市"、"快客便利"获得中国连锁经营协会特许委员会评定的"中国优秀特许品牌"之一。联华超市于 2003 年 6 月 27 日以 H 股形式在香港联合交易所有限公司上市。

（一）创业及发展历程

联华超市股份有限公司（简称联华超市）的前身为"联华商业"，是上海市人民政府财贸办公室于 1991 年 5 月 22 日批准在上海成立，注册资本为人民币 1200 万元，公司第一家门店——上海曲阳店于 1991 年 9 月 21 日开业。

截至 1995 年 12 月 31 日，联华超市连锁门店有 41 家，销售规模 1.98 亿元。

1996 年 1 月 19 日，上海内外联综合商社总经理王宗南兼任上海联华超市商业公司总经理、中共上海联华超市商业公司党委书记。

1996 年，联华超市与法国家乐福合作，合资组建了上海联家超市有限公司。

1997 年 11 月 28 日，上海联华超市有限公司多元业态发展连锁经营，成立上海联华便利商业公司，首批 5 家联华便利店同时开业，同年年底，联华超市连锁门店达到 230 家，销售规模 24 亿元。

1997 年 10 月 30 日，上海联华超市有限公司经国家工商行政管理局企业注册局审核批准更名为"联华超市有限公司"。

1999 年 9 月 26 日，江泽民总书记在上海市委书记黄菊、市长徐匡迪陪同下视察联华超市田林店。

1999 年 12 月，为筹集更多资金发展直营大型综合超市业务及设立新配送中心，联华超市的注册资本扩大至约人民币 3 亿元。

2000 年 7 月 22 日，联华超市 2000 年下半年工作研讨会在南京国际会议大酒店举行。会议对联华的发展策略作出调整，制定了"二大一小"的发展方针。同年 9 月 8 日，联华超市浦东大卖场试营业。

2000 年 11 月，杭州千家伴便利店有限公司属下的 54 家门店挂上"联华便利"的招牌。杭州千家伴的加盟标志着联华便利在全国拓展战略的启动。

2001 年 5 月，为筹集更多资金以满足扩充零售网络所需，联华超市的注册资本进一步增加至约人民币 4 亿元。于 2001 年底，联华超市转制为股份有限公司。

2002 年 7 月，联华出资 2.1 亿元，入主浙江最大的超市公司家友超市的母公司杭州华商集团，以 50%股权成为新组建的联华华商集团有限公司第一大股东。

2003 年 3 月 26 日，联华超市与西班牙迪亚国际食品营销有限公司联合在浦东汤臣洲际大酒店举行签约仪式，共同投资组建上海迪亚联华零售有限公司。同年 7 月，上海迪亚联华零售有限公司在上海市开出第一批折扣店。

2003 年 6 月 27 日，公司以 H 股形式成功在香港联合交易所有限公司主板上市（0980）。

2004 年先后在沈阳、浙江、广西、石家庄等地区实施了一系列的收购兼并活动，其全国网点战略日渐凸显。

2005 年 11 月，联华超市以近 1 亿元代价，从世纪联华大卖场的最小股东"变身"为控股股东，并获得了过去由其托管的 28 家世纪联华门店的控制权。

经过 14 年的发展，联华超市已成为现今中国最大的零售公司，形成了大型综合超市（大卖场）、超级市场、便利店等多元业态联动互补、组合推进的规模发展优势。在上海、浙江、江苏、北京、广东等 22 个省、市、自治区的 100 多个城市建立了庞大的连锁经营网络。截至 2005 年 6 月 30 日，集团门店数达 3377 家（不包括联营企业门店）。联华超市连续 8 年荣登中国连锁零售业翘楚之席，是中国消费者最信赖的商业品牌之一。

图 1 显示了联华超市 1991~2004 年门店数的增长趋势。

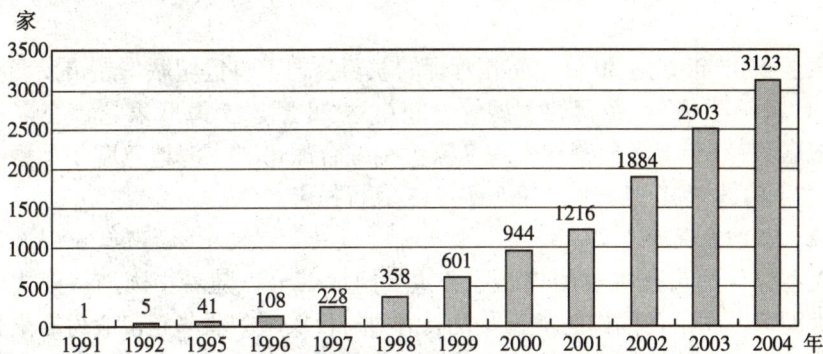

图 1　联华超市 1991~2004 年门店数

（二）公司使命

联华超市股份有限公司的公司使命："联华超市一直坚守'顾客第一，唯一的第一'的理念，采取以客为本的市场策略，旨在以具有竞争力的价格提供品种繁多的优质商品和增值服务，为顾客提供愉快的购物体验。

我们的使命，是巩固领导优势，在中国零售市场建立卓越地位。"①

———————————

① 联华超市股份有限公司内部资料。

(三) 公司业务

目前，联华超市的核心业务包括：大型综合超市、超级市场和"快客"便利店。此外，公司的业务还包括配送业务、加盟经营和电子商务等。截至2005年6月30日，集团拥有的大型综合超市、超级市场和便利店门店情况如表1所示：

表1　联华超市股份有限公司门店情况（截至2005年6月30日）①

	大型综合超市	超级市场	便利店	合计
本集团	61	1481	1835	3377
其中：直接经营	61	639	1213	1913
加盟经营	0	842	622	1464

截至2005年6月30日，受托管理的联营公司上海世纪联华超市发展有限公司（"世纪联华"）经营的大型综合超市达28家。上海联家超市有限公司（"上海联家"）于上海经营和管理8家大型综合超市。上海迪亚联华零售有限公司（"上海迪亚"）已经在上海经营117家折扣店。

1. 大型综合超市

大型综合超市是本集团核心业务重要组成部分，随着中国消费模式的转变，大型综合超市在国内的增长及发展潜力与日俱增。联华超市股份有限公司的大型综合超市使用"世纪联华"品牌，世纪联华大型综合超市针对要求"一站式"购物体验的消费者。所谓"一站式"，即让他们享受购物与天伦之乐的同时，和家人消磨一整天，在同一个地点完成他们的购物所需。因此，世纪联华大型综合超市的商品种类繁多，质高价优，并提供多种附加服务。例如，洗衣、银行、药品、相片冲印与补鞋等服务，以满足消费者"一站式"的购物需要。大型综合超市的单店营业面积一般在6000平方米以上。

2. 超级市场

超级市场业务仍然是本集团最成熟的零售连锁业务，也是本集团业绩的主要贡献者。联华超级市场主要针对需要日常生活必需品的城市消费者。因此，其提供的商品及服务多与日常生活息息相关。联华超级市场多位于人口密集的住宅区，其店铺面积亦较大型综合超市小，一般在300~500平方米。

---

① 联华超市股份有限公司内部资料。

3.便利店

联华超市于 1997 年开始涉足便利店业务。在便利店业务发展过程中，充分利用特许加盟的扩张策略，使得该项业务得以迅速发展。2000 年 6 月，联华便利公司推出适应下岗职工的特许加盟方案。只需投资 7 万元，就能做个便利店的小老板。目前，公司的"快客"便利店曾被中国连锁经营协会特许委员会评定为"中国优秀特许品牌"之一。

"快客"便利店的目标顾客是需要快捷、有效、方便及 24 小时购物服务的消费者。因此，便利店占地较其他模式的网点更小，且多位于人流量高的地点，店内商品以必需品为主，种类精挑细选，而产品价钱一般高于超级市场及大型综合超市的售价。"快客"便利店的营业时间一般为每天 16~24 小时。

二、1996 年战略转折——确立快速持续发展的战略

20 世纪 90 年代中期，我国零售市场迅猛发展。连锁超市作为一个新兴的商业业态，发展的势头方兴未艾，其竞争势头已呈白热化。首先，国内商业集团跻身超市领域，它们在网点布局、单体面积、业态定位上有各自的特点。有些超市公司依托百货集团，经营的品种门类齐、品位高，单体面积大，发展势头非常之快，大有后来居上之势。其次，国际著名百货集团及跨国大型连锁企业纷纷"抢摊"中国的零售市场。荷兰万客隆、美国沃尔玛、法国家乐福、日本大荣和德国麦德龙等"海外兵团"以雄厚的资本实力为支撑，依托先进的经营理念、管理技术和全球采购体系，加快了进入中国市场的步伐，国内零售市场国际化特征越来越明显，竞争日趋白热化。

成立于 1991 年的联华超市尽管经历了初创时期的迅速发展，已经成长为我国连锁超市的"领头羊"。但从发展地域来看，联华超市还只是区域性的连锁零售企业，1996 年的联华超市 95% 以上的门店局限于上海城乡和江浙地区。到 1995 年底，仅有 41 家门店，销售规模 2 亿元，累计亏损 560 万元。在激烈的市场竞争中，公司的发展面临严峻的挑战。

1996 年 1 月 19 日，上海内外联综合商社总经理王宗南被任命为上海联华超市商业公司总经理兼公司党委书记。当时，围绕"等盈利后再发展，还是在发展中求效益"的问题在公司内部引发了一场争论。最终，联华超市核心团队确立了"连锁商业企业快速、持续发展战略"，具体包括以下要点：

所谓快速，就是在商业"海外兵团"还没有完全占领我国零售市场之前，

迅速壮大自己，使自己的门店、销售、利润、管理、技术、人才等方面具有与"海外兵团"竞争和抗衡的能力，将自己迅速发展成能摆脱被别人吞没的"鲨鱼"。

所谓持续，就是不停顿地更新、创新经营观念；不断实施业态组合，实施精细化管理，寻找新的增长点；努力打造企业的形象和品牌，使企业的形象和品牌深入人心、经久不衰。

联华超市快速、持续发展的总体战略目标是：在一个不太长的时间内联华超市要从一家区域性连锁企业成长为跨区域发展的全国性连锁企业，要像美国的沃尔玛、法国的家乐福那样，成为中国的联华；始终保持联华超市在中国连锁零售业的领先地位，把联华超市从一艘商业"舰艇"打造成为中国商业的"航空母舰"，铸造出中国连锁业的"第一品牌"；使联华超市早日进入世界500强，成为中国的沃尔玛，成为一个"立足中国"的世界级零售企业。

有了明确的总体战略目标，公司围绕这一总体战略目标制定了连锁商业快速持续发展的门店销售规模、业态组合、拓展地区和管理手段等各个分目标：

第一，公司分阶段实施的门店销售规模目标是，1996~2000年，门店规模达到800家，销售规模达到100亿元；2001~2005年，门店规模达到4000家，销售规模达到350亿元。

第二，公司建立实现总体战略目标的多业态组合体系，即形成大型综合超市、超级市场、便利店等多元业态联动互补、组合推进的业态体系。

第三，公司的全国拓展战略是，沿沪杭、沪宁高速公路实施推土机式的延伸；在全国省会城市、计划单列城市、人口在150万以上的中等城市中实施跳跃式的拓展，在我国的东北、华北、华南、华中等地区，形成一个大型综合超市（大卖场）、超级市场（标准超市）、便利店相结合的网点体系。

第四，为了有效地实施总体战略目标，大力提升公司的连锁核心技术，在经营管理的手段和技术上实现国际化、现代化，不断增强公司的"核心竞争力"。

三、三大战略支点

（一）网点扩张战略——"推土机式"延伸与"跳跃式"拓展相结合

为实施"快速、持续发展战略"，联华实施了"推土机式"延伸与"跳跃式"拓展相结合的网点扩张策略。

"跳跃式"发展是指在全国条件成熟的中心城市，重点开设大型综合超市，即大卖场；"推土机式"发展是指以区域中心城市为据点，以整体推进的方式向周边地区辐射和推进。在具体做法上，联华超市从上海起家，以"跳跃式"发展与"推土机式"延伸相结合，向长江流域经济发达地区发展连锁规模取得了成果，逐步成为跨地区的连锁商业企业。"推土机式"延伸与"跳跃式"拓展相结合就是以大型综合超市为先导，便利店和标准超市为两翼，先站稳区域中心城市，并尽快进入当地零售企业销售规模的前三名，然后依托大卖场、标准超市、便利店三种业态良性互动的优势，以"推土机式"向该区域其他城镇市场推进和扩张，最终取得该区域零售市场的领先地位。2001 年 11 月 10 日，联华超市首家埠外大型综合超市——世纪联华市中店在山东济南开业迎客，同年12 月，世纪联华江苏泰州店和世纪联华安徽芜湖店相继开业。随后，世纪联华安徽合肥店、江苏徐州店、山东济宁店、潍坊店、广州江南店、福州中亭店和惠盛店等一批卖场又相继开业，这些经营面积均在 2 万平方米左右的卖场在各地站稳脚跟后，一方面扩大了联华超市在全国的知名度；另一方面为联华超市将来在当地以"推土机式"进一步扩张打下了良好基础。

随着快速、持续发展战略的稳步推进，联华超市目前已在上海、北京、天津、江苏、浙江、安徽、江西、广东、山东、山西、河南、河北、辽宁、吉林、新疆、内蒙等 22 个省、市和自治区的 100 多个城市构筑了强大的连锁经营网络。

（二）业务组合战略——多元业态组合和延伸

联华超市从企业持续发展的角度出发，从标准型超市起步，逐渐向便利店、大卖场、药业连锁和折扣店等多元业态延伸。

20 世纪 90 年代中后期，当上海的连锁超市正处在快速发展时，联华超市就从战略发展的高度出发，积极探索连锁新业态。

首先，1997 年，联华超市投资组建了上海联华便利商业公司（后更名为"快客"便利），这种满足城市化即时型、便利型消费方式是联华在新业态的拓展上迈出的成功的第一步。

其次，随着具有超低价、"一站式"购齐的特点的外资大型综合超市纷纷进入我国，并且迅速聚集起消费者的人气，联华超市积极应对国内市场的这一国际化竞争趋势，积极涉足大型综合超市业态，组建了专业经营大型综合超市的上海世纪联华超市发展有限公司。至此，联华超市逐步形成了大型综合超市（大卖场）、超级市场、便利店等多元业态联动互补、组合推进的规模发展框架。世纪联华公司成立后快速拓展市内外门店，坚持现代企业管理制度和市场化运行机制，辅之高科技信息系统和先进的企业核心技术、先进一流的硬件设施和优良规范的全程服务，正成为联华实施连锁商业快速持续发展战略的主力业态。

2000 年 9 月，作为中国超市第一网站的上海联华电子商务有限公司成立，在网上开辟出新的市场。2003 年实现网上销售收入 4.6 亿元，实现利润总额 760 万元。累计为联华超市增加了在线消费者达 100 多万人。

联华超市还积极探索连锁新业态，与西班牙迪亚国际食品营销有限公司合作，共同投资组建上海迪亚联华零售有限公司，积极延伸联华连锁新业态。目前已在上海开出 100 多家折扣店。迪亚天天折扣店业态既避开了与大型综合超市的正面厮杀，又不受超级市场的挤压，形成了错位经营。

（三）多元资本组合与收购兼并

以有限的国有资本联动社会资本和国际资本，从而形成多元资本的组合是联华超市快速持续发展的重要支撑。

1996 年，联华超市与法国家乐福合作，合资组建了上海联家超市有限公司；1997 年初，联华超市在上海市国有超市公司中首家通过母公司改制引资，吸纳了上实资产经营公司、日本三菱商事株式会社入股，引进了境外资金 8000 多万元，使资本金达到了 1.8 亿元。

联华超市在进入了门店、销售、资产大规模扩张期后，迅速扩张的门店规模和销售规模，令其资本金捉襟见肘。为此，联华超市确定了成立合资公司迅速扩大规模的策略。或者以双方的现金投入，或者以联华超市的现金、对方的超市实物资产，或者以双方的净资产投入，或者以合并的形式，组建了20多家合资零售公司，吸收了跨地区、跨所有制的社会资本5500多万元，迅速扩大了企业的门店和销售规模。

联华超市还以合资参股等资本运作手段，积极向大型综合超市、电子商务、药品零售、食品加工、超市消耗品生产、房产咨询等相关业态、行业拓展，吸收了合作资本1.2亿元。联华超市还与上实联合、同振信息等公司合资组建了联华电子商务有限公司，向电子商务领域拓展；与复星药业有限公司合资组建了联华复星药业零售有限公司，向药品零售领域拓展。

2003年6月27日联华在香港主板市场成功上市。此后，联华超市加快了以收购、兼并的形式迅速扩大经营规模的战略步骤，在运用收购兼并策略的发展过程中，联华总结出以下并购策略和原则：

第一，对于尚未形成地区规模优势地区，并购当前处于当地前三名的连锁零售公司，以求短期内在当地形成规模优势；

第二，在已经取得规模优势的地区，并购那些可以与本集团形成集约及互补效应的连锁零售企业及其业态；

第三，被并购企业必须有一支优秀的经营管理团队；

第四，必须有一个合理的收购价格和投资回报。

在购并过程中，联华高层团队始终坚持，企业的并购整合，不应该是简单的资本对接，更主要的是两者之间企业文化的整合。联华文化的核心是业绩文化，它强调"有所作为"。发愤图强的意志、敢为人先的品格、与时俱进的精神，创新变革、精益求精、团队合作、包容共济是联华的主流文化。核心文化和主流文化构成了联华整个文化体系。

2002年7月，联华斥资2.1亿元并购了浙江省最大的超市公司——杭州华商集团有限公司（超市品牌为家友超市），联华并购杭州华商集团以后，经营班子几乎是杭州华商集团的原班人马。原杭州华商集团的董事长蔡兰英作为联华派出的产权代表，继续担任联华浙江公司的董事长。这种高度的信任感，最大限度地激发了整合后的联华浙江公司管理团队以及广大员工对联华的认同感，对事业的责任感和工作热情，在"以企业文化引领企业发展"的战略方针指导下，顺利地实现了购并整合。

四、强化内部管理

近年来，联华超市在"快速、持续发展"的总体战略思想指导下，在强化企业内部管理方面开展了大量工作。

（一）业态专业化管理和营运标准化管理

联华超市在实施多元业态发展中坚持专业化管理原则，将各业态的营运管理分开，便于更好地根据各个业态的特点实行精细化管理；同时，又非常重视集约化经营，在商品采购、设备采购等方面实施统一管理，实现规模经济。例如，仅2003年，集中设备采购就为企业节约了1630万元的支出。2003年联华超市的三大主力业态在全国范围内对58家重点供应商进行商品联合采购，采购金额达数十亿元，实现增量利润达4794万元。

联华超市在网点选址、工程建设、门店布局、商品陈列、生产配置、营运服务等方面都制定了统一标准，并严格按照标准加强管理。尤其对商品的统一采购，严格执行准入制度，加强动态监控，有效杜绝了假冒伪劣和"人情"商品的进入。公司于1998年率先通过ISO9002质量体系认证，并在2000年9月成为首批获得ISO9001：2000版质量体系转换认证的企业之一。

（二）提升信息化管理和供应链管理水平

信息化和供应链管理是零售企业竞争优势来源的关键环节。联华超市在发展过程中，从以下一些方面来加强企业的供应链管理水平：

1. 建立全国采购网络，形成科学的供应商管理体系

联华超市通过构筑平等协商的采购平台、互通信息的IT服务平台和产品开发平台三个平台，与供应商建立起了新型的管理体系，对实施快速、持续的发展战略起到了至关重要的作用。

1998年，公司提出全国采购建网战略，以全国的商品做全国的市场，目前已成功地与吉林、江苏、浙江、广东、云南等全国各地厂商合作，引进和推广千余种当地土特产和名、特、优、绿色商品。取得了社会和经济效益的双丰收。通过实施全国商品采购建网战略，联华超市通过引进差异化特色商品带动

了商品结构的差异化，扩充了商业企业的利润源和市场竞争能力；全国采购也促进了商品源头企业进一步树立了市场意识，提高了产品附加值和质量，进而深化了流通领域的变革，真正达到了工商联手，共创"双赢"的目的。

2. 加大物流技术投入，提升供应链管理水平

联华超市近年来积极推行"顾客快速反应"管理系统（ECR，Efficient Consumer Response）包括：品类管理、供应链管理、支持技术三方面内容，旨在加强供应商和零售商之间进一步合作，提升供应链管理水平，并与供应商建立了共同实施销售目标的新的销售管理方式。通过整合和优化供应链管理，把腾出的毛利空间和超额完成销售预算目标增量部分的商业利润拿出来，通过降低零售价格让利给消费者。这种供应商、零售商和消费者"三得利"的新型销售管理方式，进一步增强了供需双方参与市场竞争的核心能力。

在商品库存管理方面，联华超市推行供应商自行库存管理系统，使战略合作伙伴产品的库存更合理，充分体现要货满足率和到货准确率的先进性，使之更贴近销售终端；联华超市还为战略合作伙伴开通 VIP 查询系统，以便供应商能够随时监控商品的销售情况，及时把握市场动态；在货款结算上，针对战略合作伙伴的业务特征，在保证合同账期的同时，推行更为多元的市场化结算方式。

多年来，联华投入了大量资金以提升公司的物流技术和运作能力。目前，联华超市在上海拥有一座同业中最先进的、具有冷链配送功能的生鲜加工配送中心；一座现代化的拆零配送中心（为"快客"便利服务）；一座拥有先进分拣线的超级市场配送中心。在浙江，于 2003 年投入使用一座储存量达 80 万箱的现代化多功能配送中心，配送能力可达每日进出 20 万箱。

2005 年 5 月，联华投资 6000 万元，从日本引进的物流中心投入使用。该配送中心应用了目前国内顶尖的自动化设备和技术，总面积达 29000 平方米，库容能力达 30 万箱。配送中心试运行期间效益凸显，商品周转期已从原来的 16 天缩短到目前的 7 天，一天的商品吞吐量最高达 16 万箱，平均每天可配送 600 家门店。

2005 年 4 月，联华与全球最大的 IT 公司 IBM 以及中国台湾特力集团联手，就共同打造联华具有国际水准的供应链管理体系，正式签订战略合作协议书。项目为期 6 年，总投资约 1.2 亿元将按照建设进度逐步投入。项目主要依托 IBM 公司领先的 IT 技术以及中国台湾特力集团丰富的零售经验及其成熟的供应链应用技术，首先建立联华超市旗下的大型综合超市业态的电子订单处理、网上对账及结算、数据分析及共享等供应链管理及其支撑体系，依据这样的平台向联华超市托管的世纪联华提供管理支撑，并进一步向超级市场和便利业态

延伸。

目前联华超市已经推行了网上订货、电脑系统收发商品、经过型物流、车辆运输合理调度系统，合理分布仓库系统。物流技术提升以后，联华超市的配送效率逐年上升，费用逐年递减。2003 年配送费率为 1.99%，低于国际著名零售企业的平均水平。随着"地网"工程的推进，联华超市的配送效率将有较大的上升空间。联华还计划在南京、沈阳、天津等地建立区域性配送中心，为企业快速持续的发展奠定基础。

3. 提升信息技术，建设数据系统

联华超市信息系统从无到有，从数据处理系统到数据报告系统，再发展到管理支持与决策支持系统，适应了公司快速发展的需要。从总体架构看，联华超市的信息系统是一个大型的基于广域网络的分布式数据库应用系统，集成了先进的数据库技术、网络技术和应用软件开发技术。在联华的信息系统中，参考国内外竞争对手在信息系统建设上的思路，并结合联华自身的具体情况，充分运用国际连锁零售业被广泛认可的包括品类管理、供应链管理、有效客户响应系统、客户关系管理等先进的管理理念和方法。目前联华已拥有 260 多万名会员。联华超市目前正在致力于建立客户资源管理体系，并与品牌的战略管理有机结合起来，从而使联华超市的品牌形象不断升值，消费者忠诚度不断提高。

五、经营变革与创新

变革与创新是企业生存发展的动力和源泉，正是通过不断的经营变革与创新，联华超市得以快速发展。

（一）产、加、销一体化经营和"厨房工程"策略

联华超市在推进企业快速持续发展战略的进程中瞄准"民以食为天"这一永不疲软、最具潜力的市场作为经营的主攻方向，大力实施"厨房工程"。在落实"厨房工程"的过程中，联华超市对产销体系、采购方式、物流支持等方面进行了相配套的改革，使生鲜食品销售额达到总销售额的 30%，并保持逐年上升态势。

1. 减少流通环节，实行订单招标

从 1999 年起联华超市针对流通环节存在层次多、流转慢、成本高等诸多

弊端，率先变革生鲜农副产品的采购方式，深购远采，寻找商品源头。在各地政府的支持下，联华超市在上海郊区以及鲁、冀、豫、皖、苏、浙、吉、湘等地，先后建立了肉制品、蔬菜、水果、鸡蛋、水产等生产供应基地。产销直接见面的采购方式使超市副食品流通成本下降了 15%~30%。

从 2000 年 4 月开始，联华超市提出了向农民实施下订单采购的新思路，使商品产后采购逐步转变为产前招标订购。在具体操作上，先通过媒体向全国发出联华生鲜食品订单采购计划和公开招标信息，首批推出的是市场需求量大、和市民日常生活息息相关的肉、禽、蛋、蔬菜、水果 5 大类商品。这一创举，在全国引起了很大的反响。有 20 多个省市 350 多家生产单位和经营单位积极投标，联华超市邀请专家进行评标，在坚持"公开、公正、科学"的评标原则下，对产品的质量、技术含量、企业素质和交易条件等进行严格审定。然后，中标单位严格按招标的技术标准来组织农户生产。首批公开招标的 4000 吨红富士苹果、1 万吨鲜鸡蛋、1.5 万吨冷却猪肉、100 万羽草鸡上市后，很快就销售一空。联华超市首创的招标订单采购，不仅满足了上海消费者购买全国名、特、优农副产品的需求，还使公司商品流通成本降低 10 个百分点，取得了社会和经济效益的双丰收。

2. 建立生鲜加工配送中心，开发联华定牌商品

联华超市按照产加销一体化的思路，对生鲜加工进行改造，以其为龙头，一头连接农村生产基地，一头连接城市居民厨房，构成了从基地生产、工厂化加工、配送到超市、进入居民厨房的产业链。为了进一步满足市场需求，降低经营成本，提高盈利能力，联华超市于 2000 年建造了具有现代食品加工水平的自动化生鲜食品加工配送中心，使单一的零售经营转变为生产、加工、销售一体化。目前，联华超市每天加工各类生鲜食品和半成品小包装达千余种，配送各类生鲜 200 吨左右。

在实施快速持续的发展战略过程中，联华超市利用资本增值最快的"联华超市"这一无形资产开发定牌商品，与众多的生产厂商合作，定牌生产与消费者日常生活密切相关的千余种热销商品，定牌商品销售额每年以 35% 的增幅递增，差异化的经营特色使联华品牌得到了消费者的认同。"联华"品牌商品已成为消费者喜见乐买的畅销品。目前，联华超市自主开发的定牌产品已达 1350 种，自有品牌商品的销售额已占总销售额的 4%，品种涉及常温食品、生鲜食品、日用品、服装等，其中联华定牌大米、食用油、纸制品、水饺、豆奶等更是成为同类商品的领军品牌。

（二）经营模式变革与创新

超级市场业务现在是联华超市最成熟的零售连锁业务，长期以来，是公司的主力零售业态，但是，从2004年上半年开始，公司超级市场业务呈现明显销售下滑的趋势，管理层分析后认为，造成超级市场业务下滑的主要原因是：分布在华东地区，尤其是在上海，那些开设在大型综合超市旁边的超级市场的业务受到来自大型综合超市的挑战。究其原因，还是超级市场未能做到与大型超市进行差异化定位。由此，集团高层提出，公司超级市场业态必须与大型综合超市和便利店进行差异化经营，走细分市场的"转型"道路成为集团超级市场业务发展变革的重点。在此基础上，提出了超级市场业态"转型、提升"的战略发展方向，并确定超级市场业态将向"生鲜店"、"社区店"和"标准店"转型，公司的超级市场将根据所在地区商圈的特点确定各自的商品结构，形成差异化经营。

继2004年成功进行生鲜店和标准店转型试点后，2005年上半年又进行高档社区型门店改造。截至2005年12月25日，联华超市成功实现向中高端生鲜超市转型的7家门店，销售额同比最小增幅40%以上，最大增幅为105%。例如，改建后重新亮相的联华超级生活馆——联华港汇店位于徐家汇商圈以崭新的面貌迎接顾客：国际流行的褐色、橙色为店堂内墙面、货架主基调；可温控专用货架保证了商品鲜度；入口处的服务区，各种休闲饮食吧让顾客享受购物、休闲的愉悦；重新筛选引进的15000余种商品中，2000多种进口商品满足了不同阶层的需求；生鲜食品占比达到40%以上……据悉，改店转型后销售额和毛利均得到大幅度提高。

百联集团总裁、联华超市董事长王宗南告诉记者，[①] 功能与品牌双提升的最终结果是看门店毛利率的提升，转型门店为实现这一目标分了三步走：

第一步，为突破传统生鲜经营低毛利状况，转型门店增加了生鲜品种，改善了生鲜加工方法，做大做强肉制品、蔬菜等优势品类，利用产品的深加工工艺、精包装手法、宣传推广商品高品质概念等办法，提升了生鲜加工品毛利。各转型门店在生鲜毛利率上的提升，有效地带动了整体毛利率上升，也扭转了生鲜经营亏损的局面。

第二步，转型门店尝试了"蔬菜自营＋外包"的经营模式，7家转型门店改造前蔬菜月销售1.5万元左右，改造后蔬菜销售都达到了8万~10万元，大

---

① 《解放日报》，http://www.commerce.sh.cn/，2006年2月。

大超出预期目标。个别门店实行"自营承包"方式，把员工个人经济利益和经营成果挂钩，通过销售保底、利益分享等激励措施，大大激发员工积极性。

第三步，为提升转型门店经营档次，还增加了进口商品品种，2007年11月，7家转型门店进口商品销售占比都大于3%，最好的门店达到了7.45%，有效带动了整体毛利率的提升。

六、挑战与发展前景

零售业在2005年已经全民对外资开放，外资零售公司不但加强了中国零售市场的网点布局，而且进行管理架构和物流体系配套建设以配合中国市场发展战略，本土零售企业面对更加强大的竞争压力（主要竞争对手参见附录二）。在激烈的市场竞争中，有不少超市倒闭，据不完全统计，2005年全国已有100多家超市倒闭。例如，2005年年初，遍布全国的48家普马门店全面关闭，普马超市累计欠债20多亿元；11月，刘永好参股的乐客多超市在苏沪各地歇业关闭；12月，广州家谊超市股份有限公司宣告破产，账面负债高达4亿余元。[①]

中华全国商业信息中心最近对全国近400家连锁超市的14000多个门店2003年的情况进行调查，结果显示：

从门店发展速度看，内资企业发展速度明显高于外资企业的发展速度。2003年，内资企业门店占87.3%，增长速度为32.35%，外资企业门店占12.7%，增长速度为21%；从商品销售增长速度来看，外资零售企业明显快于内资企业，在所统计的企业中，占88.5%的内资企业销售额同比增长29.6%，而42家外资企业销售额同比增长33%；从销售所占份额看，外资企业销售额合计占所统计企业销售总额的28.3%，内资企业占71.67%；从所统计的企业单位面积销售额数据看，外资零售企业高于内资零售企业；外资企业平均每平方米年销售额为2.06万元，内资企业平均每平方米年销售额为1.40万元；在大型综合超市领域占据优势地位的不是内资零售企业，在单店经营面积5000平方米以上的299家超市门店中，内资企业的营业额所占不足三成。

经研究沃尔玛、家乐福、麦德龙和三家中国零售企业——联华超市、华联超市、北京华联的财务数据后发现，中国企业资产负债率明显高于国外企业，不少企业都在70%以上。而中国销售额前10名的超市和中国连锁百强的毛利

---

① 《超市倒闭年，联华靠"生鲜"突围》，http://www.commerce.sh.cn。

润率分别为 12.8% 及 11.95%，而外资企业平均是 20.56%；净利润率这一指标国内企业普遍在 2% 以下，而沃尔玛在 2003 年度为 3.5%。

在激烈的市场竞争中，联华的三大零售业态也在经历考验和挑战。尽管联华在过去取得了巨大的成功，但如何继续保持成功，特别是在新的竞争形式下，如何保持"在绩效的前提下有质量地发展"[①] 是联华超市未来发展的关键所在。

"巩固领导优势，在中国零售市场建立卓越地位"——联华超市要实现其公司使命，依然任重而道远。

七、附　录

附录一　公司主要财务数据[②]

表 2　联华超市股份有限公司历年主要财务指标摘要

单位：千元人民币

年　份	2000	2001	2002	2003	2004	2005（上半年）
销售额	3516320	4517722	5821231	9282248	10854967	6890729
销售增长率（%）		28.48	28.85	59.46	16.94	26.96
经营利润	21306	51522	121610	210856	255323	153800
利润增长率（%）		141.82	136.04	73.39	21.09	20.48
总资产	1784484	1682235	2873484	4061904	4810711	5260375
总资产增长率（%）		− 5.73	70.81	41.36	18.43	9.35
毛利率（%）	16.34	12.67	13.54	12.63	12.46	12.6
综合收益率（%）	18.59	17.26	19.57	19.44	20.26	21.7
经营利润率（%）	0.61	1.14	2.09	2.27	2.35	2.5
每股盈利（元）	0.16	0.23	0.31	0.33	0.36	0.21
平均总资产回报率（%）	3.31	4.96	5.56	4.73	5.4	2.55
平均净资产收益率（%）	14.84	20.67	24.07	17.93	15.22	7.39
资本负债比率（%）	—	8.32	5.92	5.12	0	1.70
流动比率	0.63	0.59	0.54	0.78	0.79	0.70
存货周转期（日）	48	34	33	30	29	29

[①] 作者 2005 年 12 月 13 日访问百联集团总裁、联华超市股份有限公司董事长王宗南先生语。
[②] 数据主要来源：联华超市股份有限公司年度报告及内部资料。

表3 公司从1991~2005年门店发展情况及其业态构成情况

年 份	总门店数	门店构成情况		
		大型综合超市	超级市场	便利店
1991	1		1	
1992	5		5	
1993	14		14	
1994	23		23	
1995	41		41	
1996	108		108	
1997	230		220	10
1998	357	—	—	—
1999	601	—	426	175
2000	944	1	567	376
2001	1216	1	595	620
2002	1884	11	828	1045
2003	2503	24	1089	1390
2004	3123	49	1340	1734
2005 (6月30日)	3377	61	1481	1835

表4 公司从2000~2005年三大业态对集团销售额的构成

单位：千元人民币

年 份	2000	2001	2002	2003	2004	2005 (半年)
集团总营业额	3516320	4517722	5821231	9282248	10854967	6890729
增长率						
大型综合超市	78990	348354	947717	3375412	4717019	3435702
增长率						
占营业额之百分比	2.25%	7.71%	16.28%	36.36%	43.45%	49.86%
超级市场	3050839	3524347	4085420	4929513	4952964	2739919
增长率						
占营业额之百分比	86.76%	78.01%	70.18%	53.11%	45.63%	39.76%
便利店	369186	524610	702437	899847	1119820	694728
增长率						
占营业额之百分比	10.50%	11.61%	12.07%	9.69%	10.32%	10.08%
其他业务	17305	120412	85657	77475	65164	20380
占营业额之百分比	0.49%	2.67%	1.47%	0.84%	0.60%	0.30%

表5　三大零售业态的利润率比较

单位：千元人民币

年　份	截至12月31日止					
	2000	2001	2002	2003	2004	2005
毛利率（%）						
集团	16.34	12.67	13.54	12.63	12.46	12.6
大型综合超市				8.41	8.69	8.5
超级市场				15.12	14.96	13.9
便利店				16.91	17.87	15.9
综合收益率（%）						
集团	18.59	17.26	19.57	19.44	20.26	21.7
大型综合超市				14.50	15.70	16.2
超级市场				20.81	22.24	22.2
便利店				30.22	29.34	25.2
经营利润率（%）						
集团	0.61	1.14	2.09	2.27	2.35	2.5
大型综合超市				1.54	1.59	1.5
超级市场				3.15	3.18	3.4
便利店				2.01	2.23	2.2

附录二　外资主要竞争对手

2004年12月11日，国内零售业对外资全面开放，外资零售巨头抢夺市场的决心和实力，使本土零售企业面临巨大的挑战，对于已经在国内零售业占据相当地位与份额的外资巨头，如沃尔玛、家乐福、麦德龙等，将成为联华强大的竞争对手。

1. 家乐福

在中国零售业内，家乐福无论是门店规模、经营业绩，还是城市布局都是外资零售企业的杰出代表。自1995年家乐福开辟中国市场以来，已经深入到上海、深圳、北京、天津、武汉、重庆等各大城市，2004年年底，家乐福已经形成了以上海为中心、辐射沿海和经济中心城市的战略布局，其网点已经遍布24个城市，15个省、自治区、直辖市，拥有62家店铺，销售额高达162.4亿元人民币。2005年，家乐福在中国共新开了14家大卖场，门店数近80家，销售额提高了25%，突破了200亿元，2006年，家乐福计划在中国新开20家大卖场。

家乐福除在一线城市中心或副中心设立网点外，业态主要集中在独立活动能力强、最具发展潜力的大卖场上。大卖场在廉价性上打压了中国零售业的多数百货商店；又在综合性上制约了中国刚刚发展起来的中小型连锁超市，联华自 2000 年开设了第一家大卖场以来，开店数量和销售额都逐年上升，迄今数量已超过 50 家，2004 年销售额为 47 亿元，但与家乐福的规模和业绩相比，还相差较远。

家乐福在中国建立了 4 个区域采购中心，让单店拥有权限较大的采购权，考虑到中国内地物流运输方面的局限性，非集中采购可以节省费用和成本。家乐福的生鲜产品都是在当地采购，60% 的日杂货物也靠当地供应商或者全国供应商在当地的分支机构提供。其内部采用的价格政策，是一个系统的竞争反应流程。针对不同城市的竞争程度和消费习惯，制定不同的价格弹性指数，以及敏感商品分类标准，并根据不同的商品敏感分类，制定不同的竞争调查策略，进而保证门店在商业圈内超低的价格形象。

CTR 市场研究在上海发布 2005 年中国零售渠道调查结果表明，本土零售店市场占有率表现出普遍下降趋势，外资零售店则普遍上升。家乐福在全国 15 个主要城市范围内市场占有率达到 4.7%，位居外资零售企业榜首，渗透率超过 46.2%，这意味着有将近一半的家庭在一年内曾经光临过家乐福。

2. 沃尔玛

美国《财富》杂志公布的 2005 年度全球财富 500 强排名中，沃尔玛以 2004 年度营业收入 2881.89 亿美元，蝉联榜首。1996 年进入中国的沃尔玛，在 2005 年以前，仅以平均每年 5 家的速度开店，而 2005 年这一速度上涨了近 3 倍，达到 14 家，其门店数也由 42 家陡增至 56 家，沃尔玛 2006 年将在中国再开 13 家门店，到时其数量将达到 69 家。

在中国市场的 9 年来，沃尔玛坚持郊区化的发展战略，以强大而高效的物流配送系统为支撑，交叉发展沃尔玛购物广场、山姆会员店、社区店三种业态。2004 年沃尔玛在中国方面的销售额为 76.3 亿元，名列中国零售榜第 20 位。2005 年上半年销售业绩 47.3 亿元，而家乐福为 102.3 亿元。尽管沃尔玛由于其本土化程度的欠缺，目前在中国市场发展相对缓慢，落后于家乐福，但其拥有着出色的经营模式，包括品类管理技术、总部集中控制力量、成本控制、高效的信息系统、高度自动化的物流系统，在服务方面，沃尔玛的十步原则和三米微笑原则，以及无障碍退换等，这些从长远看体现零售企业核心竞争力的因素，都不是国内企业一朝一夕可以学到的，而这些优势一旦遇到合适的土壤，将发挥巨大的作用。

沃尔玛现已开始调整其在中国的经营策略。由于山姆会员店超前于中国的消费水平，在沃尔玛的扩张计划当中，山姆会员店已不在考虑当中，而以后的发展规划将以开设大卖场为主，沃尔玛超级购物广场开始挺进一线城市，2005 年 5 月先在北京，7 月又在上海开店布局；此外，在沈阳、贵阳、南宁等二线城市开张的新店店址，也均选在了市中心。

3. 麦德龙

麦德龙是德国最大和最成功的企业之一，是欧洲第三大、世界第五大贸易和零售集团，在 26 个国家内拥有员工大约 23.5 万名。麦德龙集团旗下拥有包括百货、大卖场等 6 种不同的零售业态，但是其在中国坚持只以"现购自运"（Cash and Carry）这一单一业态进行扩张。

1996 年，麦德龙在上海开设了第一家商场，到目前为止，在全国已开设29 家现购自运商场。麦德龙 2004 年全年业绩稳步增长，全球营业额上涨5.4%，达到了 264 亿欧元，其中，中国区销售额达到 63.64 亿元人民币，增长14%。2006 年计划在中国再开新店 6~8 家。未来 3~5 年，每年将在国内新开6~10 家商场。

麦德龙是世界第一的现购自运制商业集团，"现购自运"是目前全世界最为成功的自助式批发业态，是指专业顾客在仓储式商场内自选商品，以现金支付并取走商品。与传统的送货批发相比，现购自运的优势在于较好的性价比，以现金支付并取走商品。食品和非食品分类范围广，即时获得商品，营业时间也较长。商场通常提供 1.7 万种以上食品，3 万种以上的非食品。特别是在生鲜食品的供应上，包括水果、蔬菜、活鱼、肉制品、奶制品。麦德龙的"现购自运"模式与一般的大卖场不同，主要针对的是专业客户，例如餐饮业、酒店业、食品、非食品贸易服务商以及机构采购等，其他部分则针对零售销售和最终顾客。麦德龙中国商场内 90% 以上的商品都从中国采购，麦德龙集团在中国直接和间接采购价值约 20 亿欧元的商品，进入其全球销售网络。

八、案例使用说明

（一）案例性质与教学目标

本案例属于综合性案例，也可用于"公司战略"、"业务组合战略"、"购并战略"、"经营变革与创新"、"供应链管理"等专题讨论。

本案例的教学目标包括：

（1）帮助学员了解零售业态的结构及发展趋势。

（2）帮助学员了解企业实现快速增长的可行战略。

（3）培养学员思考企业经营管理系统的习惯和能力。

（二）教学用思考题

（1）总结联华超市股份有限公司的战略发展路径。

（2）在联华超市股份有限公司的发展过程中，公司战略有过哪些重大的调整？这些战略调整对于公司的发展起到了怎样的作用？

（3）在规模扩张的过程中，目前联华超市股份有限公司存在哪些重大的战略问题和挑战？

（4）要保持企业的可持续发展，联华超市股份有限公司下一步的战略对策是什么？

（三）参考资料

（1）《联华超市股份有限公司年度报告》（2003、2004、2005 年度及中期报告）。

（2）孙明：《连锁商业企业快速程序发展战略的实施》，联华超市股份有限公司资料。

（3）《记者眼中的联华》，联华超市股份有限公司企业资料汇编，1991.05-2001.05。

（4）《联华：中国为你骄傲》，联华超市股份有限公司企业资料汇编，2002 年。

（5）《2006：中国零售业走向何方？》，《超市周刊》，2006-01-24。

（6）《"麦德龙"过江到广州，曲线"谋取"华南市场》，新华网广州 2006-1-17 日电。

（7）《麦德龙加快布局中国》，www.sh.xinhuanet.com，2006-01-14。

（8）《家乐福为何能领先沃尔玛》，《中国乡镇企业报》，2005-12-27。

（9）《麦德龙在中国的营销之道》，上海市场营销网，2005-12-07。

（10）"沃尔玛与家乐福谁更胜一筹"，中国商报网站 www.jctrans.com，2005-09-13。

（11）《中国零售渠道调查 家乐福市场占有率》，《第一财经日报》，2005-08-19。

（12）陈宇："中国零售业：一边扩张一边陷落"，《互联网周刊》，2004-06-29-09：38。

（13）《超市倒闭年，联华靠"生鲜"突围》，http：//www.commerce.sh.cn。

黄酒行业的"蓝海战略"

黄津孚　王彤

摘要：2005 年 2 月韩国的 W. 钱金和美国的勒妮·莫博涅出版了《蓝海战略》，然而早在 2000 年上海金枫酿酒公司就采用了这种"另辟蹊径"的战略，即从关注和超越竞争对手转移到关注消费者价值，通过重组价值元素开启潜在需求，而且取得了巨大的成功。本案例向读者介绍这家黄酒生产企业选择、设计和实施"蓝海战略"的过程和效果。

关键词：黄酒　价值要素　差异化战略

一、企业战略形势

（一）衰微的黄酒行业

黄酒行业是我国最古老的也是特有的酿酒行业，上海金枫酿酒公司就在这个行业。由于长期以来的地缘经济和传统生产经营理念的束缚，20 世纪末这个行业呈现衰退迹象，1996~2001 年黄酒产量的复合增长率仅为 1.7%，1998~2000 年产量甚至出现零增长和负增长。黄酒的主要定位在大众市场，消费用途基本上是家常饮用和用作烹调料酒，价位比较低（表1）。

黄酒企业大多恪守传统生产工艺，机械化、现代化程度低，因而行业进入壁垒较低，产品开发和营销思路缺乏大胆创新，导致黄酒市场上长期低价同质化竞争，其吨酒价格远低于白酒和葡萄酒，仅比大众消费最多的啤酒高出 200元左右。由于利润微薄，导致黄酒行业发展一直踟蹰不前。有人断言，黄酒行

表 1　1999~2000 年上海市场主要黄酒品种市场零售价

产品名称		元 / 瓶（500ml）
古越龙山	五年陈花雕酒	14.80
塔牌	五年陈花雕酒	13.80
冠生园	和酒五年陈	15.80
沈永和	花雕酒（属古越龙山）	5.40
冠生园	和酒三年陈	7.50
塔牌	花雕酒	3.50
嘉善	五年陈花雕酒	4.50
嘉善	元红酒	2.50

业已经处于成熟阶段，行业发展没有太大空间。

（二）有利的宏观环境

世纪之交，中国社会正处于由温饱型向小康型的转变过程中，高档消费品、"奢侈品"正成为消费增长的重要动力，酿酒行业已经显现出消费升级带来的结构性变化，人们对酒的需求正在从"单纯嗜好"向"营养保健"转变，高度、烈性的不良饮酒习惯正在改变。据统计，在饮料酒中的比重啤酒正在上升，黄酒和葡萄酒相对稳定，而白酒则明显下降。

黄酒具有低度、营养、保健的优势，因而已经逐步走出江苏、浙江、上海的地域限制，向全国市场发展。专家们认为，随着经济交流和人口流动的加速，消费能力强劲的长三角地区的生活方式必将对周边和全国其他地区产生越来越大的影响；另外，城市化进程将推动农村消费方式向城市消费模式转变，农村的白酒消费习惯将逐步发生变化；流通领域的发展，超市等业态进入农村，使得农村市场被低档白酒垄断的局面有所改变。这些都为黄酒行业的发展提供了前提和基础。

黄酒行业的发展受到国家产业政策的积极扶持。黄酒耗粮较低，1 公斤大米可生产 2 公斤左右的黄酒，却只能生产 0.8 公斤白酒；葡萄酒成本更高，需3~4 公斤葡萄才能生产 1 公斤葡萄酒，为此国家的酿酒行业政策是贯彻"优质、低度、多品种、低消耗"的方针，积极实施"四个转变"：普通酒向优质酒转变，高度酒向低度酒转变，蒸馏酒向酿造酒转变，粮食酒向水果酒转变，明确"重点发展葡萄酒、水果酒，积极发展黄酒，稳步发展啤酒，控制白酒总量"。在酒类税收政策上也反映了这种政策导向，黄酒是酿酒行业中消费税负担最轻的行业，对白酒实行从量（0.5 元/斤）从价（25%）双重征税，啤酒消费税吨酒价格 3000 元以下按 220 元/吨征收，3000 元以上按 250 元/吨征收，黄酒消费税为 240 元/吨，每斤黄酒才纳税 0.12 元。

(三) 诸侯群起的竞争格局

21 世纪初，中国黄酒行业的格局大体上是以浙江、上海、山东和江苏为主要产地，其中浙江销售收入占全国 60%~70%。2001 年黄酒行业前 4 强为中国绍兴黄酒集团公司、上海冠生园华光酿酒药业有限公司、绍兴东风酒厂、浙江嘉善黄酒股份有限公司，上海金枫酿酒公司位居第五。

金枫酿酒最大的竞争对手——中国绍兴黄酒集团公司，1997 年 5 月独家发起组建浙江古越龙山绍兴酒业股份有限公司，当时是中国黄酒行业第一家股票上市公司。该集团公司不仅是当时中国最大的黄酒生产、经营、出口企业，黄酒年生产能力为 11 万吨，成为中国酿酒工业协会黄酒分会理事长单位，而且拥有国内唯一的国家级黄酒技术中心。其主要产品"古越龙山"、"沈永和"牌绍兴酒，是国家优质产品，唯一国宴专用黄酒，历次荣获国际国家金奖、中国著名商标、浙江省免检产品等殊荣，畅销全国各大城市，并远销日本、东南亚、欧美等三十多个国家和地区。

由于发展前景良好，天生嗅觉灵敏的若干民营企业在长三角地区崛起，富有生气地参与黄酒行业的竞争。

位于浙中三门的善好酒业集团是一家集酿酒、房地产、经贸、橡胶于一体的集团化公司。集团下辖的善好酒业有限公司 1999 年投入资金 1000 多万元，高薪聘请全国知名的黄酒专家为企业研发各类配方，不久又通过 ISO9001：2000 的质量认证，具备 1 万吨黄酒的生产能力，规划投资 2 亿元建设面积 400 亩年产 4 万吨黄酒生产基地。公司主导产品"善好酒"系列低度爽口营养型黄酒已被选入中南海作为党和国家领导人生活用酒之一，并获得中国杭州西湖国际食品博览会金奖。

无锡市振太酒业有限公司，前身为创建于 1954 年的无锡市黄酒厂，是江苏太湖水集团有限公司下属企业，是国家轻工总会定点机械化生产黄酒样板。目前具有年生产"锡山"黄酒一万吨的能力。1997 年向市场推出的五年陈酿"锡山老酒"和陈年"特制黄酒"深受广大消费者的欢迎；1998 年初，隆重推出了代表公司形象、具观赏和收藏价值的高档产品——"红楼惠泉酒"；公司积极开拓国际市场，出口达到每年三百余吨，在日本被列入世界名酒之册，成为江苏省黄酒出口主要基地。①

（四）金枫公司的竞争优势

上海金枫酿酒有限公司拥有比较悠久的历史，其前身上海枫泾酒厂创建于1939 年，已经有 60 多年的酿造经验，有其他新建企业所没有的几十年的酒基，坐落在最大的黄酒消费市场上海，企业有重视质量和勇于探索的好传统，1983年荣获国家银质奖，1995 年被认定为"上海市名牌产品"，1998 年起列入"上海市场畅销品牌"及"上海市著名商标"。经过 20 世纪 90 年代一系列的资产整合（1993 年兼并上海淀山湖酒厂组建上海金枫酿酒公司；1997 年购并上海金山酒厂和枫泾酒厂一分厂），扩大了生产规模；2000 年 6 月又作为优质资产整体注入上市公司第一食品股份有限公司旗下，成为上市公司的全资子公司，在同业中具有一定竞争优势。

二、汪总决定"重塑黄酒价值"战略

（一）重新认识黄酒的潜在价值

2000 年，金枫酿酒公司新的领导班子成立。新任总经理汪建华长期与酒的生产和销售打交道，历任上海市糖业烟酒公司长宁批发部副经理、中国酿酒厂厂长、上海市第一食品商店股份有限公司总经理助理，对黄酒的价值有独到的见解。

汪总认为，多年来黄酒行业发展迟缓，不是消费者不需要这种产品，而是企业没有为他们提供需要的产品。黄酒有没有发展前途，要从消费需求分析出发。人们喝酒是为了什么？消费者在喝酒时如何选择酒的种类？为什么有时候喝啤酒不喝白酒？什么场合一定要喝黄酒？导致消费者做出最终选择的潜意识到底是什么？消费者在喝酒过程中得到的到底是什么？汪总对目前几大主流酒的价值基因进行了分析比较（参见表 2）。

黄酒是隐性价值很大的酒种。黄酒一方面是目前酒类中营养价值最高的种类，符合今后人们追求健康营养的需要，具有巨大的功能价值；另一方面，中

----

① 以上两家企业资料来自互联网信息。

表2 不同酒类的价值

种　类	价值DNA	价值分类	价值分层
白酒	地位、权力		历史、豪气、氛围
啤酒	轻松	显性消费，容易识别	个人放松、聚会释放
红酒	浪漫		雅致、情调
补酒（药酒）	健康	隐性消费，不易识别	团圆、合家欢乐
黄酒	营养		亲情、地方情结、正统

国黄酒有五千多年历史，与法国葡萄酒、德国啤酒并列为世界三大最古老的酒种，可称国之瑰宝，其文化附加值不可估量，值得深入挖掘。世纪之交，随着人们生活水平的提高，啤酒、葡萄酒的消费量增长较快，而黄酒增长迟缓，当时国内白酒年人均消费2.6升，啤酒为21升，黄酒人均消费仅为1.4升，与其功能和文化价值不匹配，意味着黄酒行业面临着很大的发展空间，不是夕阳工业而是一个朝阳工业。

黄酒为什么销售价格上不去？这是因为供应商把它定位在大众化的调味品和低档次的饮品，没有考虑进入高档宾客和送礼的市场，口味、色泽、包装雷同，缺乏借以辨识的高档品牌，必然出现同质化产品低价竞争的局面。

要开发黄酒的潜在价值，就必须大胆创新，首先是观念创新。汪总指出，以前我们国家人口多，民以食为天，所以以生产为中心，多多生产保证老百姓吃饱；企业现在最大的改变是什么？那就是要"食以民为天"，食品企业必须以消费者为天，老百姓需要什么，你就提供什么。过去黄酒的传统产品概念束缚了许多人的头脑，一些黄酒企业的老总强调黄酒口味一定要正宗，坚持以一套老标准评定产品。其实，市场需求在改变，新生代的消费观念不同于老一代，养生型、交际型的酒类消费理念正逐步被人们接纳，黄酒的低度、营养、保健的潜在优势有待挖掘。

（二）从消费者角度定位价值

消费者买酒是购买酒的价值，其内容包括酒的功能（营养）价值、品位（口感、观感）价值、心理感染（相关文化、消费体验）价值等，这些价值应该是消费者需要的、认同的、能够辨别的，因而是愿意支付的。

1. 通过调查研究，确定市场定位和消费者偏好

金枫酿酒公司借鉴国内外企业管理市场化运作的成功经验，投入数十万元聘请国内著名的市场调研公司和策划公司帮助进行市场调研和产品设计。通过

市场潜力分析，他们将比较容易接受高档黄酒的主要消费人群锁定在月收入4000元以上、追求时尚的白领阶层。然后深入了解这个消费群体对黄酒的认知和对黄酒的期望，要求消费者对心目中的黄酒的口味、色泽、标光、包装等加以描述。比如酒的标光，在调查现场把酒倒在杯子里，让消费者立即评判打分，发现消费者认为混的酒就不是好酒，这就揭示了一个生产者与消费者的矛盾。我们过去强调黄酒是人工酿造，营养成分比较多，所以有一点混浊是正常的，加温以后溶解可以正常饮用，但是消费者不认可，认为混的酒就不是好酒。公司领导马上递条子追问，你能不能形象地描述一下，什么是好酒的颜色？结果消费者回答，应该是像 XO 那样琥珀色的。

这样一个期望给了企业许多启发。琥珀色的建议不仅反映了消费者对解决传统黄酒沉淀物的希望，而且激发经营者借鉴其他酒类的生产工艺，突破原来的酿造技术的思考。"我们应该做中国的 XO，包括包装，包括口味！"汪总说。为什么北方人不喝黄酒，是因为不喜欢它的口味。于是，公司领导下决心组织系统调研和全面创新，包括改变黄酒的酿造技术、配方。

2. 重新组合价值因素，推出与众不同的黄酒

如何给消费者提供全新的功能价值和品位价值？如何让年轻人在获得物质享受的同时获得精神享受？公司围绕这两个问题开展了深入的研究和探索。

首先，在大量研究调查的基础上，公司决定改变传统黄酒带有苦涩味的配方，加入了枸杞、蜂蜜、鲜姜汁等天然营养成分，增加养生功能；同时用现代科学技术改造传统工艺，使酒的标光达到了 XO 的水平，从而开发出将古老韵味和现代口味、传统与时尚相互渗透、口感良好的新产品。

其次，通过独特的标识呼唤上海传统的商业文化和企业家精神，提升商品的文化价值。他们将新开发的黄酒定名为"石库门上海老酒"。上海老酒给消费者一种亲切感，放松、温情、勾起节日情结；石库门是上海文化中当仁不让的标志，老上海特有的建筑"石库门"与敢闯敢干的企业家精神、尊贵优越的社会地位、商业文化联系在一起。因此，不仅所有上海的中老年人都会有石库门情结，成功的年轻人也会有石库门情结。公司邀请知名的设计师专门设计了一整套石库门形象，从 LOGO 到酒瓶，无一不打下上海故事的烙印。

公司精心设计了产品包装。"石库门上海老酒"包装以红色、黑色为基础色调，红色体现"2001"的时尚、精致、动感；黑色衬托"1939"的沧桑、高贵、历史感；独一无二的扁瓶设计，更适合石库门图形的演绎，同时也体现了海派文化应有的洋气，而扩大后的瓶贴接触面，在货架上也更容易让消费者看得见。

富有特色的酒味酒色，加上造型新颖的酒瓶、设计精美的包装，使黄酒不

再是简单意义上的黄酒，而赋予其深厚的海纳百川、中西合璧的文化内涵。结果一上市就为消费者所接受和青睐。

　　3. 针对不同需要，用产品系列覆盖市场

　　针对不同层次需求，公司开发了包括3年陈的低端品牌——侬好（价位10元以下）、5~8年的中档酒——红标与黑标（价位20~30元）、8年以上直到15~20年的高档礼品酒——经典系列（价位200~300元），以及极品荣樽30（价位近千元）在内的系列产品（参见表3）。

表3　金枫公司主要产品市场零售价

品　牌	产　品	1999~2000年（元/瓶）	2001~2005年（元/瓶）
石库门	荣樽30		880
石库门	经典系列礼品酒		268~318
石库门	锦绣12、锦绣15		98~158
石库门	经典18、经典20		218~258
石库门	上海老酒（红标）		18.80
石库门	上海老酒（黑标）		28.80
金　枫	侬好黄酒		8.50~9.50
金　枫	五年陈花雕酒	13.80	8.80
金　枫	三年陈花雕酒	7.50	5.80
金　枫	陈年花雕酒	5.50	5.00
金　枫	五年陈加饭酒	6.80	5.80
金　枫	三年陈加饭酒	4.20	3.90
金　枫	特加饭酒	3.40	3.40

（三）用工艺技术保证内在价值

　　为了实现黄酒价值的提升，首先要保证黄酒的内在质量和表观质量。公司在努力挖掘60多年酿造经验的基础上，开展黄酒菌种的提纯，经过上千次的实验研发成功的黄酒发酵菌种被中科院鉴定为优良菌种，收藏并编号2-1392，为全国黄酒企业所采用。

　　公司在保留黄酒传统特色香醇的同时，用高科技改造生产工艺，在配方、酿造工艺、检测、罐装等方面系统地采用现代科学技术，贯彻ISO9000标准，改变传统的物料输送、麦曲制造、净水处理等工艺方法，在生产规模、大容量发酵罐、冷冻法全年生产、自动化终端控制技术、清洁化环保生产等方面培育核心竞争力，形成行业竞争优势。

图1　黄酒生产工艺的管道化

1. 用先进技术手段代替个人经验

黄酒传统工艺要求从冬季农历"小雪"开始制酒母（俗称"淋饭"），至农历"大雪"开始投料发酵（俗称"摊饭"），到翌年"立春"时榨取，然后将酒煮沸，用酒坛密封盛装，储藏1~3年后投放市场。整个生产过程要根据气温、米质、酒酿和麦曲性能等多种因素，完全凭个人经验灵活掌握及调整，质量不容易控制，很难解决黄酒变酸和沉淀的问题。

公司领导从啤酒的生产工艺得到启示，经过科学论证和试验，投入巨资建设新的万吨自动化流水生产线，实现黄酒生产的浸泡工艺的管道化，管道全部采用不锈钢材质，并和上海计算机研究所合作，开发了生产控制系统，把体现核心技术的经验数据计算机化，例如酵母及其培养、控制酒内铁离子含量等，实现生产过程的计算机控制，使黄酒变酸和沉淀的问题得到解决。

为了保证米粒完整不影响发酵的效果，需要寻找用于浸泡好的米的提升用泵，经过大范围的搜索试验，最后选择了一种扬程达到40米还能保证育苗存活的泵。

2. 采用新工艺达到新标准

新品酒的标光度很高，采用传统工艺根本不行，后来公司采用了葡萄酒的加工工艺——冷冻法，取出了酒中的杂质，结果让最好的黄酒做到"中国的XO"。通过引进并改造利用葡萄酒的生产设备，采用先进的冷冻技术，突破了黄酒季节性生产的桎梏，实现了全年生产。2003年"冬酿"产量首次突破6万吨，2004年提高到10万吨，为持续发展打下了基础。

3. 为解决灌瓶和贴标问题，从德国进口了先进的贴标设备

产品包装犹如人的身上衣，不仅能美化产品，也是品牌个性的直观体现。

图 2　大型黄酒不锈钢发酵罐

公司设计的酒瓶是扁的，应力比较集中，开始灌装的时候有 30% 的瓶子被炸掉。通过和瓶子供应商共同技术攻关改进工艺，解决了这个问题；公司还从德国引进了先进的贴标设备，既保证了质量，又提高了生产效率，降低了生产成本。例如以前生产线最高用工曾达到 1800 人，产量最多 4 万吨；2004 年最高用工 1500 人，产量超过 6 万吨。

（四）以独特的营销模式维护商品价值

实现商品价值，营销很关键。金枫酿酒采取了独特的营销模式维护和实现石库门上海老酒的价值。

1. 重点突破的营销策略

金枫酿酒公司在营销方面选择了高端切入市场的策略——"二八法则"和"餐饮为主"。前者是指以 80% 的精力和资源去经营 20% 的高端品牌产品，并以此 20% 的高端产品带动其余产品和业务；后者是看中餐饮业对精品酒类的消费能力，同时也因为"石库门"高档黄酒价格不菲，希望借助在餐饮业打下的产品基础和消费认同，强势进入超市、大卖场等容量更大的一般消费领域。

2. 加强价格管理

价格的稳定与质量的上乘，对于建立品牌同样重要，所以要求经销商严格遵守价格约定。在相当长一段时间内，始终保持着市场上对新产品适度的"饥渴"和强烈需求。公司与相关门店、渠道代理商都签署了价格承诺书，防止以低价扰乱市场，保障产品的利润率，保证产品的品牌形象的稳定性。

3. 精心建设分销渠道

一方面，公司严格挑选和控制分销渠道规模，公司在上海挑选了40多家分销商，制定了不能低价销售、不能串货、不能跨地域销售的三不准则，并实行了先进的编码管理，控制产品流量和流向，严格禁止"串货"现象的发生，通过考核坚决淘汰不遵守游戏规则、缺乏诚信的经销商（4年之内淘汰了18家）；另一方面，通过监控市场售价的方式保证渠道代理商的正当利益，保证经销商收益每年有持续的提高，以双赢的策略进行渠道的管理。公司还努力改善与经销商的沟通和互动。定期召开经销商大会，及时沟通产销信息，通过与经销商互动，使企业的核心价值观和政策得到认同。

4. 重视终端客户

公司除了依靠渠道的力量进行发展外，还采取人员推销的方式，直接切入餐饮终端。要求营销人员对终端进行直接的信息沟通和联络，及时了解市场信息，并对渠道商进行监控。在终端的选择上，采取重点布点的策略，重点开拓知名度高、规模大、经营状况好的餐饮终端。先从沪上170多家中高档饭店开始渗透，再将产品销售网络延伸到大型超市、大卖场。这样不仅有效控制了销售成本，同时也推动了销售。到2005年末，金枫酿酒拥有此类餐饮终端已达1500多户，并已进入联华、华联、农工商、麦德龙等大型超市和大卖场的6000多家门店。餐饮做强了，消费者对超市形成需求的压力，农工商超市主动找上门来与企业合作，不收取进场费。

5. 以口碑传播为主的促销策略

新产品推广初期公司没有投入太多广告，而主要在提供消费体验和口碑传播方面下工夫，从质量保证体系到口味、包装、商标、广告设计的创意吸引顾客。在广告策划方面，瞄准高端目标消费群，通过巧妙的形象设计、有冲击力的广告写意，吸引消费者并留下深刻的印象。通过温州人、浙商把黄酒的习惯带到湖南、江西，乃至新疆，现产品已进入河南郑州、江西南昌、上饶、北京、成都、重庆、广州、深圳。同时本公司积极拓展国际市场，产品从2003年开始已进入中国香港、中国澳门、日本市场……

（五）科学管理支撑价值生产系统

为保证产品的质量，公司坚持两手抓：一手抓技术；一手抓管理。公司分别于2000年9月和2004年9月先后通过了ISO9001：2000质量管理体系和HACCP食品安全管理体系认证。通过体系认证，员工的质量意识进一步增强，产品质量进一步提高；并特地聘请了三位国家级的黄酒品酒师，监督产品的

图3　黄酒储存仓库

质量。

财务管理方面，公司在行业中率先实施了全面预算管理，通过编制预算平衡资金需求，最后编制资金周转预算，并且每月对资金预算执行情况进行评价，根据实际情况适时调整，确保资金正常、快速周转，特别是加强信用管理，控制赊销资金，实现有效销售，严格控制各类费用，对大宗原料采用公开招标的方式向社会采购，采购成本不断下降。

人力资源管理方面，公司从1993年起就实行全员劳动合同制。目前公司员工中50%为合同工，50%为劳务工。根据黄酒淡旺季的特点，金枫公司科学安排生产人员，采用灵活的321的生产方式（旺平淡三季）降低生产成本。旺季加班，淡季停机，设备维护期间生产工人放假回去休息，一年节省240万元，而工人在旺季的时候已经完成了淡季时候的工作量，其收入平均下来并没有减少。

公司严格执行考评制度，根据分值等级确定合格、不合格、优秀等，考评结果要找本人谈话，合格的发聘书，不合格的管理人员不能参加下届评聘；员工考评不合格，那就结束合同；考评为优秀的员工获得50元/月连续一年的奖励；劳务工考评连续3年优秀者，晋升为合同工，但比例很少，主要在销售队伍中（1/3是劳务工）的劳务工中选拔，2004年有2人获得晋升。对销售人员每月进行业绩考核，其中销售额占30%；铺货率占20%；商业网络维护占20%；市场预测±5%误差（用于生产部产量的依据）占20%；其他占10%。对销售主管的业绩考核还包括队伍管理占10%；流动货物管理占20%等。

在薪酬政策方面，员工收入状况随着企业效益升降，2004年的员工收入比2000年翻了一番。销售公司的工资会比其他部门稍高，有小部分与业绩挂钩的奖金。由于是国有企业，工资总额控制较严，公司CEO的年薪比同行业其他企业低10倍左右。

销售人员的流失率不大，通过长期培养形成了销售核心队伍。销售队伍由下岗工人和大学毕业生构成，第一种人直接和消费者接触，不需要太强的能力；对第二种人进行重点培养，为了避免员工的惰性，对他们不断提出新的要求，压担子。同时工资也不断提高，随着市场发展、客户利益不断提升，大家对运作这个品牌非常有信心，所以队伍比较稳定。

三、战略实施的结果

在"重塑黄酒价值"战略的指引下，金枫酿酒公司自 2001 年 9 月全新概念产品"石库门上海老酒"投放市场以来，改变了长期以来销量不高、低价竞争、利润微薄、发展缓慢的局面，在短期内获得了较高认知度和市场份额，产品销量和品牌知名度逐步上升，公司在行业内的地位和当地市场占有率大幅度提高，成为 2004 年上海市名优食品，各项经济指标均创历史新高，实现销售收入 2002 年为 2000 万元，2003 年达 1 亿元，2004 年超过 2 亿元，利润从 2000 年的 580 万元增长至 2004 年的 1 亿多元（参见表 4、表 5）。

表 4　黄酒行业销售收入统计

年　份		2000	2001	2002	2003	2004
全国销售收入		229866	258324	292702	342206	377435
浙江销售收入	万元	162687	182209	208428	240517	243161
	比重%	70.8	70.5	71.2	70.3	64.4
上海销售收入	万元	26131	33448	44522	53181	61436
	比重%	11.4	12.9	15.2	15.5	16.3
中国绍兴黄酒集团公司			80253	93512	108242	117650
上海冠生园华光酿酒药业有限公司			16319	22981	24787	20698
绍兴东风酒厂			15780	16489	19221	22057
浙江嘉善黄酒股份有限公司			15731	15811	15336	16501
上海金枫酿酒公司			14063	15862	22900	29812
浙江咸亨实业集团公司			5759	13837	23283	

表 5　上海市场主要黄酒企业市场占有率

单位：%

企业名称	1999～2000 年	2001～2005 年
上海金枫酿酒有限公司	28	45
浙江嘉善黄酒股份有限公司	36	20
中国绍兴黄酒集团有限公司	20	15
上海冠生园华光酿酒药业有限公司	6	15

2001~2004 年，金枫公司销量年均增长 10.73%，销售收入年均增长 23%，利润年均增长 351%，企业销售收入利润率达到 17.48%，高出全国行业平均水平 9.86%，2004 年更达到 30.59%，高出全国行业平均水平 22.67 个百分点，位居全国第一；市场占有率显著上升（见表 6）。金枫酿酒公司在经营管理方面的创新受到了专家的肯定，获得 2004 年全国"企业管理现代化创新成果一等奖"。

表 6　销售收入利润率对比

单位：%

	2001 年	2002 年	2003 年	2004 年（1~8 月）
全国黄酒行业平均	7.4	7.78	7.62	9.09
上海黄酒行业平均	6.22	6.03	8.96	21.94
主要黄酒企业平均	10.79	8.97	7.64	7.35
金枫酿酒公司	7.29	8.83	17.48	31.58

四、面向未来、迎接挑战

（一）发展设想

经过多年的投资和发展，2005 年公司总资产达 4.48 亿元，净资产 2.6 亿元，拥有枫泾酒厂、淀山湖酒厂和石库门酒厂三个生产基地，占地面积 38.8 万平方米，特别是在 2004 年 11 月，该企业利用母公司配股资金投资新建"四万吨酿酒基地"，成为工艺一流、技术一流、设备一流、规模一流、管理一流、环境一流的全国黄酒行业单体最大的酿造基地，公司的黄酒年产量将达到 10 万吨以上，产销规模位居行业第二。

公司总体目标：成为行业具有影响力、领导力的企业，创全国名牌。

汪总认为，如果公司利润超过 3 亿元，销售超过 10 亿元，就会有较大号召力和影响力，所以公司还是要立足于把自己做强、做大、做久。整个企业的发展战略计划分三步走：

第一步，巩固上海市场。目前市场主要还在上海，建设全国性市场网络投资很大，需要在各地建办事处或分公司。现在开始起步，通过核心城市布点，2005 年朝下连线，2006 年形成板块。

第二步，要大力拓展国内市场，计划用两年时间构筑起全国性的销售网络，把"石库门—上海老酒"做成一个全国性的品牌。在条件成熟后，计划把广告打到中央电视台，以配合对全国市场的开拓。通过3~5年努力，要形成上海与全国市场四、六开或者五、五开的格局。为此一方面要扩大产能；另一方面要积累资金。目前扩大生产能力主要依靠公司内部投入，今后将主要通过兼并控股等方式进行投资，也包括合作的方式，如考虑适时引入有资源的战略投资者，继续做大规模，扩大市场份额，推进更大规模的行业整合。

第三步，走向世界。打算抓住上海世界博览会的契机将黄酒推向世界。为了实现上述战略目标，正在积极筹建上海市黄酒研发中心。酿酒虽然是一个传统的产业，其实与新兴的生物工程如基因工程有关系，例如要掌握酒的香气的基因和发酵酵母的关系等，目前各个企业还没有掌握这些技术，应该用高科技提升行业的生产力。公司决心加大在研发上的投入，准备和江南大学合作开展生物工程研究。还要争取把行业的标准制定话语权拿过来。

为了壮大企业实力，增强企业盈利能力，公司正在考虑纵向一体化的可能性，向产业链的上下游发展。上游方面，目前粮食是通过招投标采购，如果通过上海粮食局批准，自己收购、加工稻谷，一年按5万吨计算，可以节省700万元，等于增加了相同数额的利润；下游方面可以充分利用酿酒的副产品，与第一食品集团下属的其他企业联动起来，可以衍生出来更多的业务，例如利用下游酒糟作饲料，市场销路也非常好。

（二）面临的挑战

1. 竞争越发激烈

在市场快速成长的情况下，不少企业加快创新步伐，开发新产品、扩大产能、提高营销水准。古越龙山绍兴酒业股份有限公司在上海的市场地位逐渐下降、在浙江本地受到会稽山和塔牌等同行的强力夹击，利润越来越低的情况下，与岳阳楼酒业有限公司在湖南合作建设年产万吨黄酒生产基地，投资6000万元"纯生黄酒"生产线已经投产。为加大宣传，2005年在央视广告的投放量逾6000万元；上海冠生园集团华光酿酒药业公司投资5000万元，扩大"和酒"生产；浙江善好酒业集团公司年产4万千升的黄酒生产基地已经破土动工；宁波三立酿酒有限公司正在紧张建设2万吨机械化黄酒生产基地；江苏张家港酿酒有限公司正在扩建年产2万吨的黄酒生产车间；远在东北的辽宁银意集团征地100余亩，开始新建黄酒生产厂等。黄酒正以其无限美好的前景吸引着越来越多的资金，不仅吸引了上好佳等其他行业资本的加入，具有国外独资背景的食品企业也已经开始兼并黄酒企业。

　　预计未来黄酒行业内产业整合将形成高潮，有实力的企业可能会通过资本运作——兼并、收购、托管当地濒危的黄酒厂，实现产地销，由此诞生第一批巨头，黄酒行业产业集中度将逐步提高，竞争加剧从而导致重新洗牌。优胜劣汰的最终结果将是：由于地域饮食文化差异，黄酒在口味上的完全统一并不现实，少数一两家全国性黄酒厂商和具有区域市场优势的企业共同分享行业利润。

　　2. 宏观管理体制制约

　　金枫酿酒公司认为单靠竞争不一定是最好的发展方式，通过整合社会资源扩大产能效果更好，其战略设想包括兼并和收购产量较小的企业；还包括与山东和福建同行合作，山东即墨老酒、福建的陈缸酒和浙江、上海的黄酒一样源远流长，由于口味和质量保证等原因，市场一直没有做好，但山东、福建的黄酒消费具有较好的市场基础，如果与当地企业合作，可以利用它们原有的销售渠道，扩大上海老酒的当地市场；包括与浙江地区原来三家大的竞争对手合作，但是受宏观管理体制的影响，该战略设想的实施困难重重。

　　3. 人才"瓶颈"问题不好解决

　　目前公司急需3类人才：市场营销专业大学生；研发人员；酒行业专业技术人才如酿酒师、勾兑师、菌种培养人员等。但是受计划经济影响，集团公司对下属和控股企业继续沿行工资总额控制办法，工资待遇难有突破，上海地区新毕业大学生，例如复旦大学的营销专业本科生的平均月薪期望水平为3000元，企业支付能力只能达到2000元，缺乏吸引力。目前本企业一般技术和管理人员的收入才三四千元，对于一般大学本科生、研究生，这样的收入不足以支付房贷。因此，公司人才招不进、留不住的问题比较严重。集团公司每年都到高校举办招聘会，宣传集团及下属企业，进行双向选择，但是成功率比较低。例如，营销部2004年招聘时面试了150人选择了10个，准备作为主管以上的区域经理培养，月均收入约4000元，结果三天后就走了3个。老职工由于忠诚度和感情以及求稳的思想，基本比较稳定。

　　为吸引外来人才，新老员工收入平衡问题也不好解决。如果为了吸引人才，提高他们的待遇，就可能导致内外部人才的工资政策不一样，影响凝聚力和稳定性。例如，有经验的营销人员仿照人才市场价格，引进薪水比较高，甚至比老总工资还高，他们必然感觉有压力，不敢来本公司工作。

五、附　录

（一）关于黄酒行业

酒的品种繁多，按制造方法分类可分为酿造酒、蒸馏酒、配制酒三大类。酿造酒也称发酵酒，即用含糖或淀粉的原料经过糖化、发酵、过滤、杀菌后制得，属低度酒。黄酒、果酒属于酿造酒。以前市场上黄酒的酒精度以 14% 左右为多，近几年酒精度有进一步降低的趋势。

黄酒是以稻米、黍米、黑米、小麦、玉米等为原料，加曲、酵母等糖化发酵剂发酵酿制而成。黄酒是我国独有的饮料酒，具有极大的出口潜力。黄酒的品种，按含糖量分，有干酒、半干酒、半甜酒、甜酒、浓甜酒等；按原料分，有稻米和非稻米两大类；按是否加其他呈香、呈味物质分，有纯酿造黄酒和加香黄酒两大类。目前黄酒以干型酒和半干型酒为主，传统消费市场主要集中在江浙和上海一带。

经过数千年的发展，黄酒家族的成员不断扩大，酒的名称有的按产地命名，如绍兴酒、金华酒、丹阳酒、九江封缸酒、山东兰陵酒等；有的按代表性酒型命名，如"加饭酒"往往是半干型黄酒；"花雕酒"表示半干型酒；"封缸酒"（绍兴地区又称为"香雪酒"）表示甜型或浓甜型黄酒；"善酿酒"表示半甜型酒。

根据黄酒分会 2004 年统计资料，当时我国有黄酒生产企业 700 家左右，生产方式大部分沿袭作坊手工作业，仅有 1/4 左右的企业实现了机械化和半机械化。企业平均年产量只有 2000~3000 吨，其中生产规模在千吨以下的占 80%，万吨以上的只有近 30 家，4 万吨以上的企业只有绍兴的古越龙山、东风酒厂、上海的金枫酒厂、浙江嘉善酒厂和江苏张家港酿酒公司 5 家，这 5 家企业销售收入已达到全行业 55% 左右，但是其产量仅占行业的 14% 左右。

由于历史原因，黄酒行业生产和消费地域性都非常强。2004 年销售收入在 1000 万元以上的黄酒企业 44 家，其中 33 家位于浙江、江苏、上海三地，其他 11 家企业分布在福建、安徽、广东、湖北和北京等少数地区。沪浙一带的黄酒企业无论是产业规模、行销理念、市场化程度或者品牌价值认同度都在全国处于先进的水平（见图 4）。

黄酒源于中国，已经有数千年历史，但在我国酿酒行业中所占的比重一直很低。2004 年，我国的啤酒、白酒、葡萄酒、黄酒的合计产量达到 3406 万

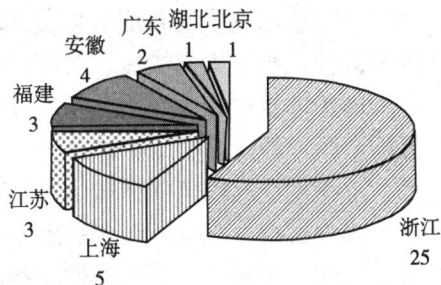

图4　年销售收入千万元以上的黄酒企业地域分布（2004年）

吨，合计销售收入1349亿元，其中黄酒产量180万吨，占合计数的5.3%，销售收入37.7亿元，占上述子行业合计销售收入的2.8%。

（二）金枫酿酒的母公司

金枫酿酒是上海市第一食品股份有限公司全资子公司，上海市第一食品股份有限公司的控股股东是上海烟糖集团公司。

1. 上海市糖业烟酒（集团）有限公司

这是一家具有五十年历史，以食品为主业的大型企业集团，目前形成以物流配送、零售连锁、食品加工、品牌代理、电子商务为主力业态，涉足银行保险、证券投资、宾馆餐饮等领域的产业格局，企业规模和经济效益在国内同行业中位居前列。2002年集团资产规模达70亿元，销售收入127亿元，利润总额超过3亿元，名列中国500强企业第115位，是国内第二大食品产业集团。

在食品加工方面，2003年集团投资人民币2.2亿元，动工建设四万吨优质黄酒酿造基地，在广西建立年产10万吨食糖的生产基地，计划在南方建立起年产50万吨的食糖生产基地，并形成资源与网络、物流配送与电子商务、期货现货交易相结合的"五位一体"糖业产业链经营模式，成为国内最具竞争力的糖业产业集团。

在零售连锁业务方面，以"捷强连锁"、"第一食品"、"易购超便利"为代表的2000余个零售网点遍布上海市区，并向江浙鲁等地区延伸与渗透。"易购365"电子商务网站拥有注册会员60余万户，网上商品超过3300种，并建成上海商业规模最大、现代化程度最高的呼叫中心。

在物流配送业务方面，上海烟糖集团依托现代化的物流中心、大型专用冷库、万吨泊位码头和铁路专用线，为全国各地近千家企业和近万个网点提供专业、便捷的商品配送服务，包括联华、华联、农工商、家乐福、麦德龙、肯德基等国内外知名连锁企业；同时利用电子商务信息平台，通过构筑"易购超便利"加盟体系，为上海数千家社区小店提供快捷、便利的商品配送服务。建设中的上海海烟物流中心是中国单体规模最大、运营系统最先进的物流中心，将为全国各地商家和企业提供全面、优质的商品配送。

在品牌代理业务方面，上海烟糖集团依托覆盖华东、辐射全国的网络体系和专业化的市场营销队伍，成功获得众多国际知名品牌的总经销、总代理，包括雀巢、人头马、五粮液、蒙牛、辛普劳、莱威斯顿、新西兰乳品、爱尔兰奶制品、荷氏等40多个品牌。2002年，集团又成功购得全球第二大快餐品牌Subway在上海、浙江和江苏地区的特许经营权，在探索获取国际知名品牌特许经营权上迈出了新的一步。

2. 上海市第一食品股份有限公司

其前身上海市第一食品店创建于1954年；1992年5月14日改制为上海市第一食品商店股份有限公司，并向社会公开发行股票，发起人为上海第一食品商店和上海市糖业烟酒公司。目前，公司已发展成为上海食品零售行业的龙头企业。

主营业务包括食品、副食品、粮油、烟酒、餐饮、黄酒生产经营、食糖生产和销售、仓储货运、租赁、出口业务、广告设计制作、娱乐等。2004年主营收入367321.43万元，其中黄酒生产经营29660.45万元，占8.07%；主营业务利润59471.56万元，其中黄酒生产经营18682.72万元，占31.4%。可见金枫酿酒公司在该公司中地位十分重要（见表7）。

表7　上海市第一食品股份有限公司2004年度营业收入构成

项目名称	主营业务收入（万元）	主营业务成本（万元）	主营业务利润（万元）	毛利率（%）
食品销售（行业）	305766.93	270636.07	35130.86	11.49
黄酒生产经营（行业）	29660.45	10977.73	18682.72	62.99
食糖生产经营（行业）	27725.25	20155.79	7569.46	27.30

六、案例使用说明

（一）案例类型与教学目的

本案例为企业竞争战略案例。本案例的教学目的包括：

（1）领会"蓝海战略"新概念。

（2）战略分析的应用。

（3）战略决策的框架。

（4）了解中国黄酒行业的情况。

（5）企业发展过程中机遇的把握。

（6）传统产品的品牌战略。

（7）企业创新的内容及相互关联性。

（二）可供教师在课堂上选用的启发思考题

（1）"蓝海战略"为什么取得成功？"蓝海战略"的基本思路是什么？

（2）石库门上海老酒为什么能吸引高端顾客？

（3）在现有体制下，金枫公司如何超越自己的竞争对手？

（4）黄酒打入国际市场的前景如何？应做好哪些准备？

（5）技术进步与管理现代化、体制改革如何互动？

（6）公司目前的战略构思能否保证战略目标的实现？

（三）案例分析路线

企业竞争战略的类型──→我国企业竞争的经验教训──→中国酒饮料工业的机遇和风险──→金枫酿酒公司的经营环境──→金枫酿酒公司的发展战略──→金枫酿酒公司的成就──→金枫酿酒公司面临的挑战──→金枫酿酒公司可以采取的对策。

（四）背景资料

（1）中国酒行业的资料（供求情况、价格走势、主要竞争对手）。
（2）上海市第一食品股份有限公司简介。
（3）古越龙山简介。

（五）理论要点

（1）战略分析与战略决策。
（2）体验经济。
（3）品牌战略。
（4）创新理论。
（5）营销理论。

武汉钢铁集团公司主业整体上市

张学平

摘要： 由于历史原因，我国绝大多数公司采用主体重组、分拆上市的模式。这种上市重组模式带来了工艺或业务及产业链条的人为割裂、关联交易频繁发生、上市公司透明性差、利润操纵等问题。同时相对于集团公司来说，由于上市资产规模有限，使得股权融资平台过小，不足以满足集团发展对资金的需求。因此，如何利用已上市公司这一壳资源实现集团（或主业）整体上市，成为许多企业面临的现实问题。本案例描述了武汉钢铁集团公司在解决主业整体上市过程中面对的一系列问题及最后解决方案。

关键词： 整体上市　吸收合并　反向收购　要约收购　增发
　　　　　关联交易　分拆

一、企业及其主业整体上市的背景

（一）武汉钢铁（集团）公司

武汉钢铁（集团）公司（以下简称"武钢"或"武钢集团"）是新中国成立后兴建的第一个特大型钢铁联合企业，1955 年 10 月破土动工，1958 年 9 月 13 日正式投产。经过近四十年的扩建改造，武钢已发展成为从采矿、冶炼到轧材的特大型钢铁联合企业，是国务院国资委直接管理的国有重要骨干企业。武钢集团现已形成年产钢铁各 1000 万吨的综合生产能力，主要生产热轧卷板、冷轧卷板、镀锌板、镀锡板、冷轧硅钢片、彩色涂层板以及大型型材、线材、中厚板等几百个品种，形成了"桥、管、箱、容、军、电、车、线"等一大批高技术含量、高附加值的精品名牌，填补了许多国内空白。此外，武钢还生产焦炭、耐火材料、化工产品、粉末冶金制品、铜硫钴精矿、水渣、氧气、稀有气体等副产品，并对外承担工程建设、机械加工和自动化技术开发。近年来，武钢进一步加大辅业改制力度，近 30 家辅助产业从主营业务中分离，形成以钢铁、工程技术、国际贸易为主，多种产业共同发展的大型企业集团。截至2003 年底，总资产 466.90 亿元，净资产 188.78 亿元，钢产量居全国第三（武钢集团的主要发展历程及 2003 年的财务状况参见附录一）。

（二）武汉钢铁股份有限公司

武钢股份有限公司（以下简称"武钢股份"）是武钢（集团）公司控股的上市公司。该公司是由武汉钢铁（集团）公司独家发起，以冷轧薄板厂、冷轧硅钢片厂优质经营性净资产投入并持有"武钢股份"17.7 亿股，占 84.69%。截至 2003 年底，武钢股份总资产为 71 亿元，其中净资产 56 亿元。产品规模为170 万吨。总股本为 25 亿股，流通股本为 3.8 亿股。每股收益 0.23 元，净资产收益率 9.7%。

武钢股份是专门生产和销售冷轧薄板和冷轧硅钢片的特大企业，主要装备和技术从德国、英国和日本引进。公司于 2003 年底完成了对冷轧薄板厂的技术改造，改造后武钢股份冷轧及涂镀板生产能力达到 163 万吨，冷轧硅钢生产能力达到 62 万吨，整体技术水平达到国际先进水平。截至 2003 年，公司冷轧薄板的国内市场占有率为 3.42%，冷轧硅钢片的市场占有率为 11.80%。其产品销售主要集中在华东与中南地区，分别占销售额的 36.5% 和 35.7%。至 2003年，武钢股份是国内主要的冷轧薄板生产厂家之一，同时也是国内冷轧硅钢产品品种最齐全、规模最大的生产企业，并是我国冷轧取向硅钢片和高牌号冷轧无取向硅钢片的唯一生产企业。在钢铁工业大力发展的 11 个产品升级的标志性产品中，武钢集团有 9 个，其中武钢股份就占有冷轧薄板、镀锡板、镀锌板、冷轧硅钢片、轿车用板、家电用板 6 个，2003 年主要产品经营情况见表 1。

（三）武钢集团钢铁主业整体上市的产生背景

武钢的总体发展战略是努力打造钢铁主业核心竞争力，力争成为世界一流钢铁企业。但是作为已有近 40 年历史的老国有企业，武钢集团不免带有一些

表1 武钢股份2003年的主要产品经营情况

产品	主营业务收入 (亿元)	占主营业务收入比例 (%)	主营业务利润 (亿元)	占主营业务利润比例 (%)
冷轧薄板	40.9	60.09	4.7	47.03
冷轧硅钢片	27.2	39.91	5.3	52.97
产品	市场占有率 (%)	销售收入 (亿元)	销售成本 (亿元)	毛利润率 (%)
冷轧薄板	3.42	40.9	36.0	12.02
冷轧硅钢片	11.80	27.2	21.7	20.13

资料来源：中国证监会网站。

国有企业的通病，如产权不清、企业办社会、主辅业交织等问题。20世纪90年代以来，武钢通过渐进式的资产重组与整合，走出了一条打造钢铁主业核心竞争力的创新发展之路。

1. 分拆主业与辅业

从1993年开始，武钢逐步将钢铁辅业以及"企业办社会"辅业从钢铁主业中分拆出来，初步建立了母子公司体制框架，为进一步的资产重组创造了条件。

2. 公司制改造

1997年武钢将冷轧薄板厂、冷轧硅钢片厂的资产重组后成立武汉钢铁股份有限公司并于1999年8月在上交所上市。同时，按照国家关于"债转股"的有关政策，武钢"债转股"工作于1999年底开始启动。2001年8月，武钢与中国信达、华融、长城资产管理公司共同组建的武钢"债转股"公司——武汉钢铁有限责任公司（以下简称"武钢有限责任公司"）正式成立，该公司包含武钢钢铁主体中除冷轧厂、硅钢片厂以外的钢铁主业资产。至此，武钢的钢铁主业基本完成了公司制改革，武钢集团2001年末组织结构简图见图1。

3. 解决继续发展中面临的产权、业务、产业链条问题

至2001年，武钢集团虽然在建立现代企业制度和主业与副业分离方面有了长足的进步。但是由于只分拆出钢铁主业流程的最后端资产冷轧厂和硅钢厂整合上市，其钢铁产业链条是割裂的；当时武钢集团钢铁主业的总资产为402.11亿元，净资产为172.29亿元，注入上市公司的资产规模仅为27.2亿元（发行股票数量仅为3.2亿股），由此带来了非常明显的三大问题：其一，冷轧是钢铁下游项目，关联交易大量频繁发生（见图2及表2）；其二，原材料涨价，钢铁行业利润往上游集中，结果是钢铁产业链中单一一道工艺的利润比较低，上市公司业绩无法反映；其三，对于集团来说，股权融资平台过小（中国上市公司股权再融资有关规定见附件二）。武钢筹备兴建第二冷轧厂和第二硅钢片厂，以扩大在市场上供不应求的冷轧薄板和冷轧硅钢片的生产规模。这两项投资的技术含量高、投资效益显著，但投资规模也大，总投资为120亿元左右。如果由武钢股份来筹建项目，由于武钢股份的资产规模小，无论是贷款或者是在证券市场融资均不能满足筹资的需求；如果由武钢集团来筹建，将形成武钢集团与武钢股份的产品同业竞争的局面，与证监会的监管要求发生正面冲突，这种投融资两难问题使武钢钢铁主业的发展陷入困境。

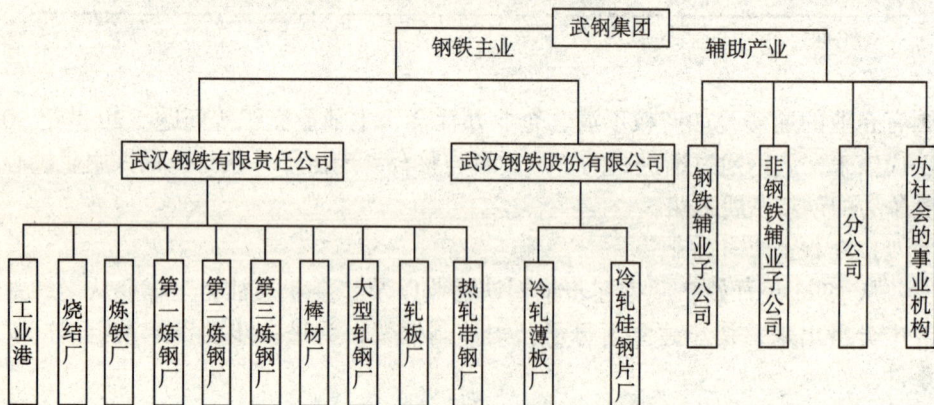

图 1　武钢集团 2001 年末组织结构简图

　　为了解决上述问题，武钢集团动议整体上市，即将钢铁主业整个资产装入上市公司。

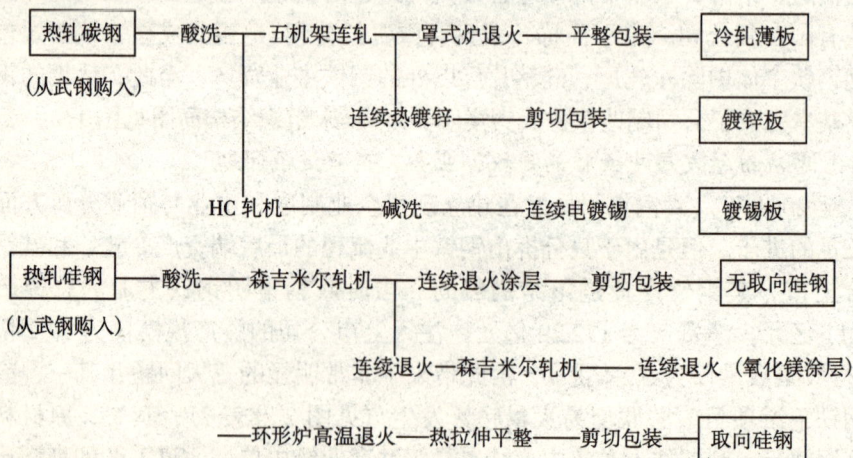

图 2　主要工艺流程

资料来源：武钢股份招股说明书。

表2 主要生产厂的业务与产品及相互关系

资 产	主要产品	业务关系
烧结厂	烧结矿	供炼铁厂
炼铁厂	铁水	供第一炼钢厂、第二炼钢厂、第三炼钢厂
第一炼钢厂	连铸方坯	供大型轧钢厂、棒材厂
第二炼钢厂	连铸板坯	供轧板厂和热轧带钢厂
第三炼钢厂	连铸板坯	供轧板厂和热轧带钢厂
大型轧钢厂	大型钢材、钢轨和高速线	产品全部外销
棒材厂	热轧带肋钢筋及圆钢棒材	产品全部外销
轧板厂	中厚板	产品全部外销
热轧带钢厂(含二热轧)	热轧板卷	供应武钢股份及部分产品外销

资料来源：武钢董事会公告。

二、武钢集团钢铁主业整体上市的决策

（一）面临选择

从图1可看出，武钢集团的钢铁主业分布在两个公司：武汉钢铁有限公司和武汉钢铁股份有限公司（武钢股份）。实现武钢钢铁主业的整体上市，就是将武汉钢铁有限公司的资产装入上市公司武钢股份，这部分资产，即上市公司收购资产的标的包括：烧结厂、炼铁厂、第一炼钢厂、第二炼钢厂、第三炼钢厂、大型轧钢厂、棒材厂、轧板厂、热轧带钢厂（含二热轧）以及相关生产经营管理部门的资产和业务。上述标的中有账面净值266150.23万元的固定资产向中国银行抵押，而获得295.45亿日元的贷款，该部分贷款已经进入本次拟收购主业资产的范围。经评估，截至2003年6月30日，拟收购总资产为1985584.74万元，负债1065502.48万元，净资产920082.26万元（该资产的简要评估分项及经营情况见表3），这说明总交易标的额为92亿元。

具体采用什么手段使这部分资产和业务与股份公司的资产整合在一起从而实现整体上市？实际上武钢面临四种选择：

可选方案一：吸收合并。由武钢集团采用换股的方式吸收合并武钢股份，武钢集团整体IPO，武钢股份注销从而退市。在证券市场上已经有TCL集团（000100）按此方案实现整体上市（见附录三）。

表3　拟收购资产评估及经营情况

拟购入资产简要评估分项情况　（单位：万元）

项目	账面价值 A	调整后账面值 B	评估价值 C	增减值 D=C−B	增值率 E=(C−B)/B
流动资产	522720.43	522452.02	536371.57	13919.55	2.66%
固定资产	1321096.58	1320911.50	1449213.17	128301.67	9.71%
资产总计	1843817.01	1843363.52	1985584.74	142221.22	7.72%
负债总计	1068167.37	1068581.63	1065502.48	−3079.15	−0.29%
净资产	775649.64	774781.89	920082.26	145300.37	18.75%

拟收购资产的经营情况（单位：万元）

项目	2003年1~6月	2002年度	2001年度	2000年度
主营业务收入	946026.20	1529865.90	1369164.75	1442911.83
主营业务利润	208649.07	212082.71	168377.36	255848.76
营业利润	151956.24	129802.77	84079.78	152219.63
利润总额	150601.48	127262.01	81649.15	131320.51
净利润	91041.78	91000.14	54845.42	78811.85

资料来源：武钢股份董事会公告。

可选方案二：反向收购。上市公司按照配股的相关规定，通过逐年配股和增发，分步筹集资金来收购武钢集团的钢铁主业资产。

可选方案三：要约收购。集团向现有上市公司股东发出收购股份的要约，经过收购，使武钢股份流通股少于15%，①这样武钢股份可以申请退市，然后申请武钢集团钢铁主业整体上市。

可选方案四：定向增发。武钢股份向武钢集团定向增发，武钢股份取得武钢集团钢铁主业全部资产，武钢集团以资产换股权，增持武钢股份股权。

（二）目标及难点

武钢资本运作方案设计的基本标准应该有三点：实现钢铁主业整体上市；符合有关规定；实现利益相关者共赢。当时的武钢实现上述三点存在诸多困难。

1. 大型国企的整体上市在中国证券市场上尚无先例

虽然有过上市公司通过增发收购母公司资产的案例，但这些案例中的交易额都不大。而武钢要实现钢铁主业的整体上市，一是整体上市的概念能否获得各方面的认同尚不可知；二是增发新股筹资额和资产交易额均将达到90亿元

① 方案设计阶段的规定，即总股本超过4亿股对升流通的数量不少于15%，现已调整为10%。

左右，这在中国证券资本市场尚无先例。

2. 整体上市融资要获得投资者的认同较难

中国证券资本市场发展尚不成熟，整体上市融资要获得投资者的认同较难。对比国外成熟的证券市场，中国证券市场发展才短短的十几年，无论是市场的容量还是投资者的心态均有很大差距。特别是武钢筹划整体上市之时，中国证券市场指数从 2001 年的高位（上证指数最高点为 2245 点，深证成份股指数最高点为 5091 点）滑落到 2003 年的低谷（上证指数最低点为 1034 点，深证成份股指数最低点为 2673 点）（行情走势见图 3），投资者的心态备受打击，大凡上市公司增发新股融资皆有"圈钱"的嫌疑。武钢的主业整体上市要从市场筹集大笔资金，因此，要获得投资者的认同非常困难。

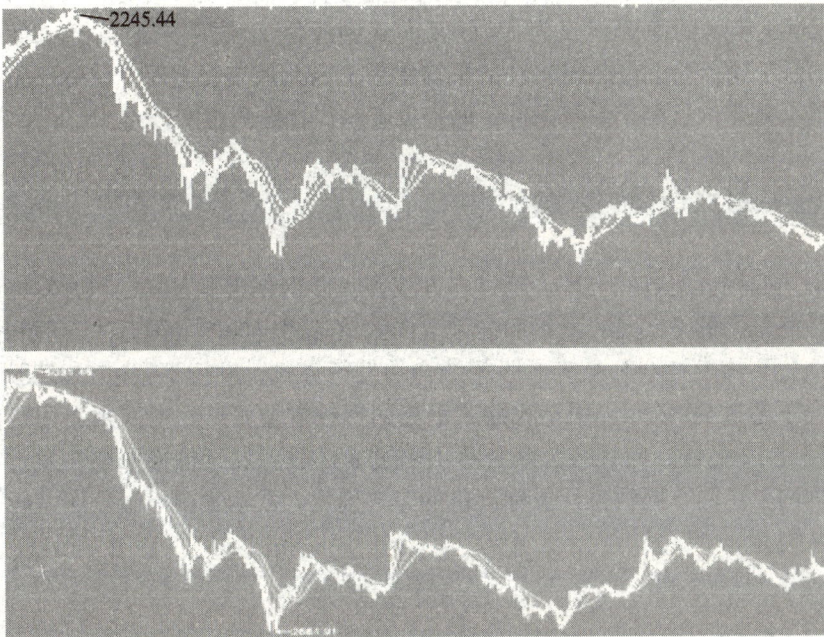

图 3　上证综指和深证成份股指数 2001 年 4 月至 2003 年底 k 线图

3. "债转股"公司处置难度大

在整体上市之前，武钢集团的钢铁主业资产主要在武钢有限责任公司（即"债转股"公司）内，要实现钢铁主业的整体上市必然涉及"债转股"公司及信达、华融等几家资产管理公司股权的处置问题。而武钢的钢铁主业经济效益正处在良好的增长时期，"债转股"公司外部股权的退出难度较大，使得"债转股"公司处置起来有一定难度。

4. "以小吃大"资产收购难度大

武钢的上市公司武钢股份的资产总额仅为武钢集团钢铁主业资产的 1/4 左右，其总股本仅 25 亿元，流通盘仅 3.8 亿元，而拟收购资产总额约 200 亿元（净资产 90 余亿元），要以规模较小的上市公司来反向收购规模巨大的母公司资产，这在资本市场上是没有先例的，这也给方案设计带来一定的技术难度。

5. 融资方案获批准难度较大

上市公司部分指标与再融资规定有差距，融资方案获批准难度较大。按照证监会《关于上市公司增发新股有关条件的通知》，上市公司增发新股必须满足"增发新股募集资金量不超过公司上年度末经审计的净资产值"以及"发行前最近一年及一期财务报表中的资产负债率不低于同行业上市公司的平均水平"等条件，武钢股份要收购武钢集团的钢铁主业资产需增发募集资金约 90 亿元，而其 2003 年末的净资产仅为 58 亿元；武钢股份 2003 年末的资产负债率约24%，低于同行业上市公司 42% 的平均水平。因此从表面上看，武钢股份不符合证监会规定的这两个融资条件，融资方案获得批准的难度较大。

（三）最终选择的方案

上述四种方案各有利弊。经过多方权衡，武钢综合了方案二和方案四的做法，最终采用的方案是：武钢股份采取向武钢集团定向增发国有法人股和向社会公众公募增发社会公众流通股相结合的发行方式，发行不超过 20 亿股，募集资金不超过 90 亿元，用于收购武钢集团钢铁主业资产。向武钢集团定向增发不超过 12 亿股，向社会公众公募不超过 8 亿股，发行价格采取在发行询价区间内网上、网下同时累计投标询价的方式确定，武钢集团承诺按照发行价格全额认购。

三、武钢钢铁主业整体上市方案的各方评价

（一）武钢方面——较高的自我评价

武钢方面认为：如果此方案实施，将有利于实现钢铁生产工艺流程的完整和一体化经营（整体上市后的工艺流程见图 4），有利于做大钢铁主业，实现公司跨越式发展，完成收购后，武钢股份将由一家钢材加工企业发展成为年产钢

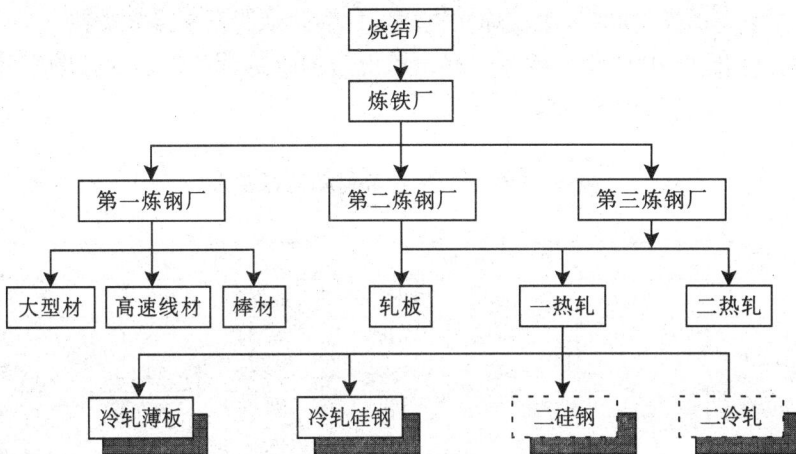

图中：☐ 代表本次收购钢铁主业资产

☐ 代表武钢股份现有资产

☐ 代表武钢股份正在建设资产

图 4　收购资产钢铁生产工艺流程图

铁各 900 万吨综合生产能力的大型钢铁联合企业，总资产从 70 多亿元增加到 260 多亿元，主营业务收入将由 60 多亿元增至 250 多亿元。产品将由原有冷轧薄板、冷轧硅钢片 2 个产品大类、200 多个品种，增加到 7 个产品大类、500 多个品种；有利于提高业绩水平，增强本公司的综合实力。

武钢方面同时认为，此方案实现了"三方共赢"，即钢铁主业整体上市方案兼顾了武钢集团、武钢股份及武钢股份社会公众股东三方的利益。既保证了武钢集团的国有资产权益，不因增发收购而损害到国家的利益；又保证了武钢股份公司的利益，不因增发收购而降低股份公司的盈利能力；还兼顾到社会公众流通股东的利益，通过增发收购方案的实施使新老股东得到来自企业和市场的收益。从保证武钢集团国有资产权益来看，方案中约定钢铁主业资产按照评估价值出售，净资产评估增值率高达 18.75%，出售实现了国有资产的增值。又如增发后老股东共同分享股本溢价，国有资产又增值一块；从保证武钢股份公司的利益来看，增发方案实施后，武钢股份的净资产规模将增长到原来的 3 倍以上，盈利能力和抗风险能力显著提高，融资平台得到提升，综合竞争实力明显增强，有利于其长远发展；从保障社会公众股流通股东利益来看，武钢集团将优质资产注入武钢股份，增发收购后武钢股份的每股净资产将提高约 50%，每股收益预期提高 100% 以上，原武钢股份社会公众股东将极大受益。

2002 年度和 2003 年 1~6 月，武钢股份与拟收购资产模拟合并的主要财务指标与本公司同期实际数对比情况见表 4。

表 4　整体上市后主要财务指标变化

单位：亿元

指　标	2003 年 1~6 月			2002 年		
	本公司	模拟合并	增长幅度	本公司	模拟合并	增长幅度
总资产	71.86	250.14	248%	69.82	235.12	237%
净资产	55.06	131.73	139%	51.62	121.10	135%
主营业务收入	38.18	106.42	179%	67.58	177.42	163%
净利润	3.44	12.04	250%	5.96	14.89	150%
净资产收益率	6.25%	9.14%	46.24%	11.54%	12.30%	6.59%

资料来源：武钢股份董事会公告。

（二）专家方面——给予较高评价

中国金属学会专家和北大教授认为，武钢股份增发 A 股，符合科学发展观的要求。钢铁企业是一个大的生产流程。由于种种原因，上市时把这个流程切成两段，一段上市，一段未上市。从发展的观点看，缺乏整体概念，缺乏系统性。本来是一个流程，不需要关联交易。人为分成两段，增加了系统的运行成本，影响了系统优化。现在整体流程打通了，都是股份公司的资产。无论从战略抉择，还是原材料组织、生产计划安排、控制到产成品出厂，都是一体化，降低了关联交易的成本。所以，这是个好事。钢铁主业整体上市，这是个进步，武钢做出了样板。

（三）媒体方面——褒贬不一，褒占上风

2003 年 11 月 18 日，上海证券报网络版刊发文章《武钢增发凸显四大看点对投资者吸引力何在?》，认可了武钢关于整体上市的自我评价。

2003 年 11 月 19 日，证券时报刊发文章《武钢股份增发三大亮点》，认为武钢此次是理性融资，保护了中小投资者利益。

2003 年 11 月 19 日，证券时报刊发文章《非流通股东与流通股股东双赢》，认为武钢股份的增发方案，创造性地将定向增发国有法人股、增发流通股和收

购大股东优质资产相结合，当属全新的金融创新模式。方案中体现了大股东让利求全。虽然资本市场目前对上市公司增发存在一定"抵触情绪"，但武钢增发方案此时推出的市场时机反倒相对适宜。其一，增发资金拟收购的资产质地优良，上市公司收益有保证，这给投资者吃了"定心丸"，这从该股近期逆势走强可窥一斑。其二，资产收购价格参照审计后的净资产确定，市盈率仅为5倍左右，体现出大股东的让利诚意。其实，相对于武钢集团高达84.69%的持股比例，给流通股东的让利部分极为有限。其三，由于武钢集团与公众股东的认购价格相同，在股价低迷时对武钢集团较有利；而相同的增发价格也为该部分股份的日后流通做了铺垫。

国泰君安证券研究所分析师发表了《武钢股份：立志创新　加速成长》的分析报告，认为武钢"定向＋公募"，兼顾了各方利益，实现了多赢，认可了武钢的自我评价。

一位不愿透露姓名的业内人士称，这无非是一个变相发行大盘股的过程，大股东以92亿元净资产换来了12亿元股权和38亿元现金。对于大股东来讲，所谓认购新股无非是将钱从左手换到右手罢了，而对于小股东，则要拿出38亿元的真金白银获得股权，资产换股权和现金换股权是一个概念吗？

西南证券研发中心的某分析师表示，在一个规范的市场上，整体上市无可厚非，在国外也很常用，关键取决于主体是否善意。最近一段时间，钢铁类上市公司再融资议案此起彼伏。首钢、邯钢等多家钢铁公司纷纷采用不同方式再融资，武钢股份大股东选择整体上市的动机恐怕也没那么单纯。

某分析师认为，收购完成后，上市公司与大股东之间依旧存在着如部分初级原料及辅助材料的采购等关联交易，上市公司也还要继续使用大股东控制下的非经营性机构、福利性机构及其设施。增发完成后，大股东武汉钢铁（集团）公司还持有上市公司73.74%的股权，依旧处于绝对的控股地位。如此的股权结构下，指望上述收购行为彻底改善上市公司治理结构为时尚早。

某券商提问，增发价格高于宝钢股份目前市场价合适吗？（宝钢股份2004年6月18日的收盘价为6.3元）

2003年11月20日，中央电视台经济频道主持人问道：有一个投资者集中讨论的问题，争议也非常大的，就是说我们看不出这个增发，老股东有什么便宜可占，还有就是说流通股本现有3.84亿元，增长到11.84亿元，增长了208%，为什么要增发流通股呢？……我想投资者其实对这个方案本身提出的问题不是特别多，但是提出问题最集中的就是说，现在在大市这样低迷的状况下搞增发，大家反对的声音比较多，你看投资者就有这样一些看法，比如说打开这个口子以后，后面是不是有大量的上市公司会模仿；还有的就是说如果这个方案对武钢股份是利空的话，武钢股份跌，如果这个方案对武钢股份是利好的话，其他股票会跌，所有大家议论的焦点集中在这个增发行为本身对市场是不是会产生负面影响？

某著名证券分析师说，"在股权分裂的情况下，整体上市本质上就是圈钱"。

（四）市场反应——二级市场价格震荡走高

二级市场的反应还是积极的。2003年8月24日为此期间的最低价（复权价）1.26元，2003年11月16日召开董事会后股价一路上扬。2003年12月18日召开股东大会期间，股价有震荡，随后创出期间最高价2.95元。图5为武钢股份2003年8月初至2004年4月初的K线图。

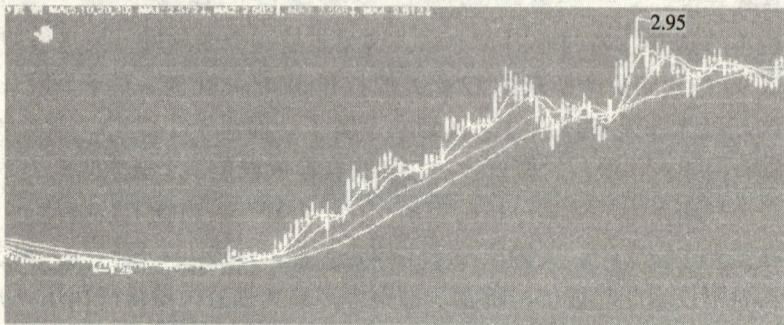

图5　武钢股份整体上市期间二级市场走势

四、武钢钢铁主业整体上市顺利实施

在方案设计逐步明朗之后，武钢加紧了方案实施的步伐。

2003年8月，国务院国资委下发了《关于同意武钢钢铁主业整体上市的批复》，方案的实施开始启动；2003年11月16日，武钢股份召开董事会通过增发收购方案；2003年12月18日，武钢股份召开临时股东大会审议通过增发收购方案；2004年6月8日，武钢股份的增发收购方案获得证监会的批准；2004年6月18日，武钢股份增发融资方案正式实施；2004年6月25日，武钢股份收购武钢集团主业资产的资金92亿元划入武钢集团的银行账号，标志着收购行为的正式生效，也标志着武钢钢铁主业整体上市顺利完成。

在 2004 年 6 月 18 日的增发日，武钢股份共计发行 141042.4 万股新股，募集资金 89.985 亿元，其中武钢集团认购 84642.4 万股，社会公众认购 56400 万股，最终确定的增发价格为 6.38 元。在扣除原社会公众股行使优先认购权后武钢股份增发获得超额近 28 倍的认购。

五、附　录

附录一　武钢集团发展简史

开始建设阶段：　武钢于 1955 年开始建设，是新中国成立以后国家投资建设的第一个钢铁工业基地。

建成投产阶段（1958~1964 年）：　1958 年 9 月 13 日，一号高炉建成投产。

初具规模阶段（1965~1971 年）：进行年产 200 万吨钢的配套建设。

引进扩建阶段（1972~1992 年）：1972 年 8 月引进 20 世纪 70 年代世界先进水平的 1700 毫米轧机，90 年代初，国家把武钢列入建设 4 个 1000 万吨钢基地的远景规划之中。

改革发展阶段（1993~2003 年）：1993 年 10 月，成立了以武钢为核心的武钢集团。1999 年 8 月 3 日，武钢集团独家发起组建的武汉钢铁股份有限公司（以下简称武钢股份）发行上市，代码为 600005。1999 年底，武钢被列为中央企业工委管理的国有重点骨干企业。2000 年武钢被确定为中央直属的国有主要骨干企业，2001 年形成钢、铁各 800 万吨的生产能力。截至 2003 年底，总资产 466.90 亿元，净资产 188.78 亿元，形成年产钢铁各 1000 万吨的综合生产能力，2003 年钢产量居全国第三。当年财务指标见表 5。

附录二　方案设计阶段证监会关于再融资的主要规定

1. 配股

①近三年加权平均净资产收益率平均为 6%，扣除非经常性损益后的净利润与扣除前的净利润相比，以低者作为加权平均净资产收益率的计算依据。②配股比例为 30%，若大股东全额参与配售，可突破此比例。③间隔期为一个完整的会计年度。④其他。

表5　武钢（集团）主要财务指标分析表

指标项目	2002 年	2003 年	比上年增减
销售利润率（%）	7.62	9.82	2.20
总资产报酬率（%）	4.11	6.78	2.67
资本收益率（%）	10.90	23.41	12.51
资本保值增值率（%）	105.58	112.20	6.62
资产负债率（%）	48.13	56.21	8.08
流动比率（%）	111.37	85.88	−25.49
应收账款周转率（%）	9.60	49.13	39.53
存货周转率（次数）	3.08	4.55	1.47
社会贡献率（次数）	15.47	21.48	6.01
社会积累率（%）	36.72	36.44	−0.28

2. 增发新股

①最近三个会计年度加权平均净资产收益率平均不低于 10%，且最近一年加权平均净资产收益率不低于 10%。扣除非经常性损益后的净利润与扣除前的净利润相比，以低者作为加权平均净资产收益率的计算依据。②增发新股募集资金量不得超过公司上年度末经审计的净资产值。但资产重组比例超过 70% 的上市公司，重组后首次申请增发可不受此限制。③公司最近一期财务报表中的资产负债率不低于同行业上市公司的平均水平；且前次募集资金投资项目的完工进度不低于 70%。④增发的股份数量超过公司股份总数 20% 的，其增发提案还须获得出席股东大会的流通股（社会公众股）股东所持表决权的半数以上通过。股份总数以董事会增发提案的决议公告日的股份总数为计算依据。⑤其他。

附录三　TCL 集团吸收合并子公司 TCL 通讯（000542）实现整体上市

2003 年 10 月 31 日，TCL 通讯（000542）股东会公告与 TCL 集团进行合并的议案，主要内容如下：

（1）根据《公司法》的规定，TCL 集团以吸收合并的方式合并本公司。以 TCL 集团为合并完成后的存续公司，本公司在与 TCL 集团合并后即终止并注销独立法人地位。

（2）TCL 集团在向公众投资人公开发行股票的同时，以同样价格作为合并对价向本公司全体流通股股东定向发行人民币普通股股票（流通股），本公司全体流通股股东以其所持本公司股票以一定比率换取 TCL 集团流通股股票。在吸收合并完成时本公司全体流通股股东持有的本公司股票全部换为 TCL 集团流通股股票。

（3）本公司全体流通股股东所换得的 TCL 集团流通股股票将在深圳证券交易所上市交易。

（4）本公司流通股股票的换股价格为每股 21.15 元。本公司流通股股票换取 TCL 集团股票的比率为：本公司流通股股票的换股价格与 TCL 集团首次公开发行股票的价格（后定为 4.26 元/股）之间的比率。前述换股价格已经本次股东大会批准，作为本次合并中本公司流通股的最终换股价格。

（5）TCL 集团以人民币 1 元的价格受让其全资子公司 TCL 通讯设备（香港）有限公司持有的本公司 25% 的外资股股票。根据《公司法》的相关规定，该等股票连同 TCL 集团现已持有的本公司 31.7% 社会法人股股票在本次合并换股时一并注销。

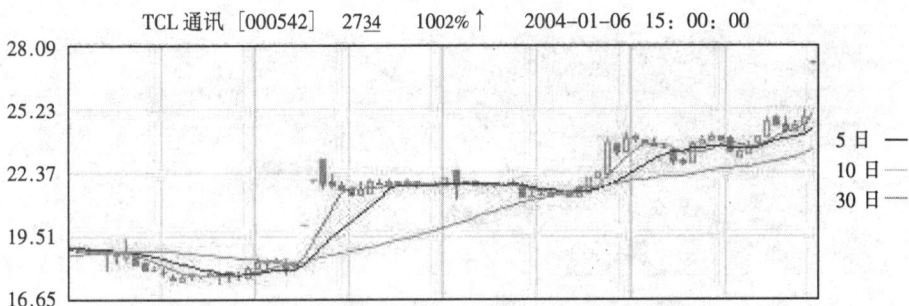

图 6　TCL 通讯退市前与 TCL 集团整体上市后的股价走势

附录四　武钢整体上市和 TCL 集团整体上市前后业绩的变化比较

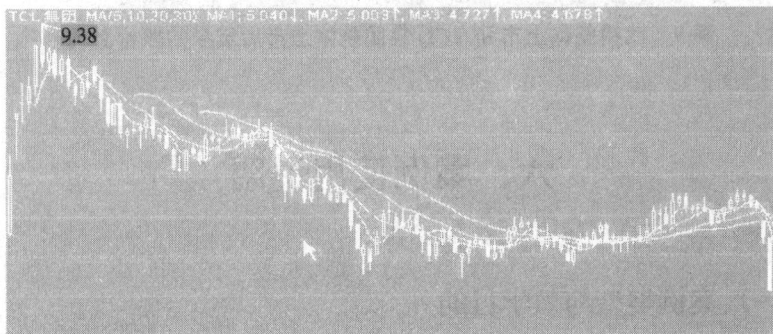

图 7　武钢整体上市和 TCL 集团整体上市前后业绩的变化情况（一）

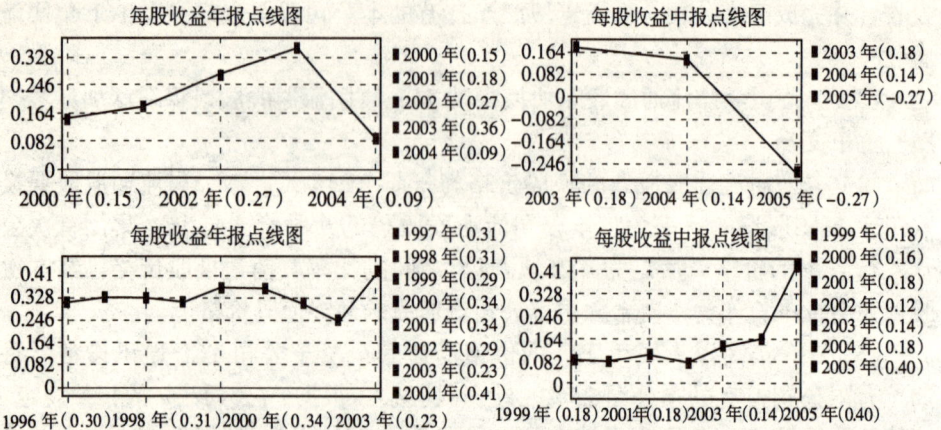

每股收益年报点线图

■2000年(0.15)	
■2001年(0.18)	
■2002年(0.27)	
■2003年(0.36)	
■2004年(0.09)	

2000年(0.15)　2002年(0.27)　2004年(0.09)

每股收益中报点线图

■2003年(0.18)
■2004年(0.14)
■2005年(-0.27)

2003年(0.18)2004年(0.14)2005年(-0.27)

每股收益年报点线图

■1997年(0.31)
■1998年(0.31)
■1999年(0.29)
■2000年(0.34)
■2001年(0.34)
■2002年(0.29)
■2003年(0.23)
■2004年(0.41)

1996年(0.30)1998年(0.31)2000年(0.34)2003年(0.23)

每股收益中报点线图

■1999年(0.18)
■2000年(0.16)
■2001年(0.18)
■2002年(0.12)
■2003年(0.14)
■2004年(0.18)
■2005年(0.40)

1999年(0.18)2001年(0.18)2003年(0.14)2005年(0.40)

资料来源：证券之星网站。

图 8　武钢整体上市和 TCL 集团整体上市前后业绩的变化情况（二）

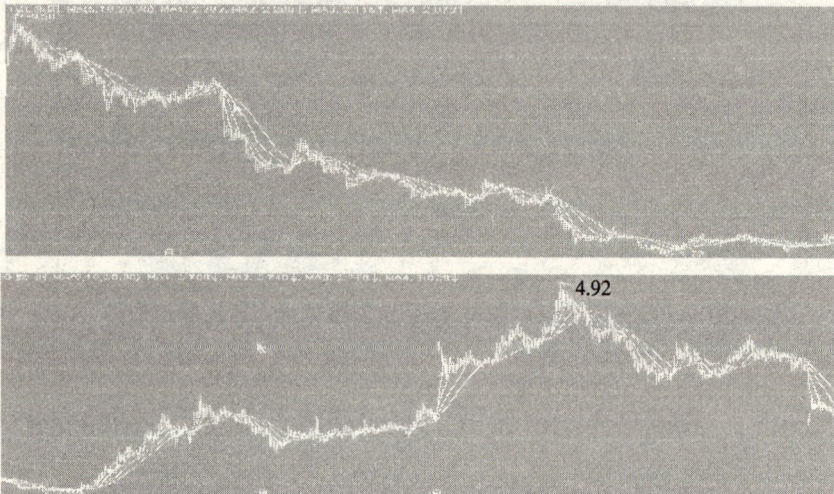

图 9　武钢整体上市和 TCL 集团整体上市后至今的股价表现

六、案例使用说明

（一）案例类型与教学目的

本案例属于公司重组及资本运营方面的描述性案例，在介绍案例事件涉及的两个公司总体发展情况的基础上，描述了公司整体上市的背景、标准与难点、方案探索过程及最后的实施方案，归纳总结了利益各方及媒体的反应。需要学生在了解我国有关公司上市、再融资有关规定及股权运作手段的基础上，设计、分析、评价、选择整体上市方案。本案例较适用于 MBA 学员、在职管理者及本科高年级学生教学和培训。

具体教学目的：

（1）掌握整体上市的多种可能方法，能够清楚不同方法的操作过程、难点及利弊。

（2）了解我国上市公司分拆上市的历史背景及留下的问题。

（3）了解我国公司上市、下市、再融资等有关规定。

（4）了解股权分置情况下流通股股东与非流通股股东的利益冲突，全流通后的展望。

（二）可供教师在课堂上选用的启发思考题

（1）你赞同武钢整体上市方案吗？武钢为什么放弃了吸收合并、反向收购、要约收购、定向增发等方案？你认为还有其他方案可选择吗？

（2）请评价武钢与 TCL 的整体上市方案。

（3）请评价方案对各利益相关者的影响。

（4）你赞同武钢对方案的自我评价吗？你怎么评价媒体所报道的各方评价？武钢整体上市的股价走势说明了什么？

（5）你认为武钢整体上市最终顺利实施的关键是什么？公司应做的主要工作包括哪些？

（6）你认为整体上市对武钢股权分置解决方案设计的影响是什么？

（三）案例分析路线

（1）首先请学生复述案例的主要过程，特别询问学生武钢为什么要整体上市，大胆猜想武钢的意图和可能方案。

（2）将各种可能方案收集全以后，设想在董事会会议上，学生模拟角色开展关于各方案利弊的讨论或辩论。

（3）设想在股东大会上，公司管理层与股东对话、沟通，评价武钢整体上市方案。

（4）设想在公司高层会议上，讨论如何保证方案的顺利实施。

(四) 理论要点

(1) 公司会经常面临资源、产业、股权、业务、资产等重组问题，探索有效方法很重要。

(2) 吸收合并、要约收购、反向收购、增发、配股、股票回购、新设合并、分拆等运作手段各有操作要点、法律规定及功效利弊，应根据情况选择适宜方案。

(3) 利益相关者的利益平衡很重要。

(4) 上市公司投资者关系管理是上市公司应重视的问题。

白云化工的利基战略①

黄津孚　付丽茹　解进强

摘要： 1995年白云化工是一个岌岌可危的小厂，在新任厂长李和昌的领导下，采取利基战略，专攻建筑密封胶，加强科技创新，并配合营销创新、体制创新和人才战略，不到10年，该企业已经发展成为建筑密封胶行业力压群雄的小巨人。

关键词： 科技创新　建筑密封胶

广州市白云化工实业有限公司（以下简称白云化工）是由国有企业广州白云粘胶厂改制而成的有限责任公司，主要从事各类建筑密封胶、高分子新材料及有机硅尖端产品的研究开发、生产及经营，产品包括三大类60多个品种。目前拥有一家子公司——广州市白云文物保护工程有限公司，并控股佛山市南海易乐工程塑料有限公司。

---

① 本案例是在对广州市白云化工实业有限公司进行大量实地调查的基础上，参考白云化工厂内部资料以及公司主页（http：//www.china-baiyun.com）的相关资料编写而成。

一、白云化工采用利基战略的背景

（一）中国建筑密封胶市场和行业前景

密封胶是现场嵌填、黏结接缝常温固化的弹性密封材料，20 世纪 90 年代以来被广泛应用于幕墙结构建筑的黏结装配。据统计，2002 年，美国密封胶总产量约为 112 万吨，51%用于建筑业；欧洲密封胶产量近 40 万吨，40%用于建筑业。

我国作为世界上最大的建筑幕墙生产国家，数十亿平方米的门窗采用硅酮胶进行密封。随着我国城镇房屋建筑规模的扩大，建筑功能、装修档次逐渐提高，接缝不密封或密封失当造成渗漏已引起人们高度关注，建筑接缝必须用耐候密封胶嵌填密封，变形缝、伸缩缝必须用位移能力优良的密封胶，已成为业内的共识。有关部门预计，国内密封胶需求量将持续增长，2015 年建筑密封胶总销量将达到 18 万吨，其中硅酮密封胶 7 万吨，约占 39%的市场份额。

国家"十一五"规划要求培育一批拥有自主知识产权和知名品牌、国际竞争力较强的优势企业，强调自主创新和建立资源节约型、环境友好型

图 1　福建电力大楼（玻璃幕墙结构）

社会；国家建设部发布的《建设科技"十一五"规划》明确了大幅度降低能源资源消耗，显著提高企业技术创新能力等目标，这些大政方针对建筑胶行业和建筑节能材料行业的发展将起到明显的导向作用。我国建筑总耗能约占社会总耗能的 30%，建筑节能潜力巨大，意义深远。随着建筑质量和功能要求的逐渐提高，建筑密封胶特别是高档次的硅酮密封胶，由于具备耐高低温、耐气候老化、粘接稳定、现场施工特性好、适用性广泛等优点，适应了建筑节能、防水、防腐、环保等质量要求，市场前景十分广阔。

国外密封胶的技术研发和生产应用处于领先水平，国际市场基本由美国道康宁（Dow Corning）、通用电气（GE）、德国沃克（Wacker）、法国 RP 和日本信越等几大公司垄断。20 世纪 80 年代以前，我国建筑上使用的密封胶几乎全部依赖进口。90 年代初，国内高层建筑盛行玻璃幕墙，大量进口昂贵的有机硅结构密封胶和耐候密封胶。在国家产业政策引导下，国内企业加速开发生产结构胶及配套密封胶产品，相继取得密封胶产品的生产和销售资格认定，开始与 GE、道康宁、罗纳等国外知名企业在国内市场上竞争。截至 2002 年底，国内企业的年生产能力已经超过 6 万吨，70% 的密封胶产品已经国产化，部分产品开始出口海外。国产结构胶产量的迅速增长、应用技术的突破和产品价格的下降，极大地推动了建筑幕墙在我国城镇的普及。2002 年全国累计建筑幕墙竣工总量约 5000 万平方米，占世界已有建筑幕墙总量的 50%，其中约 80% 的工程采用国产硅酮结构胶，中性硅酮建筑密封胶的国内年消耗量在 2 万吨左右。硅酮玻璃胶、耐候胶、石材胶、防霉胶及装饰装修用硅酮密封胶等国产胶的产销量也迅速增长。

随着市场的扩大，国内密封胶行业竞争的加剧，出现了恶性竞争的局面，有些厂商在密封胶中充加矿物油，这样可以大大降低成本，但在一年内随着所充矿物油全部挥发，胶的质量会变得极差，从而导致工程质量问题。在 21 世纪初我国的硅酮密封胶大量出口南亚、中东、非洲，一些国家如新加坡、马来西亚等已抵制我国的此类密封胶；有些厂商在密封胶中填充大量填料，结果使密封胶缺乏弹性，在建筑上使用导致严重开裂、漏水问题。

为了规范市场，我国先后发布了众多的建筑密封胶的国家标准及行业标准，但是由于缺乏监管，许多制造商不按标准生产，恶性的价格竞争导致劣质产品挤压优质产品的严重局面。①

（二）国内外主要竞争对手

根据国内建筑胶市场所占份额和经营实力，白云化工的主要竞争对手既有实力雄厚的国际跨国公司，也有发展强劲的国内新起之秀。

1. 道康宁公司

美国道康宁公司由陶氏化学公司和康宁公司 1943 年各出资 50% 成立，至今已有 60 多年历史，在全球拥有约 8000 名员工，专业从事各种硅产品的开

---

① 《中国建筑密封胶质量状况》，来源：广州白云 2005-6-24，http：//www.alwindoor.com/info/1795-1.htm。

发，年均研究经费投入占其年销售额的 7%~9%。作为全球最大的、技术最先进的有机硅制造企业和商用硅酮产品开发的先驱，道康宁现已成长为硅基技术及创新领域的全球领导者，建立了一套标准的行业行为规范。公司为全球25000 多家客户提供 7000 余种产品及服务，2005 年全球销售额为 38.8 亿美元，其中在中国密封胶市场的销售额约为 1.1 亿元，市场占有率为 14%。1995 年，道康宁在上海成立独资企业，生产有机硅乳剂和外墙装配用密封胶。2002 年，道康宁中国应用技术服务中心正式启用，集专业技术应用、试验和培训功能于一身，主要承担用于玻璃幕墙系统的结构性装配和耐候密封胶产品的测试和评估工作，并为客户提供工程所需的各种粘接性和相容性等工程测试服务。2005 年中心扩建成为道康宁全球第二大研发中心。该公司在华生产规模正在不断扩大。

2. 美国 GE 公司

美国 GE 公司自 1940 年开发出具有商业价值的有机硅生产过程以来，其有机硅部门已经创造了 2000 多项相关专利。从 20 世纪 60 年代起，GE 有机硅公司便是世界有机硅技术的领先者，在过去的 40 年中，使用 GE 有机硅密封胶的建筑在经历了诸如地震、台风等严酷气候条件的考验后，仍然保持了高度的耐用性能。80 年代末，GE 有机硅公司将建筑密封技术引入中国幕墙建造。为加快在中国市场的运作，2000 年 GE 东芝有机硅公司向中国推出专用于高层建筑外围幕墙的单组分结构胶，该公司在上海的子公司 2001 年 7 月全面投产，2005 年在中国密封胶市场的销售额约为 8800 万元，市场占有率为 11%。GE 在上海浦东张江高科技园区建有包括电气、塑料、有机硅的国际研究中心，为客户提供技术服务。

3. 杭州之江有机硅公司

杭州之江有机硅化工有限公司成立于 1996 年，其产品密封胶较早通过ISO9001 质量体系认证，是国家经贸委首批硅酮结构胶生产认定企业和国家重点高新技术企业。公司拥有从德国施沃特公司引进的四条全自动生产流水线，年生产能力达到 2 万吨，产品包括五大类三十多个品种，广泛用于建筑装饰、汽车工业、电子电器等领域，销售网络遍布全国三十多个省份，并部分出口日本、欧洲、北美地区及东南亚国家。公司建有中央实验室和省级企业技术中心，具备较强的技术研发和市场服务能力。"金鼠"牌硅酮密封胶被评为中国名牌产品，被北京 2008 年奥运会重点配套建设项目所采用，2005 年之江密封胶国内市场销售额约为 1.04 亿元，市场占有率为 13%。

4. 郑州中原应用技术研究开发公司

郑州中原应用技术研究开发有限公司 2003 年由郑州中原应用技术研究所

改制成立，是国内最早从事密封胶研究、生产和销售的高新技术企业之一，目前在国内市场的份额约为9%。公司产品包括硅酮、聚硫、丁基三大系列29个品种，已成功地应用于国内一千多个大型工程项目。2003年成立了研发中心，先后承担了国家级"火炬"计划项目、国家级"科技攻关"计划项目（硅酮结构胶），其新产品MF-881F硅酮阻燃结构胶、MF-840F双组分聚硫阻燃中空密封胶和透明中性硅酮结构胶填补了国内空白。该公司曾主持和参与多项国家或行业产品标准和施工规范的编制，通过了ISO9001质量体系认证、ISO14000环境体系认证和符合欧盟标准的CE认证，是国内密封胶行业中唯一的欧洲门窗协会会员单位。

（三）广州白云粘胶厂

广州白云粘胶厂（现名白云化工实业有限公司）位于广州市白云区，成立于1985年6月（以下简称白云厂），是广州市农工商集团下属广州市白云配件工业公司的国有全资子公司。1991年以前，该厂主要生产BY1型钢窗密封胶，1992年以后BY2型胶成为企业的主导产品和新的利润增长点。当时白云厂一直以小作坊的形式经营，产品单一，技术含量较低。1992年，企业花了20万元从四川晨光化工研究院引进高科技产品——中性硅酮密封胶技术（中国自行研制第一颗人造卫星曾经应用，当时价格昂贵，每公斤几万元），组织进行工业化生产。由于技术不成熟，设备落后，缺乏检测手段，产品性能存在较大缺陷，造成大量产品退货积压，企业信誉受损。1994年，担任硅酮密封胶项目技术负责人的技术部部长因为压力过大而自杀。1995年初，白云厂老产品BY胶销量出现明显下降，账面亏损58万元，在当时配件公司的15个工厂中，白云厂的规模和效益名列末位。春节过后原厂长不辞而别……账面资产虽然有1100万元，可是仓库中数百万元的废品没有冲销，企业处于风雨飘摇状态，70多名职工无所适从，有些骨干包括一些班组长要求调离。

上级公司任命原副厂长李和昌为厂长，同时由十多个来自配件公司的管理干部组成白云厂"顾问委员会"，其真实意图是对白云厂再观察两年，确实不行就关掉。

（四）"企业玩家"李和昌

白云化工的当家人李和昌，出生于山水甲天下的广西桂林，1986年从部队转业到广州白云配件工业公司工作，1992年调任白云化工厂副厂长，负责销售业务，1995年担任白云化工厂厂长，2003年6月企业改制后担任白云化工实业公司董事长兼总经理。

李总生性乐观，戏称自己为中国最轻松的老总。他喜欢独立思考并勇于接受新的挑战："我喜欢思考，喜欢玩，更喜欢挑战。"在接受本书作者采访时，李总经常将一般人认为非常难办的事情轻松地说成"很好玩！"他能够一连与我们一边喝茶一边聊上几个小时，不像一般老总那样因为许多事情等着他办而一会儿看表，一会儿接电话。

李总胸怀宽阔，不计较个人得失。1995~1997年连续3年上级没有兑现奖励承诺，少拿几万元而从无怨言。他还多次将省市劳动模范、突出贡献奖、人大代表等荣誉让给自己的部下；将三房一厅让给别人，自己住二房一厅，他认为"不与民争利，才有凝聚力"。

"许多企业家在谋发展时，总是喜欢引用流行的所谓'木桶原理'，但是，他们中的大多数总是强调技术或者人才其中一个要素，即其中一个短板，这就是一个迷失；其实，影响企业健康成长的要素，如技术、市场、产品、资金、人才、研发等（木板）都必须吻合均衡发展，而不是人为地认为哪一个木板必须是特别注意。这显然是一个误导。"

长期担任营销负责人的李总特别强调市场意识："企业家必须要有十分敏锐的头脑，而不能只靠直觉办事。企业最核心的要素应该是市场的需求，如果没有市场的需要，即使发明了许多专利，也只能锁在抽屉里。生产出来的产品即使质量再好也是废品。"

在李和昌的办公室墙上还裱着一幅寓意深远的画，这是白云厂的一名普通员工的作品。在以深蓝色为基调的天空背景中，星辰日月光辉灿烂，四匹天马腾云驾雾，北斗七星昭示着前进的方向，鹰击长空，鱼翔浅底。

李和昌希望像自己的名字一样，通过建立和谐文化，激励员工奋斗，实现与企业共同发展的理想。

2007年11月10日，"学习贯彻十七大精神，创新基层党建工作"为主题的"白云化工党总支'和谐工作法'现场交流会"在民科园广州市白云化工实业有限公司召开，全国18家党报党刊的总编（主编）、中组部有关部门的领导以及一些党内知名的党建专家出席，白云化工党总支书记李和昌在会上介绍了白云化工党总支是如何以"和谐工作法"开展工作，发挥支部战斗堡垒作用、党员先锋模范作用，带领企业"走出困境，走向辉煌"的经验；白云化工的员工代表们也畅谈了"和谐工作法"如何使"企业强，员工富"，并促使自己不断成长的亲身体验。

在率领白云走向辉煌的过程中，李和昌的敬业精神和突出贡献得到了社会各界的高度认同。1999 年，他被评为中国建筑金属结构协会先进工作者；2000年，被评为广州市科学技术协会先进工作者；2003 年，被评为广州市农工商集团公司优秀共产党员；2004 年，被评为中国建筑装饰协会优秀企业家；2006年，被评为广州市高新区科技创新精英、广州市劳动模范；2007 年荣获广东省"五一"劳动奖章。

目前，李和昌还兼任中国建筑金属结构协会铝门窗委员会副主任、建设部科技发展中心副理事长、中国建筑装饰协会铝制品委员会副主任、广东省材料研究学会理事、广州工业经济联合会主席团主席等社会兼职。

2008 年 1 月 22 日，科技部"国际科技合作基地"授牌仪式在广州市民营科技园广州市白云化工实业有限公司隆重举行，以广州市白云化工实业有限公司为牵头单位的中国—乌克兰联合科学研究院荣获国家"国际科技合作基地"的称号并被授予牌匾。

二、白云化工实施利基战略

李和昌临危受命，重整领导班子，发挥自身优势狠抓销售，用了不到三个月的时间使 BY2 胶供不应求，解决了财务危机，稳住了阵脚，接着就开始制定和实施新的发展战略。

（一）确定战略目标、方针和步骤

1995 年李和昌担任厂长之初，制定了推动企业发展的竞争战略，2002 年改制成立有限责任公司，领导班子对发展战略作了进一步的修订。

面对 20 世纪 90 年代中期市场疲软、原材料大幅涨价、产品价格竞争激烈的形势，白云化工领导班子通过对市场和行业特点、竞争对手和企业条件的缜密分析，制定了基于细分市场技术领先的企业竞争战略。

李总认为，建筑密封胶市场前景不错，但是总体市场空间不太大，中国市场不过几亿元，跨国公司并不十分关注；20 世纪 90 年代中，国外已经有成熟技术，国内同行热衷于价格竞争，大多尚未掌握，只要抓紧投入就能掌握先机而风险不大；白云厂是一个小企业，虽然在建筑密封胶行业有一定技术基础，毕竟资金有限抗风险能力不足。为此，白云厂应当也可以抓住这个小行业，通过模仿、合作开发或原创核心技术，实现在国内技术相对领先、在成本和性价比方面优于国外竞争对手，保持在国内密封胶行业的持续竞争优势，争当"隐形冠军"、"小巨人"。

白云化工的战略目标是：到 2005 年，产品技术力争达到国际领先水平，把企业建成"中国有机硅产业化生产基地"，年产量达到 5000 吨，产值达到 1.5 亿元，实现白云化工在中国建筑密封胶行业的"领头羊"地位。

战略方针是：通过引进、合作和自主研究开发，最终形成企业自身的技术创新能力，确保企业的技术领先地位；建立企业的知识产权保护制度，保护技术成果，确保企业的技术领先优势；通过多种方式构建企业创新队伍，建立高效的人才激励模式，构建创新型企业文化，使技术成果得以源源不断地产出；建立现代企业制度，为战略的实施提供制度保障。

战略步骤是：1995~1997 年为技术引进吸收阶段；1998~1999 年是技术合作研发阶段；2000~2002 年形成自主创新阶段，使企业技术领先的竞争战略得以逐步实现；2002~2005 年大力拓展市场，实现企业产值、利税和员工收入的成倍增长，并进一步巩固企业在行业的龙头地位。

（二）全力以赴突破技术关键、确立行业内优势

1. 改进配方、保证质量

李和昌接任厂长之后，要求技术部立即解决硅胶储存期短、质量不稳定的问题。他亲自到实验室和技术部门一起分析研究，经过几天几夜的努力，终于找到了影响硅胶质量的关键因素——催化剂。原任领导过分注重原材料价格，没有严格控制质量，采购的催化剂杂质含量高，必然影响产品质量的稳定性。技术部从 100 多个配方中筛选出最稳定的配方，李总马上拍板购买净含量在 95% 以上的催化剂，硅胶质量的关键问题迎刃而解。

针对超微细碳酸钙的吸油值问题，白云化工技术人员通过试验，制定出最合适的配比指标，最终实现了硅胶质量指标全部稳定，产品储存期由一个多月延长至八个月，拉伸强度、延伸率、表干、固化、剥力等性能指标均得到改善，所有技术指标在国内处于领先地位，某些指标甚至达到国际先进水平。

为了确保产品质量，白云厂积极采用国际标准。1999 年，该厂获得中国建材质量体系认证中心 ISO9001 质量体系认证，是国内硅酮胶生产企业最早获得该项认证的企业；2002 年，该厂获得英国标准协会 ISO9001、ISO14001、OHSAS18001 管理体系国际认证，成为同行业中率先获得质量环境安全健康认证的企业。

2. 加快开发新产品，满足市场需要

利基战略的目标是创造更高的边际利润，开发新产品满足新需求是获取高附加值的主要途径。李总接手白云厂时，该厂也像国内其他企业采用大缸大桶试制和生产，这显然不能满足开发新产品的需要，于是他决定立即解决小试设备问题，委托上海一家企业仿制国外，解决了产品开发的关键问题。

1996 年年初，白云化工瞄准国际尖端技术项目，承担了广东省企业重点技术开发项目"硅酮结构胶"的开发工作。该产品技术含量高，在世界上仅有几个大公司能够生产，国内市场完全被外国产品垄断。白云化工的技术人员通过广泛收集国外技术资料，分析比较国外产品性能和应用环境，进行了几百次的配方工艺和应用试验，仅用两年时间便完成了项目的小试和中试，1997 年 11 月通过了广东省经委主持的省级鉴定。

随着经济实力的增强，白云厂进口并改良了检测设备，成立了检测中心以支持新品开发、保证产品的质量。

白碳黑是密封胶的重要原料，但是在 2000 年以前全部依赖进口。在动员上游厂商进行研发没有结果的情况下，为了扭转技术和成本方面的被动局面，白云化工决定自行开发。2001 年，他们在引进乌克兰国家科学院纳米白碳黑有关技术的基础上，实现再创新，利用生产硅氧烷的副产物国内第一家生产出高技术纳米材料——气相白碳黑，不但解决了有机硅副产物数量多、易污染、易燃易爆等行业"瓶颈"问题，还一举结束了国内密封胶企业纳米材料白碳黑几乎 100% 依赖进口的局面，成为继德国、美国公司之后的全世界第三家成功研制纳米白碳黑并投入生产的企业。

围绕建筑工程密封胶，瞄准技术发展方向，白云化工在国内率先成功研制并生产出具有国际先进水平的硅酮结构胶、耐候胶、石材胶、玻璃专用胶、阻燃胶、防霉胶，打破了国外产品垄断市场的局面。随着市场对建筑用胶提出了更高的性能和安全要求，白云化工又成功研发出中空玻璃结构胶、超高性能硅酮结构胶、超高性能硅酮耐候胶等高端产品并上市销售，填补了国内空白。

3. 改进工艺，改善设施，扩大产能，确立技术优势

白云化工与国际同行比较后发现，密封胶的中外配方其实差距并不大，国内企业的弱势主要集中在生产工艺上，中国 20 世纪末采用的最先进的生产工艺也只相当于国际上 70 年代的水平。

1999 年，企业固定资产投资达到 451 万元，顺利完成了 1500 吨结构胶扩产工程和 BY2 胶、丁基胶车间的搬迁工作，成功开发并生产出 SS621、SS622 幕墙结构胶。到 2000 年，白云厂已拥有 20 多个牌号的密封胶产品，具备年产 5000 吨的生产能力，国内市场占有率达到 20%。

为了赶超世界先进水平，经过多年努力，在借鉴美国 GE 公司经验的基础上，组织技术攻关，克服许多困难，包括技术方面的困难、资金方面的困难，终于在 2002 年建成国内第一条达到世界先进水平的、拥有自主知识产权的全自动连续化硅酮胶生产线，并通过了广州市科技 225 示范工程专家的鉴定验收。这是一项集成创新成果，不易被竞争对手模仿，为白云化工建立国内硅酮胶生产技术优势奠定了基础。整个投资仅仅 870 万元，年产可以达到 5000 吨。

全自动连续化硅酮胶生产线同普通间歇法生产线相比，劳动生产率大大提高，前者只需三个人就可以完成后者 18 个人的生产量，人工费用节省 60%左右；新的生产线由大学生电脑操纵，封闭式、自动化配料，现场干净整洁，劳动强度明显降低；全自动生产线是 24 小时连续生产，由 300 多个电脑点控制，没有人为因素介入，产品质量很稳定，产品成品率提高 3%~4%；全自动连续化生产线能耗低，遗漏少，可节省水和电等能耗 60%，跑冒滴漏减少，每年每条线可以节约 200 万元；全自动生产线比普通生产线合计降低生产成本 5%，生产 1 吨密封胶可以节省 1000 元左右。

全自动生产线改善了企业形象，一般小企业搞不了。客户参观了白云厂的生产线，建立了信任感，愿意先付款后交货。如果满负荷运转，当年就可以收回投资。

4. 加强知识产权保护

技术创新成果凝聚着科研人员全部的心血和汗水，但假冒、仿制的速度则远远快于研发速度，这不仅影响了公司科研人员技术创新的热情，还会造成国内同类产品的无序竞争。例如，1995~1996 年，白云化工原负责人和一些原技术骨干离开公司后，利用公司的技术生产同样的产品，让公司蒙受了巨大损失。

为了提高科研人员的积极性、净化市场，维护企业的正当权益，白云化工加强了对知识产权的管理。企业就已有成果及时申请专利，并与员工签订了保密合同、同业禁止合同。白云化工对每批产品的批号进行电脑档案管理和防伪技术处理，客户可以通过电话查询确定各批号的产品应用于什么工程，确定所购买的是否为真正的白云产品。公司还成立了专门的打假队伍，积极配合司法和执法部门，坚决打击生产与销售假冒公司产品的单位和个人。2003~2005 年，在各地打假部门的支持和配合下，白云化工捣毁了生产假冒伪劣白云产品的厂商 5 家，销售窝点 23 个，查处使用假胶的工地 12 个，抓获了造假、售假分子 28 人，有效地维护了用户的利益，提升了白云的品牌形象。

5. 千方百计解决资金问题

研究开发、技术改造需要资金，白云化工领导班子通过各种渠道，千方百计筹措资金，保证科技创新的持续进行。企业改制之前，白云化工的年均投入保持在总销售额的 4%~5%，例如，1997 年投入近 400 万元完成了 1000 吨/年的中性硅酮胶扩产改造工程，1999 年投入 600 多万元完成了国家级火炬计划——年产 1500 吨硅酮结构胶的项目建设。

建设全自动连续化硅酮胶生产线需要巨额资金，如果从国外引进，全套工艺装置跨国公司报价 2000 万美元，白云化工 1999 年年底在广州市科委作为重大攻关项目和市长工程立项，政府先期拨款 60 万元，2000 年中又增拨 50 万元，差距太大。白云化工决定和华南理工大学合作，自己开发研制，采用分阶段申报，通过多次专家论证，从配件公司到白云农工商公司，再到广州市农工商集团层层报批，先后获得两次 350 万元的资金，保证了生产线建设项目的完成。

企业改制后，极大地激发了白云化工技术创新的热情，也获得了投资主动权。2003~2005 年，企业研发费用占销售收入的比重分别为 8.32%、9.16% 和 10.68%，进一步推动了企业技术创新的顺利开展。

（三）参与国家标准的制定，占领技术制高点

早在 1995 年李总上任不久，白云化工就解决了影响硅酮胶质量的催化剂和吸油值两个关键问题，产品储存期由一个多月延长至八个月，拉伸强度、延伸率、表干、固化、剥力等性能指标均得到改善，所有技术指标在国内处于领先地位，很多指标达到国际先进水平，企业基本掌握了成熟的有机硅生产技术，其建筑密封胶产品在市场上已经具有较为良好的声誉。然而，由于西方跨国公司在市场上先入为主，有强大的品牌支撑，白云化工在市场竞争中仍然处于不利的地位，许多经销商只能贴着美国 GE、道康宁等大公司的商标销售白云化工的产品。

为了改变被动局面，白云化工积极参与国家标准的制定，以形成阻挡国外厂商的技术壁垒。我国原有的硅酮密封胶行业采用的标准是以美国 GE、道康宁等几家老牌企业所形成的所谓"美国标准"——ASTMC1184—91，即使在五种条件：标准条件（25±2℃），高温条件（88℃一小时），低温条件（-30℃），渗水及老化 5000 小时的情况下，胶体拉伸黏结强度都不能小于 0.345Mpa。白云化工投入了大量资金与配套设施，率先建立了完善的硅酮密封胶产品检测中心，并邀请国内有机硅专家、玻璃幕墙专家到厂参观指导，通过发表论文与国内外同行进行了多方交流和沟通，公布国内外同类产品技术检测的比较数据。

1996 年白云化工参与制定了有机硅国家标准，同时以高于国家标准的要求组织生产。例如 GB/T16776—1997《建筑硅酮结构胶》中规定在标准条件下，

胶体拉伸黏结强度不能小于 0.45Mpa，而白云化工的企业标准中规定这一指标不能小于 0.7Mpa，树立了我国密封胶行业的高端品牌形象，同时这些标准也形成了对国外产品的技术壁垒。

(四) 建设科技创新的人才队伍与合作平台

白云化工领导清醒地认识到，科技创新的关键在于人才。创新绩效关键在氛围。

1. 大力吸引人才

白云化工依靠多种机制吸引人才：①事业吸引。对高级人才而言，寻找适合自己事业发展的平台是选择企业的重要依据。白云化工的战略目标要在密封胶、文物保护领域做强做大，为人才提供了施展抱负的广阔舞台。白云化工高度重视科技开发，为技术人员创造广阔的施展才能的空间，某知名企业的总工程师、某国际同行的中国区经理正是被白云事业所吸引加盟的。②待遇吸引。在白云化工，只要研发出质量高、销路好的产品，技术人员就可以按销售额 1‰~3‰的比例提成 3 年，有一个技术人员开发成功一个改进型产品，按照规定获得 8 万元的奖励。针对销售人员，李和昌敢于突破国有体制下的激励机制，面对买方市场造成的销售困境，提出了"销售层先富、管理层后富"的激励目标，制定了不同地区采取不同奖励系数的激励措施，很快打开了销售局面。

2. 建立科技创新平台

白云化工的科技创新平台包括省级工程中心、技术部、博士后科研工作站和产学研协作网络。

2000 年广东省科技厅、省计委和省经委特批白云厂筹建广东省白云粘胶工程技术研究开发中心，开展有机硅产品的技术"原创"，并解决小试向中试成果的转换问题。通过努力，2003 年 8 月通过了省级工程中心鉴定验收。该中心是国内同行中最早建立的省级建筑用胶工程技术研发中心。目前，该中心拥有科研技术人员 38

图 2　省级工程中心的实验室

人，其中有博士后 2 人，博士 4 人，硕士 14 人；拥有一个 2000 平方米的小试、中试开发中心和 1000 平方米的检测中心，配备了气相色谱仪、高低温拉力试验机、耐疲劳试验机、耐老化试验机、小型行星式搅拌机、高压反应釜、水分测定仪等一系列的先进设备，是同行业中开发设备最齐全，检测手段最先进的工程技术研究开发中心。中心平均每年承担 2~3 项国家或省市级重点技术创新或科技攻关项目，开发 2~3 个具有自有知识产权，达到国际先进水平的产品。硅酮胶全自动连续化生产线、隔热条和纳米白碳黑等都是从工程中心孵化出来的。

技术部负责连接工程中心和市场，将工程中心的成果产业化，负责制定标准。

2003 年，白云化工被国家人事部批准成立行业内唯一的博士后科研工作站，由白云化工的领导根据市场需要，提出与企业核心业务紧密相关的课题或项目，由博士进行研究，白云化工提供与项目研究有关的一切费用，包括购买原材料、设备、工资和日常管理等开支，并为博士分派指导教师和辅助人员。企业每个研发项目的投入资金至少在 50 万元，一般都在 100 万元左右，由于前期准备工作到位，信息搜集充分，所开发的项目属于国外已有技术突破，国内无人能做或做不好的，至今项目研发成功率为 100%。如硅酮道路密封胶、耐高温硅酮胶、文物保护产品都是流动站的研究成果。研究成果由企业与学校共享，没有对方同意不能转让，可以较好地保护知识产权。

由于受自身规模和实力的限制，白云化工还积极借用高校、科研院所、国外公司等"外脑"，开展合作创新。鉴于科研院所基础科研力量强、熟悉前沿科技动态、在专业领域中具有特殊优势，白云化工主动要求科研院所在重大项目的攻关中承担关键技术的突破任务，或由其担任相关专业领域的技术咨询，组成多学科的综合攻关小组，以降低研发风险，保证项目开发的成功率和技术含量。白云化工已与华南理工大学和中山大学联合设立研究生培养基地，与中科院化学所、国家文物保护研究所、美国 PPG 公司、澳大利亚 BOSTICK 公司、乌克兰国家科学院建立了战略合作伙伴关系，这些重要举措使白云化工的技术创新能力大大提高，确保公司在行业内的技术领先地位。

3. 营造创新氛围

企业文化氛围不仅是决定人才去向的重要因素，还是影响创新绩效的关键因素。白云主要领导人知人善任、气量宽宏，善用超过自己能力的骨干，敢于授权，领导人能够把合适的人才放在合适的岗位上，白云的部分销售精英正是被李总的个人魅力所吸引。

公司倡导团队合作。采访中有的技术人员感慨地说，"我刚到公司就得到全部技术资料，同事之间没有互相封锁保密的现象；遇到困难就敞开讨论，彼此畅所欲言，没有争名夺利，心情非常舒畅"。攻克技术难关，搞设备的、搞工艺的一起上，打破分工界限，不分分内分外，有时李总和大家一起加班加点，干劲十足。

技术创新的明显特征是其前景的不确定性或风险性，需要创新者艰苦探索、锐意进取、不怕失败。白云化工努力营造一种有利于创新的宽松环境和文化氛围，鼓励员工大胆创新，对创新中遇到的挫折和失败采取大度和宽容的态度，"你大胆去干，失败了我负责，成功了是你的"。只要员工提出了新方法、新思路，就立即投入试用，即使是设计出现了问题，通常公司也不会追究员工的责任。这样一来，技术人员的心理压力大大降低。只要新设计获得成功，公司会及时进行奖励，员工的个人价值得到提升，自然干劲更足。另外，白云化工的团队合作精神非常明显，技术人员之间业务交流顺畅，科研思想不受束缚，员工的知识和想法在研发中毫无保留，这种和谐的氛围对人才也是一种良好的精神激励。

（五）通过营销创新，实现科技创新价值

营销推广是技术成果转化为现实生产力的保障，李和昌亲自负责企业市场营销工作。一方面，公司坚持灵活措施拓展市场，例如通过行业协会宣讲、技术服务讲座来推广新产品；另一方面，白云化工从客户要求中发现产品的改进和开发方向。例如针对 601 胶"流挂"的缺陷通过改良生产出 602 石材专用胶。

1. 突破工程设计单位"瓶颈"

2000 年以前，企业营销对象的重点是用户和政府有关部门，对设计方、监理方等开展的工作较弱，因此失去了很多订单。通过对营销信息的分析，公司发现影响与制约硅硐胶市场营销的买方因素包括业主、施工单位、监理单位、设计单位和质检单位，其中设计单位在设计材料时很大程度依赖于《幕墙施工规范》，该规范出版时国内新材料还没发展起来，书中引用的材料例子全是外国品牌产品，成为影响国产密封胶市场推广的"瓶颈"。白云化工据此调整营销模式，在业内发起组织了一支由行业专家和学术权威组成的编写小组，不出一年就出版了新的《幕墙施工规范》、《幕墙设计图集》和《幕墙设计软件》。这些书中引用了许多近年来国内新材料的应用例子，"白云密封胶"几个字在书上频频出现。通过这些编纂书籍，设计单位对国内新材料、对白云密封胶有了更深的了解，开始乐意推荐使用白云密封胶。此外，专家协会和政府部门比较认同白云胶的质量和技术，他们对业主和幕墙公司的用胶选择产生了有利

的影响。

2. 调整营销体制、加强市场研究

2001 年之前，白云化工的销售结构是传统的垂直管理，即从经理、副经理、区域经理到业务员、代理商，直至整个市场。这种管理方式的缺陷是某一环节出现问题可能会带来较大的"连锁反应"，专人专区负责制也造成管理上的诸多不便。针对这些问题，白云化工调整了销售业务体制，把代理商划归客户服务部管理，包括往来发货和信用控制等营销活动；一名副经理直接管理业务员，这样便形成两个相互配合又相对独立的复合营销体系。业务员的主要职责是在代理商之前去寻找项目，开展甲方的工作，指定使用白云胶；代理商的主要任务是供货和收款。

2003 年企业又对销售渠道进行了较大调整，全国三十多个省划分为华南、华东、华北、西南四大区域，东北市场只保留了一家最有实力的代理商，避免代理商数量太多造成恶性竞争。同时，因为应收款太多对公司的正常运转形成很大的压力，因而公司在销售额考核指标的基础上增加了回款率指标。

为了把市场营销做得更快更好，2005 年公司将销售部分为市场部和销售部两个部门。加强对业务人员的考核，要求按期缴纳周报表、月报表、季报表，除了销售、返款计划统计，还要有市场动态、竞争对手动向分析、拜访客户的记录以及工作总结。

3. 通过样板工程树立品牌

为了尽快树立密封胶行业的民族品牌，白云化工积极通过塑造"样板工程"树立技术领先的形象，博取客户信任。为此，他们瞄准国家重点工程，如中央军委大楼、北京人民大会堂、白云机场等公开向社会招标的机会，在包括道康宁、GE 在内的数十家竞标企业中，通过先进的检测仪器显示了"白云"产品优异的技术指标，最终获得各级专家评委的一致认可，撼动了国外著名企业的市场垄断地位。例如，在中央军委办公大楼工程的招标过程中，工程指挥部审定后最初的决定是：主楼用白云牌硅酮密封胶，副楼用道康宁的产品。当时占据中国市场 90%以上份额的老外们愤愤不平：于是专家组决定让白云产品与道康宁产品进行指标测试实验。在检测中心的电子拉力机上，硅酮密封胶的发明者——美国道康宁的产品在指针指向 0.8Mpa 时就不情愿地断开了，而白云化工的产品则一直冲过了 1Mpa，其他性能也全部超越了国外产品。专家组最后决定全部采用白云产品。人民日报、经济日报、南方日报、中国建筑报等著名的媒体分别以《小厂攀高峰》、《白云牌建筑用硅酮结构胶替代进口》、《"小不点"打败"洋巨人"》、《国产硅酮胶登上大雅之堂》进行了报道，产生了巨大的社会影响，树立了白云胶技术领先的品牌形象。

4. 采用体验营销

白云化工一方面召开技术推广会，用一系列对比数据图表展示本企业产品的质量和性能，邀请客户参观实验室和生产现场，通过演示让客户了解生产和检测国产，眼见为实的结果是客户满意；另一方面通过培训，要求经销商用电脑向客户推销，让客户看到白云化工的生产现场，产生现代化企业的体验。

5. 把营销工作一直做到一线打胶工那里

白云化工认为在客户终端，打胶工对建筑密封胶的选择有一定影响。为此，他们在白云牌密封胶包装箱中，每五箱放一个小礼品，价格不贵，才1~3元，但是品种不同，有时还有抽奖机会，这样打胶工就比较注意白云胶，也乐于采用白云胶，无形中起到了一定的促销作用。

（六）改革体制、建立持续创新机制

伴随着白云厂的快速成长，企业经营机制滞后和产权主体缺位的问题日益突出。面对大好形势，白云厂缺乏投资自主权，项目审批时间长、程序复杂，面临丧失发展时机危险；管理制度方面，白云厂无法有效配置和利用资源，上级公司在资金方面有时还实施"抽血政策"，每年利润全额上缴，申请到的支持资金十分有限，难以进行扩大再生产、技术改造和新产品研发。最糟糕的是联合公司已濒临破产，随时可能拿其下属企业抵债，严重威胁白云厂的生存。

经过不懈努力，白云厂终于获得有关部门批准，于2003年6月成功转制为广州市白云化工实业有限公司，由管理层及普通员工持股60%、职工集体持股20%、广州白云配件工业公司保留20%股份。在转制过程中，白云化工完成了员工思想观念的"转制"和角色的重新定位，实现了国有企业向股份制企业的平稳过渡。

转制以后，公司加大了创新的投入。

1. 培育成长业务

在保持密封胶主业稳定增长的同时，白云化工开始培育支撑企业未来的两翼。2004年4月，白云化工控股的佛山市南海易乐工程塑料有限公司成立，继德、意公司之后第三家成功研制并生产拥有自主知识产权的节能材料尼龙66隔热条。尼龙66隔热条具有高强度、高延伸率、高安全性等特点，完全符合当今幕墙行业的发展需求。

2005年，广州市白云文物保护工程有限公司成立，并拥有五大类、26种保护材料，在文物保护工程的项目实施和应用研究等方面已初见成效。

此外，白云化工于近几年成功开发出电子胶、汽车胶、道路胶等工业用胶。

2. 改善创新环境

白云化工总部基地于 2006 年年初搬迁到广州市民营科技园，占地面积 4 万多平方米，拥有一流的现代化办公大楼、研发中心和生产厂房。大大改善了创新条件，同时也提升了企业形象。

2006 年 3 月，白云化工被国家建设部批准为国内唯一的国家建筑密封胶技术产业化示范基地。

三、战略实施的成效

（一）显著提升企业竞争力和经济效益

1. 确立了行业内的技术优势和管理优势

白云化工瞄准国外已经取得成功、国内没有企业进入的项目或产品进行技术研发，抢先生产，逐步形成了"生产一代，研究一代，开发一代，储备一代"的技术领先形势。

1995 年以来，白云化工完成了国家级和省级科研项目 13 项，其中国家级 8 项，省级 5 项；发表各种学术论文 58 篇；研究开发出国家级和省级重点高新技术产品 13 项，其中国家级 10 项，省级 3 项；获得专利 26 项，其中发明专利 10 项，包括密封胶自动化连续生产装置系统、单组分固化硅酮连续化制造工艺、有机硅氟防水剂及制备方法、缓冲反应储罐等；实用新型 1 项，为立式高黏度胶体灌装机；外观专利 15 项，包括包装膜、包装瓶、包装盒、包装软管等。

为推动行业健康发展，白云化工负责起草了 23 项国家标准、2 项行业标准，参与起草了 2 项国家标准、7 项行业标准和规范，并制定了高于国家标准或国际标准的企业标准。

在行业内，白云化工是首批通过国家经贸委硅酮胶生产认定和销售认定的企业，并率先通过英国标准协会的质量、环境、安全健康等国际认证。

2. 增强了企业竞争力，提高了市场占有率

至 2005 年年底，公司总资产已超过 1.32 亿元，固定资产 2792 万元，正式员工 186 人，其中博士 8 人（含博士后 3 人），硕士 17 人，具有中高级职称的有 30 多人，大中专以上学历的员工占 65%。

白云化工拥有比较完善的国内市场网络，建立了重点地区直销制，其他地

图 3　白云化工总部大楼

区代理制的混合型销售体系。企业在全国设有五十多个技术服务点，北京、上海和深圳各设有一个办事处，以直销的方式销售。产品广泛应用于包括北京西环广场、上海花旗银行大厦、广州国际会展中心等在内的上千项国家及省市重点工程。公司还在英国、日本、澳大利亚等二十多个国家注册了商标，采取贴牌生产、委托加工、转口贸易等形式拓展国外市场，产品在美国、澳大利亚、中国香港和澳门等地得到广泛使用。

白云化工已成为目前国内最大的建筑密封胶生产基地。据中国幕墙委员会统计，2005 年白云幕墙胶以 30% 的市场占有率在国内位居榜首，排在其后的国际品牌道康宁和 GE 的市场占有率分别为 14% 和 11%，国内品牌杭州之江和郑州中原的市场占有率分别为 13% 和 9%。

3. 取得显著经济效益，积累了丰富的无形资产

2003~2005 年，白云密封胶的年产量从 5613 吨、7801 吨增长到 8886 吨，三年间销售量增长了 58.3%，销售收入增长了 47.8%，利润额增长了 52.9%，利税增长了 64.3%。

2005 年白云化工实现产值 28684 万元，是 1995 年的 16.21 倍；实现销售收入 27501 万元，是 1995 年的 17.84 倍。"九五"期间，新产品对公司的贡献每年都超过 60%，2003~2005 年，新产品产值率分别为 35.82%、39.73% 和 46.68%，给企业带来了巨大的经济效益（见图 4）。

鉴于公司近年来为国内建筑胶行业的发展所作的贡献，获得了许多荣誉，先后被授予广东省技术创新优势企业、广东省著名商标、国家火炬计划重点高新技术企业、广东省知识产权局优势企业、中国名牌产品等荣誉称号；并获得

（万元）

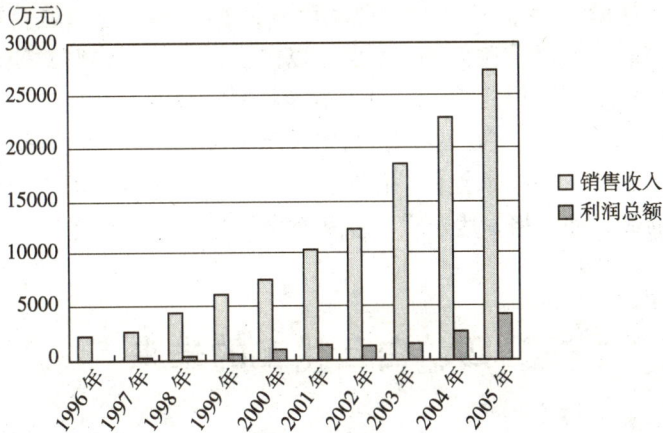

图4　白云化工经济指标增长图

广州市科学技术进步一等奖、国内同行唯一的"华夏建设科学技术奖"、第12届广东省企业管理现代化优秀成果一等奖、第12届国家级企业管理现代化创新成果二等奖、全国十大建设科技成就奖等奖励。

（二）树立了民族品牌，推动了行业发展

2005年，在中国幕墙网举办的2004~2005年度行业内第一次大规模调查中，白云胶的"市场表现"和"用户选择"的得票数分别为2460和2472，比第二名626和630的得票数高出三倍，获得密封胶类"用户首选品牌"和"最佳市场表现奖"两项大奖，证明了白云品牌的市场影响力和用户忠诚度。

"白云"目前已发展成为国内有机硅密封胶行业中的著名品牌，并先后获得了广东省著名商标和中国名牌产品等荣誉称号。白云化工以其较强的品牌影响力和务实的进取精神，打败了国外产品，抢占了市场份额，为国家硅酮密封胶行业政策的制定和国内市场的规范起到了积极的推动作用，为此，国家及省市领导多次到公司进行工作指导或参观考察，并为"白云"粘胶这一民族品牌而感到骄傲。

（三）社会效益明显

白云化工在自我发展的同时，为社会做出了巨大的贡献。例如，硅酮结构密封胶由于其产品技术含量高、攻关难度大，全世界仅有发达国家的少数几个公司能够生产。在白云研制生产建筑幕墙用密封胶之前，此类产品全部依赖进

口，价格为 140 元/支。白云胶投产上市后，2004 年，进口建筑密封胶仅占市场的 30%左右，价格下降到 40 元/支，以白云为首的国内密封胶企业每年为国家节省几十亿元人民币的外汇。再如节能材料隔热条，在白云研制之前，进口隔热条价格为 8 元/米，白云在国内首家投产上市后，进口隔热条价格降为 3 元/米以下。白云化工的技术创新不仅为国家节约了大量的外汇，同时由于大大降低了产品的成本和价格，为建筑行业和整个社会创造了更高的价值。

四、白云化工的未来

（一）寻找新的业务增长点

2005 年 5 月，《中国高新技术产业导报》以"广州白云化工欲做文物保护神"为题对白云的文物保护工程进行了报道。我国是一个文明古国，数量巨大、价值难以估量的文物如今不断受到自然侵蚀。强烈的历史使命感督促李总和两名博士成立了文物保护涂层课题研究小组，经过两年多的潜心研究，成功地开发了清洁、加固、表面保护、表面封护、修复与粘接共五大类 26 个品种的文物保护产品，这些成果无疑让中华大地千年历史文化遗产永放异彩成为可能。截至 2004 年底，白云利用有机硅保护液对英德石刻、广州绵纶会馆、宁波七塔寺、武汉归元寺、高句骊遗址等进行了有效的保护，此种新产品已经受到国家科技部的高度重视，在文物保护界掀起了巨澜。但是，如何保护文物是一个新课题，如何寻找突破口，改变并说服人们愿意接受新材料保护文物，仍是白云化工必须用智慧和耐心进行解决的棘手命题。

与此同时，国外同行已经着手进军我国文物保护行业。白云化工面临着另一场激烈的竞争。

有关专家认为，我国特种工程塑料的研究同国外的差距并不大，但产业化进程却相去甚远，白云如何将已有的隔热条产业化，形成新的利润增长点也是白云化工未来发展亟待解决的问题。

（二）经营管理需要更上一层楼

白云化工经营管理富有特色，但是进一步发展需要继续努力提高水平。

1. 组织结构亟须系统规划

当前公司管理体制总体上还停留在生产经营型企业阶段，难以适应企业做强做大的需要。营销、财务、人力资源管理等部门主要从事业务或事务性的工作，没有专门的机构或人员进行战略管理研究，公司注重点对点的管理，系统性和前瞻性不足。资金融通和投资管理也缺乏专门的部门负责，难以进行产业融合和资本运作。同时，组织运行缺乏完整的制度体系，管理过分依赖企业家的经验、能力和魅力，已有制度在执行中存在某些"软约束"，如奖勤罚懒的执行中存在"心太软"的现象，在人性化和制度化的矛盾面前，更偏向于人情，容易造成奖惩不公、影响士气。

2. 企业文化建设需要加强

现有企业文化的内容体系不够完整，还没有系统、清晰地提出或明确表述企业在经营管理、体制构建等方面的价值理念；公司缺乏对企业家思想、理念、思路的系统总结和整体提升；企业内部没有形成较强的规则意识；员工对企业家的忠诚还没有转化为对企业的忠诚；缺乏在员工中传播企业文化的渠道和形式；员工普遍缺乏强烈的危机意识。

3. 人力资源管理层次有待提高

公司人才结构不合理，高级人才主要集中在技术研发领域，高素质、专家型的管理和经营人才比较缺乏。人力资源管理的层次较低，处在档案管理阶段，只是事务性管理。公司人力资源部的工作主要由行政部一名人事主管承担，只能办理一些诸如员工入职、退工、合同、档案、社保等事务性工作，虽然试行了绩效考评制度，但尚未建立人才系统培养、规范引进和职业生涯设计的管理体系。

五、附　录

附录一　关于利基战略

"利基"一词是英文"Niche"的音译，意译为"壁龛"，有拾遗补缺或见缝插针的意思。Niche 来源于法语。法国人信奉天主教，在建造房屋时，常常在外墙上凿出一个不大的神龛，以供放圣母玛丽亚。它虽然小，但边界清晰，洞里乾坤，因而后来被用来形容大市场中的缝隙市场。在英语里，它还有一个意思，是悬崖上的石缝，人们在登山时，常常要借助这些微小的缝隙作为支点，一点点向上攀登。

20 世纪 80 年代，美国商学院的学者们开始将这一词引入市场营销领域。Niche Marketing——利基市场，是指在市场中通常被大企业所忽略的某些细分市场。利基战略，则是指企业根据自身所特有的资源优势，通过专业化经营来占领这些市场，从而最大限度地获取收益所采取的竞争战略。

菲利浦·科特勒认为，随着市场的零碎化和消费者意志的强大，未来属于利基品牌。

客户忠诚是企业取得竞争优势的源泉，因为忠诚客户趋向于购买更多的产品、对价格更不敏感，而且主动为本企业传递好的口碑。因此，拥有长期忠诚客户的企业比拥有低单位成本、高市场份额但客户流失率高的对手更有竞争优势。利基企业与客户之间往往是一种相互依存、共生共荣的关系。一方面，利基企业的服务对象是特定的窄众；另一方面，利基企业的产品或服务的质量优势，使得客户很难找到其他的替代品。越是质量好、服务水准高的产品，客户的转移成本就越高，客户的忠诚度也就越高。这就是利基企业的优势。市场利基者获得的是"高边际收益"，而密集市场营销者获得的只是"高总量收益"。

大企业若要捕捉新的商机，得到更丰富的利润，满足成功扩张的需要，也需要选择利基。一些跨国大型企业在这方面已经为我们做出成功了的示范。宝洁公司在 2004 年首批推出以 9~16 岁的男孩为目标客户的一系列日化用品，这在以前是一个没有被人注意过的空白市场。麦当劳公司与其在美国的特许加盟商合作，开设了 12 家以"平时青睐快餐食品、收入比较高的年轻白领"为目标客户的麦当劳美食馆吸引了很多对传统麦当劳不感兴趣的高收入层的年轻白领。

企业无论大小，要实施利基成长战略，都需要经历一个过程：寻找利基、进入利基市场、占领并保持市场、企业的持续发展。

寻找利基战略不是营销和广告部门策划出来的，也不仅仅限于将产品和服务一把抓。在价值链的任何环节都有可能创造利基点，创造产品的独特性，创造差异化。

理想的利基市场大概具有以下六个特征：

（1）狭小的产品市场，宽广的地域市场。利基战略的起点是选准一个比较小的产品（或服务），这是利基战略的第一要素，集中全部资源攻击很小的一点，在局部形成必胜力量，这是利基战略的核心思想；同时，以一个较小的利基产品，占领宽广的地域市场，是利基战略的第二要素，产品有非常大的市场容量，才能实现规模经济，经济全球化的市场环境正好为其提供了良好条件。

（2）具有持续发展的潜力。一是要保证企业进入市场以后，能够建立起强大的壁垒，使其他企业无法轻易模仿或替代，或是可以通过有针对性的技术研发和专利，引导目标顾客的需求方向，引领市场潮流，以延长企业在市场上的领导地位；二是这个市场的目标顾客将有持续增多的趋势，利基市场可以进一步细分，企业便有可能在这个市场上持续发展。

（3）市场过小、差异性较大，以致强大的竞争者对该市场不屑一顾。既然被其忽视，则一定是其弱点，反过来想，我们也可以在强大的竞争对手的弱点部位寻找可以发展的空间，所谓弱点，就是指竞争者在满足该领域消费者需求时所采取的手段和方法与消费者最高满意度之间存在的差异，消费者的需求没有得到很好的满足，这正是足可取而代之的市场机会。

（4）企业所具备的能力和资源与对这个市场提供优质的产品或服务相称。这就要求企业审时度势，不仅要随时测试市场，了解市场的需求，还要清楚自身的能力和资源状况，量力而行。

（5）企业已在客户中建立了良好的品牌声誉，能够以此抵挡强大竞争者的入侵。

（6）这个行业还没有统治者。

附录二 化工产品标准分类（化工部 1998 年标准）①

[A] 化学矿（略）。

[B] 无机化工原料：

B01 酸类；B02 碱类；B03 无机盐、其他金属盐类；B04 氧化物；B05 单质；B06 工业气体；B07 其他无机化工原料。

[C] 有机化工原料：

C01 基本有机化工原料；C02 一般有机原料；C03 有机中间体。

[D] 化学肥料（略）。

[E] 农药（略）。

[F] 高分子聚合物：

F01 合成树脂及塑料；F02 合成橡胶；F03 合成纤维单（聚）体；F04 其他高分子聚合物；F05 塑料制品。

[G] 涂料及无机颜料：

G01 油漆；G02 特种印刷油墨；G03 其他涂料；G04 无机颜料。

[H] 染料及有机颜料（略）。

[I] 信息用化学品（略）。

---

① BIOX.CN 2006-7-17 11：30：15，来源：生命经纬。

［J］化学试剂：

J01 通用试剂、高纯试剂及高纯物质。

［K］食品和饲料添加剂：

K01 食品添加剂；K02 饲料添加剂。

［L］合成药品（略）。

［M］日用化学品：

M01 肥皂、洗涤剂；M02 香料；M03 化妆品；M04 其他日用化学品。

［N］胶粘剂：

N01 聚乙烯醇及聚醋酸乙烯胶粘剂；N02 对脂胶粘剂；N03 丙烯酸酯胶粘剂；N04 聚氯酯胶粘剂；N05 酚醛、脲醛、三聚氰胺胶粘剂；N06 橡胶型胶粘剂；N07 无机胶粘剂；N08 热熔胶；N09 其他胶粘剂。

［O］橡胶制品：

O001 轮胎外胎；O002 轮胎内胎；O003 力车胎外胎；O004 力车胎内胎；O005 航空轮胎系统；O008 橡胶运输带；O10 橡胶类传动带；O15 橡胶三角带；O20 橡胶风扇带；O25 橡胶胶管；O30 再生胶；O3010 油法再生胶；O3020 水油法再生胶；O3099 其他再生胶；O35 橡胶导风筒；O40 橡胶杂品；O45 乳胶制品；O50 胶布制品；O55 O 型橡胶密封圈；O57 旋转轴唇型密封圈；O60 特种橡胶制品；O99 其他橡胶制品。

［P］催化剂及化学助剂：

P01 催化剂；P02 印染助剂；P03 塑料助剂；P04 橡胶助剂；P05 水处理剂；P06 合成纤维抽丝用油；P07 有机抽提剂；P08 高分子聚合物生产过程中的添加剂；P09 表面活性剂；P10 皮革用助剂；P11 农药乳化剂；P12 钻井用化学品；P13 建工及建材用化学品；P14 机械用化 学助剂；P15 碳黑；P16 吸附剂；P17 选矿药剂及冶炼助剂；P18 电子工业用化学助剂；P19 油品添加剂及专用油品；P20 其他化学助剂。

［Q］火工产品（略）。

［R］其他化工产品（略）。

［S］化工机械（略）。

附录三　建筑密封胶介绍

密封胶作为现场嵌填、黏结接缝、常温固化的弹性建材，主要用于门窗及预制件连接处的密封。伴随着中国建筑业门窗用材经历的木制、钢制、铝合金、塑钢、玻璃及幕墙等发展阶段，密封材料也随之而变。密封胶根据其性能可分为高、中、低三个层次。

低等性能胶：低等性能胶的代表有桐油灰、改性沥青等，主要用于木制门窗的密封，20 世纪 90 年代逐渐被取代而退出市场。

中等性能胶：中等性能胶主要有丁基胶、氯丁胶、氨磺化聚乙烯、丙烯酸酯和聚硫类密封胶，主要用于钢制门窗的密封，在 20 世纪 80 年代中后期至 90 年代中期曾盛行一时。

氯丁胶是在钢门窗上大量使用的一种由氯丁橡胶、丁基橡胶或天然橡胶配置而成的溶剂型密封胶，依靠分子间力与基材作用形成黏结，但黏结强度较低。其优点有：生产工艺简单，技术要求不高，成本低；缺点主要有：溶剂型，不环保，耐老化性差，一般寿命在 3~5 年，耐老化性差的致命缺点使这种密封胶逐渐退出建筑市场。

高性能胶：聚氨酯密封胶和有机硅密封胶是高性能胶的主导产品和发展方向。

（1）聚氨酯密封胶。聚氨酯密封胶是以聚氨酯为主要成分的密封胶，具有抗撕裂、耐磨抗穿刺、对基材不污染、耐酸碱、耐有机溶剂、可涂漆、对石材及混凝土无腐蚀、适应变形能力强等优异的密封性能，价格较低，但其耐候性较差，需要解决混凝土预制板及石材墙体接缝，机场、道桥混凝土及玻璃纤维增强混凝土施工等结构缝防水密封问题。由于聚氨酯具有活泼的异氰酸基团，是可改性发展性能价格比较优的新产品。只要加大聚氨酯密封胶生产改造投入，加大开发、推广力度，不断发展适销对路的功能性产品，我国建筑聚氨酯密封胶产量，在近年内将会大幅度增长。

（2）硅酮密封胶。硅酮密封胶（简称硅酮胶）也叫有机硅密封胶，是指以线型聚硅氧烷为主要原料生产的密封胶，属于室温硫化硅橡胶的一种。硅酮密封胶的高分子主链主要由硅—氧—硅键组成，宛如石英的特殊结构，与其他高分子主链主要由碳—碳键组成的有机密封胶（如聚氨酯密封胶、丙烯酸类密封胶、聚硫密封胶等）相比，最显著的特点就是具备优异的耐高低温性能和耐候性能，高质量的硅酮胶的使用寿命可达 50 年以上。硅酮胶大多采用的是室温硫化（RTV）的缩合型固化体系，即固化时不需要加热，在室温下即可固化，而固化过程中会释放出一些小分子物质。其固化机理是在催化剂的存在下，微量水分引起活性基团反应从而发生交联，形成弹性体。

硅酮胶在高温下性能稳定，低温下保持柔性和弹性，对玻璃粘接性优良，广泛用于装饰装修、防水工程、玻璃安装和幕墙结构黏结。国际上四十余年的使用结果表明，硅酮密封胶是最可信赖的弹性结构、粘接密封和嵌缝用的高性能有机硅。在我国，硅酮密封胶在建筑行业密封胶市场占有率达 80% 以上。

这是因为硅酮密封胶几乎具有建筑用密封胶的所有优点，并且价格低廉（在国外价格相对较高）。

硅酮密封胶品种众多，可以按照不同的标准进行分类。

按包装方式和产品形态可分为单组分和双组分两种。[①]

①制造商通过特殊技术将硅酮胶的所有组分混合均匀后包装于完全密封的容器中，用户在使用时将胶从容器中挤出，由空气中的水分使胶料发生化学固化反应而形成弹性体，这就是单组分产品。单组分硅酮密封胶固化前系由基础胶、补强剂、增黏剂、填充剂、颜料、交联剂和固化剂等多种助剂组成，并具有触变性的膏状物，室温下遇到湿气即可固化成弹性体。其优点是使用非常方便，适用于户外及现场施工、室内装潢等；缺点是储存期较短，深层固化不良，而且固化程度与天气（环境湿度）有很大的关系。

②制造商将 A、B 两个组分，即基础胶料（主要包括基胶与填料等组分）与固化剂（包括黏结剂、颜料等组分）分别包装，用户在使用时先将两个组分按一定的比例混合均匀后再注胶，一般靠其填料中含有的微量水分引起化学固化反应而形成弹性体，这就是双组分产品。其优点是储存期长，表面与深层同时固化，深层固化速度快，而且固化速度可以通过调节 A、B 组分的混合比例进行调整，不受施工深度、宽度和环境湿度影响；其缺点是需要进行混合才能使用，在大规模使用时必须配备昂贵的连续式混合注胶设备，适合于工厂内施工。

按性能和用途不同可分为以下几类：

①酸性胶。又称玻璃胶，是一种单组分、室温固化、高模量的硅酮密封胶，在固化过程中有酸味的副产物生成，对玻璃等型材具有良好的黏结性，主要用于水族箱、玻璃陈列柜、铝合金门窗等方面的玻璃装配。酸性胶性能优异，虽然价格相对较高，但从 20 世纪 90 年代开始占有原属丙烯酸密封胶的市场，是目前国内硅酮胶用量最大的品种。

②中性胶。主要包括脱醇型、脱肟型、脱酰胺型三种，这类产品大多在 1995 年前后开发上市。除作为弹性结构材料外，还广泛地用于建筑幕墙的黏结、密封和嵌缝，其中包括石材用、铝塑板用、防霉用、阻燃用和耐候嵌缝用等多种型号。

③硅酮耐候胶。硅酮耐候胶主要用于半隐框和隐框玻璃幕墙中玻璃与玻璃之间缝隙的填缝密封，必须是单组分中性胶，因为酸碱性胶会给铝合金和金属带来不良影响。该胶可与空气中水蒸气发生反应，逐步变硬，因此，在储存过

---

① 王跃林、李向涛：《国内外硅酮建筑密封胶发展概况》，《中国建筑防水》，1999 年第 4 期。

程中应避免与水接触，以免变质，但该胶固化后对阳光、雨水、冰雪、臭氧及高低温都能适应。

④硅酮结构胶。硅酮结构胶是以羟端基硅氧烷聚合物和多官能硅氧烷交联剂为基础，同时添加催化剂、补强剂、增黏剂、颜料及辅助调节剂等，经复配、混合、均化制备成具有弹性粘接功能的高档密封材料，能在室温固化成为三维结构的性能稳定的弹性体。主要用于半隐框和隐框幕墙玻璃或其他材质与铝合金构件之间的受力黏结密封。

⑤云石胶。各类石材幕墙的兴起需要用硅酮胶进行填缝密封，但大部分硅酮胶由于含有非活性的硅油，若用在这些场合，时间长了将会出现石材被污染的现象，为此国外专门开发了对石材无污染的硅酮胶，称之为云石胶。

按硫化情况不同，可分为醋酸型（玻璃胶）、酮肟型、醇型、酰胺型、羟胺型和酮型六种。①

醋酸型密封胶只有单组分形式，由于制造简单、价格便宜、固化快，用量最大，但不适合水泥制品；酮肟型密封胶也只有单组分形式，由于无腐蚀，应用范围广泛；醇型密封胶有单组分和双组分两种，由于单组分存在储存稳定性问题，双组分应用较多；酰胺型和羟胺型密封胶为低模量、高延伸性产品（伸长率在800%以上），产品有单组分和双组分形式；酮型密封胶价格高，主要用于汽车、电子工业上。

六、案例使用说明

（一）案例类型与教学目的

本案例为中小企业竞争战略案例。

本案例的教学目的包括：

（1）增进学生行业知识，加深对化工行业的了解。

（2）理解自主创新的含义和形式，理解企业家与创新的关系。

（3）掌握中小企业技术创新的基本途径，了解中小企业创新的动力和困难。

（4）强化企业创新是一个系统工程的观念。

---

① 周卫清：《国内有机硅建筑密封胶的发展》，《有机硅材料及应用》，1999 年第 4 期。

（5）加深宏观经济形势、社会文化对建筑、化工业发展的影响的认识。

（6）理解中小企业的发展历程中对机遇的把握。

（二）可供教师在课堂上选用的启发思考题

（1）广州白云化工采用的经营战略是否属于典型的利基战略？他们为什么采用利基战略？他们取得成功的标志是什么？

（2）建立现代企业制度和企业家对于企业发展有何决定性作用？

（3）技术进步与营销、人才战略如何互动？

（4）公共关系对于广州白云化工发展有何影响？

（5）公司目前的战略构思能否支持企业持续发展？

（6）白云化工今后发展前景如何？如何完善该企业的发展战略？

（三）案例分析路线

企业竞争战略的类型——我国企业竞争的经验教训——中国建筑胶、防护涂层的机遇和风险——广州白云化工公司的经营环境——白云化工公司的竞争战略——白云化工公司的成就——白云化工公司面临的挑战——白云化工公司可以采取的对策

（四）背景资料

（1）建筑用胶介绍。

（2）建筑密封胶行业资料。

（3）文物保护行业动态。

（4）主要竞争对手。

（五）理论要点

（1）战略分析与战略决策。

（2）细分市场与利基战略。

（3）"隐形冠军"。

（4）创新理论。

（5）营销理论。

（6）企业家理论。

（六）参考文献

（1）《中小企业基于技术领先的竞争战略与实施》，中国企业联合会中国企业管理现代化创新成果审定委员会，中国企业联合会管理现代化工作委员会：《国家级企业管理创新成果》（第十二届），企业管理出版社，2006 年 3 月。

（2）《中国企业利基化生存手册》，http：//finance.sina.com.cn，2005 年 3 月 18 日 19：21；和讯网——《成功营销》。

（3）《广州白云化工欲做文物保护神》，http：//www.chinahightech.com，2005 年 5 月 16 日。

科技创新将中药企业推上了快速发展路

黄津孚　龙　腾

摘要：中国有中药企业千余家，大都沿袭传统工艺，默默无闻、发展缓慢，甚至自生自灭。广州白云山中药厂通过实施人才战略，坚持科技创新，走中药现代化之路，加大科技投入，大力开发有市场前景的新产品，开发应用先进生产和检测新工艺，建设原料基地，贯彻国家质量标准，配合营销方面的创新，推动企业走上了快速发展之路，吸引了世界 500 强企业之———香港和黄集团的合作注意力。

关键词：中药现代化　科技创新　人才战略

一、"白云山中药"科技创新的背景

（一）国际市场的扭曲形象

作为中华民族的瑰宝，中药用于治病已有数几千年的历史，并形成了独树一帜的中医药理论和数以百计的成方。据统计，我国使用的中药资源有 12000 多种，常用的中草药达五六百种，利用这些中草药形成的秘、验方剂光有记载的就多达 6 万多个。自 1992 年以来，我国从中药植物中已开发出了大约 200 种新药。

中药作为新药研究开发的源泉，正越来越受到人们的重视。统计资料表明，欧美大药厂研制一种新的合成药物需要 7~10 年时间花费 0.8 亿~35 亿美元，而且其耐药性和毒副作用的问题一直难以解决。

随着人们对化学药品毒副作用认识的深入，以及植物对许多慢性病、老年性疾病的肯定的治疗和保健效果，使植物药在消费者心目中的地位不断提升，也使国际医药市场中天然药物的影响不断扩大，中药的优势和特色也越来越被世人重视，从而使中药的市场需求不断地增长。世纪之交，植物药物每年的销售额都在 300 亿美元以上，而且正以每年平均 10% 以上的增长率递增。

在欧美至少有 60 种申报的新药是从天然植物中提取出的，如紫杉醇、喜树碱等。为此许多欧美日韩药厂建立了植物药研究部门，利用中医古籍和传统医药文献，并与我国的一些研究机构合作，共同从中药这个宝库中寻找新药。1997 年美国 FDA 颁布了《天然植物混合剂药品申请指南》，开始接受植物药复方制剂作为治疗药物；在德国和法国，政府和医药界承认草药可作为合成药物的替代品，有些草药已有许可证，并可在药店以药物或 OTC 药物销售。1999 年加拿大政府决定将包括中药在内的草药制品列为天然健康产品，并且和化学药品一样实行管制。

我国中药行业在 20 世纪 80~90 年代虽然也得到了较快的发展，中成药 2001 年国内销售额达到 400 多亿元，是 1980 年的 40 多倍，但我国中药在国际医药市场上的处境却极为尴尬。根据医药统计年报显示，2003 年我国中药出口总额为 7.12 亿美元，中药进口额为 2.26 亿美元，中药的贸易额为 9.38 亿美元，仅占全球天然药物贸易额的 9.4%，中药出口额约占全球天然药物贸易额 7.0%，仅占全球天然药物市场销售额 3%。与此同时，从我国进口原料的日本、韩国、西欧等国家和地区加工生产的"洋中药"正以每年 300% 的增速涌入我国。这种现实与我国作为植物药的主要发源地及历史悠久的中药大国地位极不相称。

（二）积极酝酿变革的我国中药行业①

1. 落后的生产工艺和质量标准

中药产品分为中药饮片②和中成药两大类。中药饮片是指中药材经过净选，切割或炮制，成为可以直接用于中医临床医疗或作为制备中成药的制品。中药

---

① 本段部分内容引自国家信息中心中国经济信息网编著：《中国行业发展报告——医药制造业 2004》，北京：中国经济出版社，2005 年。

② 中药饮片是中医临床的处方用药，也是制备中成药的原料药。生药材经过特殊炮制加工以后可以达到"减毒增效"的作用；通过炮制还可以改变或强化其四气五味、升降浮沉与归经等药性，更好地提供临床用药。即使日本、韩国等一向使用中医药的国家也没有掌握这一特定的制药技术，所以在这些国家，像附子这种不经过炮制则有效剂量与中毒剂量非常近似的中药是无法使用的。炮制是中药传统制药技术的集中体现和核心，应该是最值得加以保护的具有中国特色的自主知识产权技术。

是我国古老文明的瑰宝，几千年以来流传着无数关于中药和神医的故事，但是长期以来，我国中药生产工艺因循守旧，设备落后。在研制生产过程中，从药材选择到炮制过程再到制成相应的制剂，多依赖于药工的经验，缺乏明确的有效成分含量和规范的检测方法以及与国际接轨的质量标准，部分还存在重金属含量、农药残留量及有毒物含量超标等问题。这很难达到欧美有关药品的相应要求，难以让国外药品监督管理部门和专家学者相信并认同中药的独特疗效。

中药缺乏标准化、规范化，还造成了专利和知识产权保护的困难，致使中国中药企业在与进行"中药研究西药化"的跨国制药企业竞争中处于非常不利的地位。

2. 分散混乱的产业和市场结构

中药行业是我国医药工业的第二大支柱产业。1998~2003年中药工业增加值和销售产值年均增长10%以上，略低于医药制造业总体15%以上的增速。我国中药行业企业规模普遍偏小，产业集中度相当低，2003年中药行业大型企业75家，没有一家特大型企业，中型企业185家，小型企业1104家，在这1364家生产企业中，国有企业225家、集体企业100家、民营企业262家、股份制企业582家、港澳台及三资企业174家、其他类型企业21家。

中药行业不仅厂商众多，规模小，而且地方保护严重。以白云山中药的主打产品复方丹参片和板蓝根颗粒为例，全国生产板蓝根颗粒的中药企业有1000多家，生产复方丹参片的有800多家。大多数产品的技术含量低下，最终必然走向价格竞争，地方政府有时利用诸如限制价格、地方招标等手段设立壁垒，导致市场环境恶化。

随着国家药品分类管理制度和医院药品集中采购制度出台，以及药店连锁零售模式的兴起，医药销售的模式发生很大变化，对中药生产企业构成新的挑战。一方面，中药多数价格低廉，销售费用"空间"不大，进入消费终端——医院非常艰难；另一方面，连锁药店大量出现，由于产品差异很小，价格几乎成为唯一的竞争工具。药店让利给消费者，转而向厂家要利润，厂家的利润越来越薄，没有能力增加研发投入。

3. 非主流的理论和技术思路

中药不符合世界上绝大部分国家的药品标准，其主要原因是中西医理论依据完全不同，国外难以接受中医的"阴阳五行"理论，所以按中医理论去申报销售就不可能通过。而按西药理论申报，中药又很难做到"理清成分"、"量化指标"和"稳定质量"。中西药物在技术路线上差异明显，虽然中药的炮制加工工艺已有相当的改进，中药指纹图谱技术也被认为是目前向国外证明中药质量稳定的较好方法，但该技术还需要结合不同的中药材进行应用，推广有一定难度。

4. 积极酝酿变革

实施"中药现代化"是大力发展中药产业的唯一出路，这已经是国人的共识。我国"十五"规划和"十一五"规划都将"积极推进中药国际化和现代化"列为了重点任务。广东、山东、上海、江西等省或直辖市纷纷提出建设中药强省或大力发展现代中药等战略，国内掀起了"中药现代化"的浪潮。

中国政府积极推行 GMP（药品生产质量保证体系）认证制度，也将推动中药企业的标准化、规范化进程。

中国正处于加入世界贸易组织的后过渡期，马上面临医药与医疗服务的市场开放，再加上跨国医药企业特别看好中药的市场，因此，海外资金纷纷涌入中药行业与传统中药企业合资、合作，例如和记黄埔（中国）有限公司与同仁堂、白云山和上海药材公司的合作，这也是中药企业推进现代化的机遇；由于我国医药行业企业规模总体偏小，医药企业合资、并购风潮正席卷全国：三九集团已收购或控股的企业包括三九万荣、三九雅安、三九黄石、长沙三九医药公司、宁波药材公司、湖北李时珍酒厂及两家杜康酒厂等；太极集团斥资 1 亿元收购了桐君阁全部国有股，并成功重组了浙江震元东方制药厂；东阿阿胶近几年亦成功收购 6 家企业，为企业带来了新的经济增长点；云南制药厂兼并了丽江、大理、文山三家制药厂，组建云南白药集团公司；清华紫光集团购买了古汉集团国家股 2418 万股，成为其第一大股东，二者的联合，是现代医药和中国传统医药相结合的经典。

（三）白云山中药公司的历史和现状

广州白云山中药厂，成立于 1988 年。1992 年 11 月经广州市人民政府批准，广州白云山制药总厂、广州白云山中药厂等五家企业通过改制成立广州白云山制药股份有限公司，于 1993 年 11 月在深圳证券交易所挂牌上市，作为广州市首批上市公司之一，其母公司为广药集团。广州白云山中药厂成为广州白云山制药股份有限公司全资控股子公司。

20 世纪 90 年代初，白云山集团将大量资金投入房地产，兼并国内多家濒临倒闭的制药企业以扩大规模，白云山中药厂的科研几近停顿，虽然手中握有100 多个产品批文，但由于主导品种不突出，产品的科技含量低，竞争能力弱，加上疏于管理、控制不力，形成内部同品种、同品牌的恶性竞争，使白云山中药厂销量急剧下降，1994~1998 年连续 5 年亏损，1998 年亏损额高达 4600 万元。设备闲置、员工收入大幅减少，人心涣散。

图 1 广州白云山中药厂

1998 年白云山股份重新调整了发展战略，再次将制药列为主业，白云山中药厂面临新的发展机遇。

（四）李楚源其人

李楚源是潮南成田镇人，中学时就读于潮阳一中，1984 年考入中山大学化学系，出身贫农家庭的李楚源深知困难群众的生活疾苦，立志为社会做点有意义的事情，从大学时就开始为实现理想做准备，学习非常刻苦，1988 年毕业后就进入白云山中药厂，从一个普通技术员起步，做过销售员，总经理助理，在医药行业摸爬滚打十多年。1999 年，李楚源走马上任白云山中药厂党委书记、厂长，可谓受命于危难之际。拿破仑曾经说过，"不想当将军的士兵不是好士兵。"当时接到任命的时候觉得当这个职务是人生的一个挑战，也是一个机会。

厂里的人都说李楚源是个"工作狂"。要治厂，先要树立自己的形象。当时李楚源的孩子还小，需要照顾，他全身心地投入工作，就把孩子送幼儿园全托。每天他早早站在厂门口迎接上班的职工，下班他推迟 30 分钟走，他要把一天的工作情况做回顾总结。为了调查市场，他和销售人员一起走南闯北，

图 2 李楚源总经理

拜访客户，市场调查，跑医院，进药店，几年下来，他几乎跑遍全国各地。每次出差都能带回丰富的收获，厂里很多的营销新举措常常由此而来。"家庭药品回收（免费更换）机制"就是他在走南闯北中蹦出来的点子。李总解释说，"我工作就如同在中大的学习一样。回忆以前在学校都是一种非常刻苦的场面，要利用一切时间来学习。工作也是，现在社会竞争很激烈，如果想企业发展得快一点，好一点，就应该全体员工一起拼搏努力，作为企业的'领头羊'，必须做好表率作用，所以无论在工厂在公司还是在外面出差，都会争取把一切时间用在工作里面。到了外地出差的时候，时间不多，但是为了了解更多的事情，必须马不停蹄，所以会觉得比较累。在工厂的时候上班早一点，下班也会迟一点，把要做的事情处理完，才不至于在我这个环节耽误了，这样整个企业的运作效率也会提高。"经过这么多年，李总的这种在工作上的拼搏精神也确实带动了全体员工的积极性，改善了员工的精神面貌。"不是我一个人在拼搏，而是整个公司的员工都在拼搏。"

2003 年 5 月，广州医药集团有限公司、广州白云山制药股份有限公司党委作出向李楚源同志学习的决定说："一是学习他不畏困难，冲锋在前的奉献精神；二是学习他与时俱进、敢为人先的创新精神；三是学习他昂扬向上、勤于学习的进取精神。"这是对李楚源的恰当评价和充分肯定。

二、科技创新战略的选择与实施

（一）战略决策

根据对白云山中药厂 7 位高管的问卷调查和访谈，当时企业发展面临的主要问题是产品和人才问题。产品科技含量一般，缺少梯队规划，主导产品不突出，内部同品牌、同品种恶性竞争，效益不佳；产品的问题最终归结为人才的问题。当时白云山中药厂既缺乏高水平的研发人员，也缺乏类似"开拓型的科技创新管理带头人"这样的领军人物，[①] 这里又涉及人才引进和人才成长的体制机制问题。

在面临内外环境不利因素的同时，当时的白云山中药厂也存在一些有利因素：①中药现代化受到中央和地方政府重视，而中药行业地域性特征明显，中

---

① "开拓型的科技创新管理带头人"是一位白云山和黄高管调查问卷中的原话。

成药产量排名第一位的广东省，其产量占全国中成药总产量的 18.67%，广东中医药基础雄厚，随着张德江书记"建设中医药强省"这一目标的提出，广东正迎来发展中医药产业的大好时机。国内中药产业的龙头广药集团 2005 年销售收入已经超过哈药、华北制药、扬子江等著名医药集团，坐上头把交椅；广东中医院也是全国的排头兵，广东省中医院日门诊量超过 1 万人次，居全国之首。②白云山中药厂销售量最大的复方丹参片和板蓝根颗粒具有一定的市场知名度和市场份额。③白云山中药厂拥有 100 多个产品批文，具有一定的技术和研发基础；广州药业集团以及广州白云山制药股份有限公司拥有较强的研发能力和较好的研发平台，可提供一定的支持。特别是白云山股份 1998 年重新将制药作为战略重点，对于白云山中药厂是一个发展机遇。

面对当时的宏观环境、行业发展趋势以及自身的状况，1999 年上任的以总经理李楚源为首的新一任高管层做出了以下的战略选择：

1. 战略定位——作中药现代化的先锋企业

中国经济持续走强，社会生活质量不断提高，医药行业能够保持持续、稳定的发展。中药必须实现现代化才能与西药进行竞争，而中药作为中国的"国粹"、"瑰宝"是国家需要大力发展的行业，因此"中药现代化"成为国家战略政策之一。实施"中药现代化"是企业生存与发展的需求与国家产业政策的共同要求，但是"中药现代化"尚处于初级阶段，需要有人去探索，可能会遇到许多困难，白云山中药厂要在中药现代化方面发挥先锋、示范的作用。

2. 战略理念——不仅做产品还要做行业

长期以来，不但西方人对于中医和中药抱有怀疑的态度："草根和树皮能治病吗？"国内也有相当一部分人对中医中药持有非议。因此，要发展中药，不仅要实现"中药现代化"，不断提高技术含量和疗效，还要宣传弘扬中医药文化，改善行业发展环境。

白云山和黄总经理助理、现代中药研究院常务副院长曾令杰博士在访谈中自豪而又有些激动地说："一般企业做产品，我们既做产品也做行业，因为我们意识到产品和行业是相辅相成的。全球化方面我们做了很多工作，例如我们把中药标准作为一个国际标准推行，我们借助和记黄埔把产品推向欧美市场。我们的产品标准已经在香港注册了，下一步准备在美国注册。我们在英国剑桥成立中英剑桥科技园，我们通过这个公司把中药文化推向西方。我们也和剑桥大学合作，我们要他们在国外杂志、专业杂志媒体上宣传，让外国人慢慢接受我们的中药文化。"

树立中医中药的良好形象，就要体现其特殊疗效、特殊功能、标准化、规范化。只有这样，才能提升我国中药在国际市场上的竞争力。

3. 战略载体——产品和技术创新

要体现中药的特殊疗效、特殊功能和标准化、规范化，必须通过科技创新，用现代的科技手段来改造中药的研发、生产和检验，必须走中药现代化的发展道路。

科技创新增强市场竞争力，最终还是要通过产品体现出来，因此，科技创新战略必须落实到产品规划。1999 年，新上任的高管层根据"二八原理"和 ABC 分类法，从科技创新的角度筛选出 20 个主导产品，按其市场占有率、知名度以及发展的潜力，分成三个梯队，分别制定不同的科技创新策略，形成产品梯队发展、持续推进的格局。三个梯队的产品规划实际上就是产品开发和技术研发的短期、中期和长期计划，短期内对已有主打产品进行技术提升以增强竞争力，中期对目前有潜力的产品进行二次开发，长期计划则是寻找和开发新药。

第一梯队：板蓝根颗粒和复方丹参片。其特点是进入市场时间长、影响力大，患者对其疗效和质量的认知程度高，经销商对其销售特点的认识程度高，但市场竞争激烈。第一梯队产品的重点在于如何迅速提升科技含量，不断为产品提供新的卖点，形成差异化竞争优势。

第二梯队：重点培育的品种。这些产品的市场成熟度和对客户的吸引力均比第一梯队的产品低，但市场潜力很大。第二梯队产品的科技创新是加大二次开发，就是用新技术改造传统产品。二次开发的项目数量比较多，要求通过开发突出产品的科技优势，迅速占领市场。1999 年确定的第二梯队产品是大神口炎清，后来根据市场变化又增加了消炎利胆片、穿心莲和脑心清片。

第三梯队：整装待发的品种。这些品种的发展重点在于通过加大科研投入，提高产品科技含量，使之成为企业新的经济增长点。

按照科技创新办主任王德勤女士的介绍，1999 年确定的产品梯队是经过不断调整和变化的，这种调整和变化主要是由总经理李楚源确定。在公司的高管层分工中，总经理李楚源不仅负责全面工作，而且主抓研究院和销售工作。由于李楚源总经理主抓研发和销售，因此对技术和市场情况都有很深入的了解，掌握前沿的信息，所以整个产品规划的不断调整都是由总经理李楚源最终亲自拍板确定的。

在技术创新方面，白云山中药厂确定了若干重点，包括指纹图谱检测技术、GMP 标准的贯彻，等等。

4. 战略支撑体系

中药现代化是一项全面的系统工程，包括资金保证、管理体制、企业文化、人才队伍、生产管理、市场营销等诸多环节，它们共同构成科技创新战略的支撑体系。

（二）建立科技创新战略管理体制

科技创新管理是白云山中药厂的核心管理工作，由总经理李楚源亲自领导，企业还专门成立了负责创新管理工作的机构——科技创新办公室。科技创新的主要实体是现代中药研究院，此外市场部在科技创新中也扮演很重要的角色，企业的研发方案和产品建设规划都要征求市场部的意见。随着科技创新的不断推进，专利申请和知识产权保护日趋重要。因此，白云山中药厂专门成立了"知识产权部"负责专利申请与知识产权的管理工作。企业科技创新管理机构设置见图3。

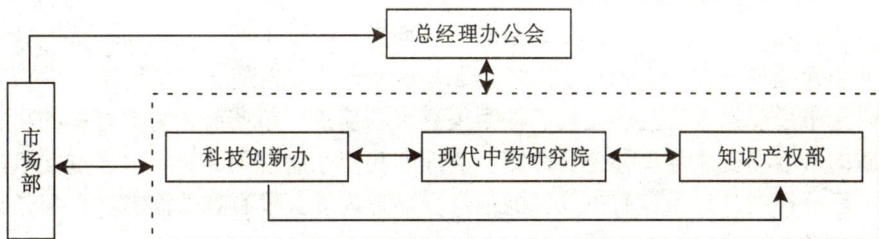

图3　白云山和黄科技创新体制组织机构图

白云山中药厂科技创新管理的主要业务流程可以简述为：

（1）总经理办公会下达公司总体规划和战略目标。

（2）现代中药研究院根据公司总体规划和战略目标制订研究院的短期、中期和长期计划，并报总经理办公会。

（3）总经理办公会将研究院的计划交市场部讨论，市场部与研究院进行充分的沟通和探讨，对于双方无法解决的分歧提交总经理办公会解决，最终由总经理办公会确定科技创新规划。

（4）科技创新规划的具体实施由研究院负责，而进度控制和监督、调整由研究院与科技创新办公室共同负责。

（5）对科研人员的日常考核由研究院负责，而绩效评价则由科技创新办公室负责，薪酬激励由科技创新办公室向人力资源部建议，由人力资源部确定方案并向总经理办公会报请批准，最终的激励方案由总经理办公会确定。

（6）对外研发合作项目由研究院提出，科技创新办公室负责谈判及协议起草，报知识产权部审核，最终由总经理办公会决策。

（7）科技创新规划中涉及专利申请的工作由知识产权部负责申报工作，由研究院组织专门项目组负责技术工作。

（8）知识产权部负责知识产权保护的工作，并负责每个月内部发行《专利信息与科研动态》，由此向研究院提供最新的外部信息。

根据曾令杰博士的介绍，研究院会根据公司下达的战略目标制订相应的研发和产品规划，并报公司批准："我们有年度计划、五年计划，短期、中期和长期计划都有。中期3~5年，长期5~10年。我们正在根据公司的发展战略目标编写我们的'十一五'规划，公司目标到'十一五'末销售额要超过10亿元，我们就要根据公司现状和技术基础考虑如何做好产品准备。我们有8个博士和8个专家顾问，一般先由博士硕士开会讨论研究确定方案，报送专家顾问审查，然后报总经理办公会讨论，公司内部论证结束后还要提交广药集团进行专家立项论证，通过后执行。"

研究院在制订产品和研发规划的时候首先要经过市场的过滤和筛选，曾令杰博士介绍说："我们的计划提交总经理办公会后首先是交给市场部，由市场部讨论市场前景，有些产品我们认为很有市场前景，市场部认为不好卖的，有矛盾的最后提交总经理办公会裁定。实际上我们在做规划的时候也通过文献进行市场分析的，只是没有市场部的信息更贴近现实，没有到外面走过，但是也都有市场分析。"

白云山中药厂的研发主体是现代中药研究院。研究院采用矩阵式组织结构，一方面科研人员按照功能职责划分为化学分析、质量标准、制剂、药理、临床实验等不同团队；另一方面根据研究方向划分为6个中心，如呼吸药物、GAP、功能食品、中药消炎药、质量标准等，每个中心有一位负责人负责把握方向，研究院根据研究进度综合调配人手。这种矩阵式组织结构非常适合项目导向的科研机构，根据曾令杰博士的介绍，目前科研人员和科研项目结合得非常紧密，充分发挥了每一位科研人员的作用。

（三）加强研发、革新工艺

1. 确定主攻方向，形成拳头产品

中药与西药不同，中药所含的成分复杂，若是复方制剂，则成分更为复杂。而中药的质量标准则是对其中的某些成分作定性或定量的规定。因此，往往同一品种，不同的厂家疗效不一样。白云山中药厂确定科技创新的主攻方向是提高药品功能价值、降低疗程费用，推进中药质量控制科学化、规范化，与国际标准接轨。

以主打产品治疗心脑血管疾病的药物复方丹参片为例，白云山中药厂对其

产品的定位是"普通工薪阶层的长期预防、治疗用药"，重点强调产品的有效性、安全性与经济性，从而避开与高价位心脑血管疾病药物的正面交锋。其创新内容主要包括：

（1）糖衣改为薄膜衣。薄膜衣质量更稳定，包衣速度可以提高3倍，且适合忌糖患者服用。白云山中药厂是全国第一家将复方丹参糖衣片改为薄膜衣片的厂家，随后其竞争对手纷纷跟进，白云山中药厂则一直坚持对薄膜衣料进行改良创新，提高质量，降低成本，从最初的醇容性包衣发展到醇水包衣，再到全水包衣；从最早在上海购买包衣粉到自主研发包衣粉，通过近三年的流量观察，证明自主研发的包衣粉质量效果更好，基本解决了一般包衣粉冰片成分易挥发的问题。后来薄膜包衣技术全面推广到其他产品上，每年可节约成本近千万元。

（2）提高酒提工艺技术。通过消化吸收索氏提取原理，大胆创新，研发成功索氏热回流连续提取工艺，使丹参酒提工艺技术（中药生产的关键技术）达到国内领先水平，取得了显著的质量、成本效益，形成企业核心技术优势。

（3）摸索新的干燥技术。经过半年的刻苦攻关，摸索出"低温快速干燥技术"，运用于生产后可大大减少有效成分的损失，使主要成分丹参酮ⅡA的含量高出国家药典标准的两倍，将复方丹参片的技术质量优势又向前推进一步。

（4）运用高通量筛选技术，提高质量水平。通过对复方丹参片进行更为深入的研究，发现了其抗老年痴呆的独特疗效。企业利用高通量药物筛选技术，并结合指纹图谱质量控制技术，进行工艺改造，研究生产疗效确切、质量稳定的产品，更加突出复方丹参片抗老年痴呆效果。

由于白云山中药厂在复方丹参片技术质量方面的领先优势，生产的复方丹参片的质量标准始终高于同期1995版《中国药典》和2000版《中国药典》的质量标准，功能价值比较高，降低了疗程费用。白云山牌复方丹参片逐渐成为丹参片药品的创新者和引导者，成为广大消费者的首选药品，先后获得广东省"优秀新产品"称号和"科技进步"奖。

中药现代化的基本任务就是做到"理清成分、量化指标和稳定质量"，白云山中药厂采取的主要措施包括：

（1）从源头抓起，建设中药材GAP基地。2000年，白云山中药厂联合中国药科大学，在安徽省阜阳市建立3万亩板蓝根药材GAP基地，于2003年11月通过国家首批认证。还联合广州中医药大学，在广东省清远市建立穿心莲药材GAP基地。药材GAP基地的建立，使药材从种苗的培育、田间管理到治虫、采收、储藏等全部实现标准化操作，确保药材质量稳定均一，控制农药残余量和重金属含量，为生产提供绿色药材。

（2）建立中药指纹图谱质量控制标准。对于定位于"中药现代化先锋企业"的广州白云山中药厂来说，像中药指纹图谱这样的先进检测技术，其研发工作自然要走在别人的前面。从 2000 年开始，白云山中药厂和国家级的一流专家谢培山合作开展板蓝根系列制剂指纹图谱研究，2003 年 11 月顺利通过项目验收，获得评审专家高度评价，成为当时全国第一家完成中药指纹图谱的企业。对于复方丹参片这样较为复杂的复方类药品，白云山中药厂的策略是一方面加强中药指纹图谱的研究，另一方面利用高通量筛选技术进行二次开发。

（3）按照 GMP 要求提高标准化、规范化水平。科技创新不仅要提升产品的科技含量，也要不断提升生产工艺水平，确保生产质量，提高生产效率。现代中药研究院专门成立了标准化生产 GMP 的研发项目组，公司投资 1.3 亿元建设生产制造平台，对企业进行整体性的 GMP 改造，引进国际上先进的生产制造设备，使生产制造技术达到了国内先进水平，从硬件和软件方面保证了产品生产过程的质量，从而使所有产品获得了 GMP 认证。

图 4　白云山中药厂的一个实验室

2. 加大投入，改善硬件环境

后来担任白云山和黄总经理的李楚源认为，"中医药产业研发再不加大研发投入，可能将导致全行业发展危机"。为此，白云山和黄对研发的投入在国内保持领先，广药集团规定所有子公司研发投入不得低于年销售额的 3%，而白云山中药厂则保持在 5%。该企业还决定从 2006 年起拿出销售额的 5% 作为自主创新基金，用于推进企业新药研发、技术改造等方面的创新。通过大量购买先进的仪器设备，使企业研发能力得到很大提升。

3. 利用外脑, 提升研发能力

为迅速提升科技水平, 白云山中药厂积极借助"外脑"。自 1999 年起, 公司加快了与国内高等院校和科研院所合作的步伐, 先后与广州中医药大学、中山大学、中国药科大学、第一军医大学等高等院校和科研单位建立了广泛、互动的科研协作关系, 初步形成了以企业为主体、以高等院校和科研院所为依托、以企业科技创新为导向的"产学研"合作创新平台, 实现了企业资金、市场与科研机构科研装备、科技水平的优势互补。

已经完成的主要对外合作项目包括: ①2001 年与广州市药检所和中山大学结成"产学研"联合体, 以主导产品板蓝根颗粒的指纹图谱研究为切入点, 共同承担广州市科技局重大科技攻关项目——"广州市名优中成药指纹图谱示范研究"的子课题研究; ②建立全国首家穿心莲 GAP 基地、全国最大板蓝根 GAP 基地; ③对板蓝根颗粒、大神口炎清、脑心清片、消炎利胆片、复方丹参片、绞股蓝总甙片等名优品种进行二次研发。

(四) 实施人才战略

1. 创造良好文化氛围, 积极引进科技人才

对于研发基础相对薄弱、提出科技创新战略的白云山中药厂, 引进高水平科技人才是当务之急。1999 年新一届领导班子一上任, 就大力宣传人才兴企的理念: "一流人才催生一流效益, 一流的效益营造一流的环境, 一流的环境打造一流的人才。"

在白云山中药实地调研的时候, 听到最多的就是总经理李楚源对人才的高度重视。李楚源总经理不仅对人才重视, 而且具有非常强的个人魅力, 白云山和黄人力资源部经理巫耀南给我们举了这样一个例子: "我们这儿有位孙博士, 1997 年在沈阳药科大学博士毕业, 然后赴韩国、日本等很多国家做过研究, 最后到荷兰搞博士后研究, 前几个月回到国内发展, 结果姚庆生院士介绍我们见面, 跟李总谈了不到一个小时, 第二天回去就决定到我们这个企业了。很多企业开价要他, 比我们开得还要高, 包括丽珠等。而我们充分运用企业的这种氛围, 这种人情、感情、尊重最终成功地引进了人才。我们第一个博士郑力杰是 2001 年沈阳药科大学毕业的博士生, 当时很多单位已经找他谈过了, 后来我给他打电话说我们李总想跟你见面, 沟通一下就业的问题, 李总提出不管行不行我们都提供来回的机票以及来广州的食宿, 我们想请他来感受了解一下企业, 让他了解企业再做选择, 这就是尊重。我到机场接他过来, 第二天李总亲自在办公室等他, 跟他交流见面, 到了第三天晚上 11 点, 就签订了协议。"

　　李楚源总经理凭借的不仅是个人魅力，还有先进的人才培养理念和机制。巫耀南经理是这样描述的："很多人问我们：你们这几年招这么多人，你们的薪酬待遇又不是很高，怎么能把他们留下？我说这个关键就看你的领导，一个新员工来的时候，你怎么去尊重他，你要创造一个空间给他，让他拼命工作，让他用武之地，如果能做到这一点，他就会在这个过程中觉得很充实，自己得到了重用，还得到了提高。薪酬要根据能力的提高而慢慢提高，像搞营销的来一两年、两三年就有拿到十万、八万的，但是刚开始起步的时候大家都是一样的。我们设计了充分的空间给员工，让他们发挥，然后在福利上慢慢地提高。说实在的，我们起步时的待遇也不高，但是我们企业里面的发展机制很灵活。李总说过'你的收入靠你的双手去拿，机会给你，你拿得到就拿'。2002 年来的大学生可以高过 1992 年来的大学生，做技术工作也好，做营销也好，不是说一定要论资排辈，我们都有这样的案例。李总认为，要留住人才必须有一种机制保证，一定要有充分的事业和福利的空间。"

　　除了先进的人才培养理念和机制外，营造适合人才成长的良好的企业文化氛围也是非常重要的。巫耀南经理介绍说："尊重人才的这种氛围是从招聘就开始的。在招聘的过程中我们充分地给学生交流的机会，我经常请七八位学生一起吃晚饭，以一种轻松的气氛充分地交流，有些同学第二天还会到宾馆找我继续聊，然后我们再签约，我觉得这样我们就充分尊重了学生。招聘结束后，从到企业开始我们就一直要营造一种像家一样的氛围，7 月份的太阳火辣辣的，在火车站站台等火车等一两个小时，我都亲自去接。来了以后，我们去给他们买凉席、蚊帐，甚至支蚊帐的棍子我都亲自帮他们买。培训完了把他们分配到各个部门工作，我还是一直跟踪，尤其是这些素质好的，你一定要帮助他，你就是他的第一个朋友。所以我们通过这样的机制、这样的环境，大家就会觉得有点儿归属感。李总很重视聘用年轻的人才，他首先会给新员工空间去发展，新员工就会觉得得到了尊重，而且李总不断设计一些新的工作和任务，不断地锻炼新员工，让新员工自己去学习。我们每年都招聘一批新员工，多的时候有二三十人，都搞一些迎新晚会。每个季度、每半年李总要下达任务，每人要写工作报告。李总通过总结观察每一个新员工的工作生活情况，看看有什么问题，需要什么帮助，我想这是很多企业做不到的，而且李总亲自阅读新员工的工作报告。还有很多出去学习、参观、培训、研讨的机会，有时候搞一些文化沙龙，还有就是请一些外面的教授来讲课，哪怕一个教授讲一天七八千元的李总都给，我们培养的人才、骨干都能在这里一起学习，企业的收益是很大的。文化沙龙一个月搞一次，都提供给他们。我们的篮球场有两个，羽毛球室、乒乓球室、娱乐室、阅览室都有，晚上都可以去，学校可能也达不到这种水平。

我们也会组织新来的同前几年来的打一场篮球这样的活动，或者是搞营销的跟内勤的来一场篮球赛等，总体下来氛围就会很好。"

白云山中药厂制定的人才引进的方针是：按照科技创新的发展方向，采取"分散式"引进，重点引进中药现代化项目的带头人。"分散式"引进一方面是指人才的种类；另一方面是指人才的来源，注意引进不同专业、不同层次、来自全国各地不同的院校，使人才具有较强的互补性，同时也增加了企业与院校合作的机会。从 2001 年引进第 1 位博士到 2006 年，白云山中药已经引进了 8 位博士，有 7 位是学中药的，1 位是学分子生物学的，其中有 3 位博士后，1 位是留学归国的，2 位是国内培养的，他们分别来自中国药科大学、成都中医药大学、中山大学、广州中医药大学等高校，每一位高水平的人才就是企业与院校的一个沟通点，成为企业与院校合作的桥梁。

根据 2003 年统计，员工总数 970 人中科研技术人员 403 人，比例已经由 1998 年的 14.5% 提高到 41.2%，包括中高级职称 63 人。高水平人才的大量引进迅速提升了企业的科研能力和科技水平。

2. 建立有效的绩效考核与激励机制

白云山中药科技人才的绩效考核分为日常考核以及项目考核。日常考核由研究院负责，主要内容是对平时的工作表现如考勤、日常工作规范等进行考核评价；项目进度控制以及项目考核由科技创新办公室负责。

白云山中药对科技人才的主要激励措施包括：

（1）事业激励。企业实行课题负责制，课题的选定有两个渠道：一是企业选定课题，指定课题带头人；二是由科技人员自己确定课题。课题提出后，由企业组织专家认证，若可行，则由课题提出人员担任课题带头人。不论哪种形式，课题带头人都有权选择本课题组的人员，负责课题资金的使用和审批。

（2）物质激励。白云山中药厂自 2000 年以来就设立了特殊奖励基金，每年拿出约 200 万元，对为企业做出特殊贡献的员工进行奖励，奖励主要集中在科技方面。科技方面的物质激励又可分为时间导向型、成果导向型和过程导向型三种形式：

时间导向型：针对时间要求比较紧的课题。在规定的时间内完成或提前完成就给予重奖。例如，为了成为首批通过认证的企业，公司特别组织专业小组开展认证准备工作，2003 年 11 月份板蓝根药材 GAP 基地顺利通过认证。为此，给予小组人员 10 万元奖励。

成果导向型：针对科技成果为企业所带来的效益或对行业的影响。如全国著名口腔病专家黄铭楷教授将他研制的大神口炎清颗粒转让给白云山和黄，当年实现销售额 2240.88 万元，公司特奖励黄教授 10 万元。

　　过程导向型：针对研发时间较长的课题。大多数课题需要经历较长的时间过程，在这个过程中可能会取得一些阶段性的成果，因此，持续的激励是十分重要的。例如薄膜包衣自配料的研制过程历时 3 年多，项目小组的人员先后 4 次获得了特殊贡献奖励，奖金总额近 20 万元。

　　关于特殊贡献奖，科技创新办公室主任王德勤介绍说："……激励机制方面我们这几年一直有'特殊贡献奖'，'特殊贡献奖'额度由总经理办公会具体确定，目前的最大额度就是 2003 年一次性奖励郑博士 12 万元，2004 年秦博士是给 6 万元，6 万元主要是因为他只是申报的临床，因为那时临床还没有拿到批件，去年李总又进一步地追加了 1.5 万元。我们项目是分阶段来奖励的，郑博士有些不一样，郑博士做的指纹图谱和 GMP，GMP 认证一次性通过了，指纹图谱也顺利通过科技局结题验收，他的成果周期相对来讲短一点儿，秦博士这个研究的周期就相对长一点儿，所以目前来讲奖励就没有完全到位，但是新适应证增加了以后，后期还有一些奖励。去年对申报专利方面也有了新的规定，申报专利后有一个申报奖，取得了专利发明证书后也有一个奖励。我们对激励机制有一个新的表述，包括专利、科研，制度是有的，比如说我们每年的特殊贡献奖，是有一定标准的。我们这个特殊贡献奖是面对整个公司的，科技、管理、营销全部包括在内，不只局限在科技方面。"

　　（3）其他激励形式。如精神激励、荣誉激励、情感激励等。总之，通过有效的人才引进机制、人才培养机制、企业文化氛围和比较科学的绩效考核、激励机制，白云山和黄的科技人才队伍迅速成长壮大，不仅做出了突出的贡献，而且保持了非常低的流动率。在谈到人才流失问题时，曾令杰博士自豪地告诉我们："……只有一个硕士生，是自己考上复旦大学博士的，上学以后还保持着和公司的密切联系。我们也会请他帮助收集科技信息等，估计他毕业后很有可能还会回到公司。"

（五）以营销创新支持科技创新

　　所有科技创新的最终价值实现要依靠营销来实现，白云山中药厂提出"科技和营销都是龙头，营销是最重要的龙头"。[①] 在总结 1998 年企业所面临的主要问题中，行业流通模式也是其中之一。通过实施有效的科技创新管理解决了产品问题、人才问题，通过提升产品科技含量，实施差异化战略在一定程度上缓解了市场过度竞争，但是行业流通模式问题只能通过营销创新来解决。

---

　　① 出自与白云山和黄人力资源部经理巫耀南先生的访谈。

1. 由控制一级分销商为主改为控制从零售终端到一级分销商的整体渠道控制

销售总监柯华松先生介绍说：我们销售的渠道主要集中在非处方药渠道。第一，我们的中药价格都比较低，大多数医生都不开我们的药；第二，国家招标价格权重特别大，他们没有考虑到你的品牌，没有考虑到你的服务附加值，也没有考虑到你的科技含量。处方药的销售招标，把价格压到没办法做，所以我们走的是非处方药的通路。而且我们的复方丹参片等虽然是处方药，但是目前不需要处方在药店也可以买。我们现在80%的销售量是通过这个渠道分销的。

从非处方药的销售渠道看，现在的平价药店用价格作为一个"撒手锏"来抢医院的份额。这样会造成零售药店没钱赚，他们就会施加压力让供应商让利，但是我一让利给他，他又让利出去，变成恶性循环。所以我们要求供应商按照社会平均毛利水平确定一个合理的价格销售，如果你不按照这个价格销售，那我们就减少对你的扶持力度；如果你按照合理的价格销售，那我们可能对你的支持就会大，这样就保证了我的顾客、我的分销商、销售商都有合理的利润。我们在做这件事的时候阻力很大，因为销售终端这个资源掌握在零售商手里，他说我就卖这个价格，然后你厂家把利润补给我，否则就不卖你的产品。中国现在还是供过于求，所以我们跟他在谈的时候阻力很大。我们的板蓝根品牌代表我们的承诺，但是在中国有一千家工厂生产板蓝根，分销商、销售商他不卖白云山的，就会卖其他品牌的。所以我们也很担心，因为你的品牌疗效再好，也要有机会和消费者接触，所以我们在谈的时候都是很辛苦。

原来很多企业都是这样做的：这个产品要卖10元，你不卖我就不供货了，这是用惩罚的办法。后来发现这样做不行，为什么呢？你不供货，他可以从其他地方进货，广东不供货，他可以从湖北、湖南调过来。我们现在采取奖励的办法，你如果按照我这个价格卖，我就奖励你，重奖之下必有勇夫，这是一个创新。目前零售终端的竞争确实很激烈，他看到我们能提供一个合理的利润，而且我们提成的力度比较大，所以愿意合作。

我们的奖励是参考了整个零售行业的平均水平，超过5个百分点。零售商按照我们的价格卖本身就有利润。例如我按照一块钱供货，规定他一定要卖到一块零五，他这里面就有5个点了，再加上5个点的奖励和其他的奖励，整个零销行业的水平可以达到8%~13%，这对他们就很有吸引力了。

终端的价格要控制好，一、二、三级通路的价格也要控制好。在北京我可能就只有两个客户，这个客户一定要符合我们公司的要求，才能成为我们公司的客户。那你如果不符合我们的规定呢，那么假如"非典"来了要拿200箱板蓝根，我不发货给你，因为平常你对我没贡献。我们原来说要服从，厂家生产产品，要给医药商业卖，然后要请客、送礼、收款回来。现在呢我们叫服务，我的产品给你卖，货到了仓库，我的销售人员帮你销售出去，帮你分销。医药公司有他的网络，我们的销售员有我们的网络，北京的批发部要销售我的产品，到我的代理商那里拿货，我的厂里就可以发货了，这样第一通路都很顺。我们原来把主要的精力放在监控一级客户，规定你要完成我的任务，规定要有多少覆盖率，但是也一样发现这个问题：他说我按照你的规定做完了以后，产品卖不出去，所以我们现在反其道而行之，如果终端价格控制好了，商业的价格就好控制了。原来我们不控制终端的价格，专门监控一级客户，或分销的价格，药店进了板蓝根5元，他卖4.8元，然后他就反过来跟供货商要利润，一级代理商要求厂家补贴利润，恶性循环了。现在反过来了，终端价格稳定了，我们给医药商业三个点也好五个点也好，已经能够维持他们的既得利益。

我们现在的模式与传统全部反过来，先管好终端价格，终端就不会叫板医药商业，医药商业也不会叫板厂家。因为，第一，医药商业不能掌控整个资源，他不像药店，他就是物流配送的功能；第二，我给了合理的利润；第三，最重要的一点，就算他不做，马上有第二家主动找我们来做，因为终端掌控在我这儿，我的分销商掌控在我这儿，你不做我就马上换一个。实际上一级客户就是一个大的水池，负责配送，二级分销就是水管，一个客户在北京覆盖不了那么多地区，就要通过这些水管销售，终端就是水龙头。水龙头打开了，通畅了，厂家监控好水管，水池不会动了，因为他得到了他应该得到的利润，所以这中间缺少哪一环都不行。原来我们在这儿搞一个水池，在那儿搞一个水池，每一个水池都很小，现在只开两个水池，每个客户的额度也大了。他的销售额大了，我给他的奖励也多了。我们把一些规模很小的、发展前景不太好的一级客户变成分销商，归口到大客户那里进货，大客户的销售额就很高了。这样的道理，很多行业也都在这样做，并不是我们独有的。但是我们在平衡利益，合理分配网络，提供到位的服务这些方面做得比较好，目前在医药行业还很少。

2. 加强营销队伍建设，建立适应科技创新需要的团队

为了适应科技创新的需要，改革营销架构，销售片区由5个增加到了10个，营销人员也由60多人增加到了160人，培养了一支600多人的OTC队伍，企业的终端开拓能力显著增强。通过提高终端能力，提供优质的大客户服务，有效地支持了整体渠道管理。

3. 把握时机，快速反应

白云山中药注重将产品的科技创新与抓住环境变化提供的机遇有机结合进来，实施"事件营销"，对机遇事件快速作出反应，伺机扩大销售和影响力。例如，1999年在荔枝上市之前，针对广东市场开展一场大神口炎清颗粒的快速

推广活动。以"一个荔枝三把火，大神口炎清显效果"为主题，在全省多家新闻媒体做广告，收到了意想不到的效果。在荔枝上市期间，大神口炎清颗粒一共售出7421箱，并以其显著的治疗、保健功能，获得"荔枝伴侣"的美誉。

"非典"时期，力推白云山牌板蓝根颗粒，取得了更为显著的效果。2003年2月初，非典型肺炎疫情陆续在全国许多地区出现。先是广东市场对板蓝根出现了巨大需求，接着是北方市场告急。面对市场形势突变，白云山中药厂迅速作出反应，主动提出三项承诺：板蓝根颗粒绝不加价；加班加点组织生产，尽力满足需求；选用优质药材，保证质量。在全国抗击"非典"的战斗中，虽然由于原材料急剧涨价，白云山中药厂承受了一定的损失，但是由此而迅速扩大了板蓝根颗粒的市场占有率，大大提高了企业和产品的美誉度。

2004年7月，"抗生素限售令"颁布，百亿元西药抗生素市场瞬间真空，白云山和黄率先推出"中药抗生素"概念，消炎利胆片急速占领市场；2005年3月，白云山和黄大胆创新，提出"家庭药品过期回收机制"，成为全球首创的医药售后服务体系，创造了2005年全国医药行业唯一的社会焦点。

三、科技创新战略实施的效果及尚待解决的问题

（一）科技创新结硕果

白云山中药实施科技创新战略取得了显著的效果。

1. 产品竞争力大大增强

企业产品规划得到了很好的贯彻。作为第一梯队的板蓝根颗粒和复方丹参片销量连年增长，成为年销售过亿元的大品种，复方丹参片2000年销售额仅为2067万元，5年后就达到了2.42亿元，市场占有率超过了60%；2005年板蓝根颗粒销售额达到1.6亿元，市场占有率全国第一；作为第二梯队的大神口炎清超过3000万元，消炎利胆片突破了2000万元，穿心莲超过1000万元，脑心清片超过800多万元。1999~2004年，企业生产规模扩大了5倍，销售收入以年均30%以上的速度快速增长（全国医药行业平均增长约17%）。

2. 企业美誉度和影响力显著提升

鉴于白云山中药厂的科技创新成果，国家药品监督管理局（SFDA）委托该企业起草了2005年版药典板蓝根等6个品种的质量标准。按新标准生产板蓝根颗粒，必须选择优质药材，优质药材中活性部位的含量是一般药材的5

倍。白云山中药厂在板蓝根系列制剂指纹图谱研究所取得的成绩，不但引起了 SFDA 的高度重视，还引起了美国 FDA 的官员与国外专家的关注。SFDA 还向法国药典委员会推荐，将由白云山中药厂制定的板蓝根颗粒指纹图谱质量标准列入法国药典，法国方面已予以采纳。

白云山中药厂 2001 年荣获广东省第十一届现代企业管理优秀成果奖，同年获 "模范纳税大户" 称号；2002 年获 "中国质量、服务、信誉 AAA 级企业"；2003 年荣获 "广州市诚信示范单位"；2004 年荣获国家企业管理现代化创新成果二等奖，全国 "重合同、守信用" 企业，广东省优秀企业，广东省企业文化建设 "十佳先进单位"，"白云山中药" 荣获医药行业十大知名品牌称号；2005 年荣获第十一届全国企业管理现代化创新成果二等奖。

由于积极回馈社会，白云山中药厂还连续三年（2003~2005 年）荣登 "中国十大营销案例榜"。白云山品牌价值也从 2001 年的 18.68 亿元上升至 2005 年的 63 亿元。

3. 企业发展后劲十足

白云山中药厂的崛起，引起了世界 500 强之一的香港和记黄埔集团的注意，和黄集团董事局主席李嘉诚决定与其合作发展中药事业。2004 年 5 月 24 日，广州白云山制药股份有限公司与和记黄埔（中国）有限公司，就在广州市成立合资企业从事中药生产及销售项目等有关事宜达成初步意向书。2005 年 1 月，"广州白云山和记黄埔中药有限公司" 正式成立，白云山制药股份与和记黄埔（中国）有限公司共同出资 3.45 亿元，白云山中药厂正式变更为 "广州白云山和记黄埔中药有限公司"。白云山制药股份以属下广州白云山中药厂经评估后的资产值（不包括 "白云山" 注册商标）投入合资公司，占合资公司 50%股权，和记中国以现金投入合资公司，占合资公司 50%股权，合资期限为 50年。双方同意许可合资公司无偿使用各自拥有的 "白云山"、"和记" 注册商标及标识，并各自与合资公司签订 "商标许可使用协议"。合资公司的采购及产品销售以公平竞争方式按市场价格进行，产品的经营范围将不违反白云山制药股份与广州药业（600332.SH，0874.HK）之间签订的避免同业竞争协议。合资公司国内市场使用 "白云山"、"和记" 双商标，海外市场使用 "和记"、"白云山" 双商标。合资公司的经营范围为各类中成药和中药材的生产、加工、科研开发、销售、批发、采购及出口等。

合资公司成立以后继续坚持原白云山中药厂 "提高产品质量，加速技术进步，提升管理水平，推进中药现代化" 的企业宗旨，不断引进新技术、新工艺、新设备，增加产品科技含量。

合资公司目前拥有的中药材 GAP 基地、中药指纹图谱技术、国际高通量

图5　白云山中药的一种产品

药物筛选技术、双频超声强化萃取技术、中药提取和包衣技术等都处于国内领先水平。建立了国内最大的板蓝根 GAP 药材基地，并首先通过国家认证；全国首家将"国际高通量药物筛选技术"应用于复方丹参片生产中，使十种有效成分科学配比，并唯一获得防治老年期痴呆症专利；与国内外多个大专院校、研究机构建立科研合作关系；与广州中医药大学携手成立国内第一家"抗菌消炎中药联合实验室"，与英国剑桥大学合作建立"广州中英剑桥科技创业园有限公司"等。公司占地面积 12 万平方米，拥有片剂、颗粒剂、搽剂等 14 大剂型，共计 210 个产品批文，其中国家中药保护品种 10 个，具有自主知识产权的品种 6 个，广东省名牌产品 2 个，广州名牌产品 2 个。

（二）公司面临的挑战

1. 需要提升国际竞争力

国际医药市场风起云涌，日本、韩国、印度和泰国的"汉方中药"是我国中药在国际内场上的强劲竞争对手。据有关资料介绍，日本汉方药企业约 50 家，生产的汉方药原料 85% 是从中国进口，日本厚生省批准用于医疗的汉方药处方共 210 种，这些汉方中药与我国中成药的植物提取物相比，优势在生产工艺先进标准、质量稳定、服用量少、剂量准确、包装精美、市场营销体系完善、定位准确。如今，日本、韩国的制药企业不仅在国际市场上占有优势，而且直接进入大陆与中国企业争夺市场，如日本最大的汉药企业——占有整个日本汉方药市场 70% 以上的市场份额的津村药业已经在上海、深圳、四川等地开设分公司。该公司利用中医古方重新提炼制成汉方药"救心丹",在 1989 年的销售额就已经顶得上当年中国全部中药出口额的总和。2005 年津村药业的深圳总经销商和顺堂开设中药饮片店,并在医院开设特供药房,其系列中药饮片已通过平安保险的审核,在我国境内首次获得中药饮片类产品的产品责任险承保,对消费者实行第三方安全责任保证,开创了中国境内中药饮片产品投保产品责任险的先河。这种做法无疑会得到广大中国老百姓的欢迎。对我国本土中药企业无疑造成较大压力。

2. 中药现代化路漫漫

科技进步无止境,中药现代化刚刚开始。国外只将有分子结构式的药品作为质量判断的标准,而中药很少能用明确的分子结构式来解释药理、病理。中医药管理局的一位负责人说:"中医药配方复杂,不是单一成分,在煎药时还会出现不同的化学反应,所以很难得出分子结构式。"这些都给中国中医药产业参与国际市场竞争增加了难度。"目前,国内 90% 的中医药制药企业面向的是国内市场,仅 10% 的企业对外出口。因而,对整个行业集资制定质量标准很难达成一致。""其实要真正找到中医药的分子结构式并不难,在这方面我们也有很多专家,可是经费是一个很大的问题。国家给的经费太少,不能维持科研。企业出台的一些质量标准,一般不能通过国家认证。"

中药作为药品进入欧美国家,必须通过美国的 FDA(美国食品药品管理局)的认证,通过这个认证是很困难的,短期内不可能实现,因为他们的认证标准是按照西药来评定的。由于大多数中药成分复杂,现在的科技水平几乎无法鉴定其量化指标,在短时期内要弄清中药有效成分的可能性很小,而且通过美国 FDA 的认证共要进行三期临床。药品申报 FDA 必须通过审查、论证,最长需耗时 8~12 年,通常花费高达 3 亿~5 亿美元,一般企业难以承受。许多中药企业都已经开始走上了 FDA 药品认证之路。从 2000 年起,中国政府就将桂枝茯苓胶囊等作为首批推荐的 7 个示范品种,以药品的形式申报美国 FDA 认证,包括天津天士力、和记黄埔医药、上海杏灵药业、北大维信生物等诸多企业已经进入一、二期临床,但尚没有一家企业走到最后。康缘药业董事长萧伟坦言,桂枝茯苓胶囊如果从二期做到三期临床,估计要 8000 万元,获准上市要几亿元,这对企业是一个沉重的负担。

因此海外销售的中药,都舍弃了药品的名称,只能以保健品名义销售,不仅让企业损失了应得的利润,而且也让我们国粹中药的疗效在国外很难被人认可。以北大维信生物有限公司生产的血脂康胶囊为例,在美国以保健品销售,一个疗程的价格为 60 美元,而如果作为药物来销售,一个疗程大概需要 200 美元。更主要的是,在保健品的宣传中,是不可以涉及疗效的,这非常不利于中药在国际市场打出品牌。

3. 内部管理还需上水平

白云山和黄提升内部管理水平还有很多艰巨的任务需要完成，例如，企业文化的建设、完善的绩效考核与薪酬激励制度建设、知识管理体系的建立、高水平的信息管理体系建设、细节管理提升等。曾令杰博士描述了研究院同事们的想法说："……目前我们的待遇方面与同行相比还是满意的，大家都比较关心的是激励机制和认可的问题，我们最近也一直在考虑如何完善激励机制。企业与高校不一样，因为企业还有生产部门，如何让研发部门和生产部门都满意是比较困难的，因此现在还没有完全明确的制度。目前公司有特别贡献奖，例如专利申请的奖励制度，制度正在慢慢完善。其他方面的激励是很不错的，如科研标兵的荣誉称号、国外培训和日常培训机会，等等。制度上还没有明确考虑过通过职位提升和分配管理权限等方式进行激励，但是总经理助理最近几年提了很多。原来我们这里只是一个研究所，现在升为研究院后职位就多了，这也算是职位激励吧。"

四、附 录

附录一 白云山和黄组织结构图（见图 6）

附录二 中药指纹图谱技术

中药指纹图谱技术的原理类似于光谱技术，利用中药里各种主要成分"波长"的不同，通过专业设备扫描出类似于人指纹的图像，然后与经过大量研究得出的标准图谱相比较，如果相似度在 90%以上，就说明产品质量达到了质量标准。因此，中药指纹图谱技术完全能够实现"理清成分"和"量化指标"的任务。由于中药的成分极为复杂，因此必须掌握其中的主要成分，中药指纹图谱水平的高低就在于能够扫描出多少种主要成分，广州白云山和黄现代中药研究院常务副院长曾令杰博士在访谈中举例说道："我们的板蓝根有三十多个成分，用指纹图谱能够非常清楚地显示这些成分及其含量，而一般企业的指纹图谱只能显示十多种成分……"过去中药成分的研究是定性的研究，非常粗放，其方法类似于中学化学课所学的简单试验，在试管中加入某种化学品，如果试管中的溶液含有某种成分就会变成特定的颜色。这种方法只能定性地分析一两

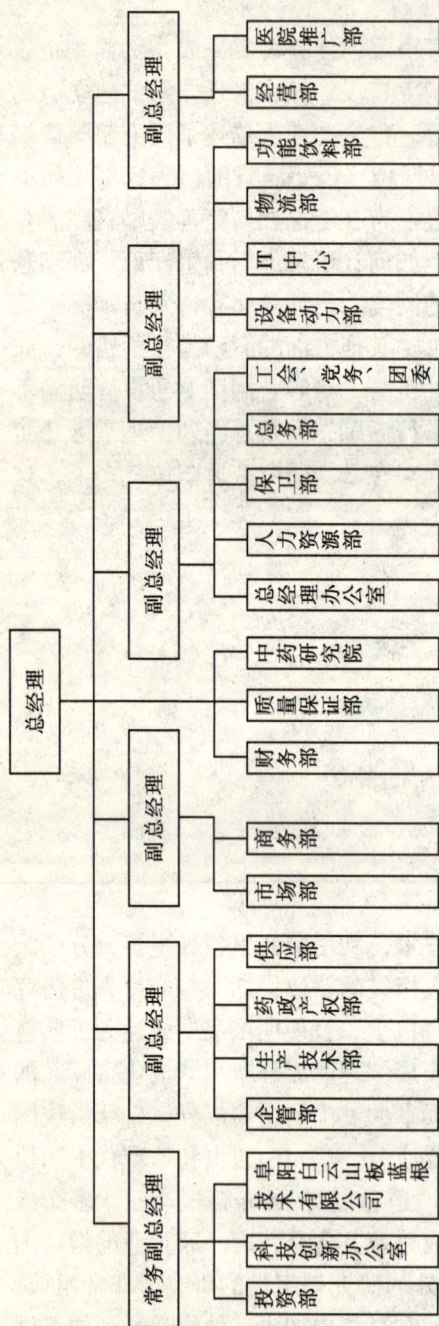

图 6　白云山和黄组织结构图

种成分，根本无法实现定量研究。

除了实现"理清成分、量化指标"外，中药指纹图谱技术是中药质量检验和控制的重要手段，通过与标准图谱的比较可以定量地分析产品质量，再加上通过标准化种植实现的质量非常稳定的原材料和 GMP 认证的标准化生产工艺，"稳定质量"也是完全能够实现的。由于中药指纹图谱技术能够解决中药现代化面临的三大任务，能够实现用西药的原理研究中药，因此，被誉为"中药走向世界的通行证"。

附录三　中药发展史料

我国劳动人民几千年来在与疾病作斗争的过程中，通过实践，不断认识，逐渐积累了丰富的医药知识。由于太古时期文学未兴，这些知识只能依靠师承口授，后来有了文字，便逐渐记录下来，出现了医药书籍。这些书籍起到了总结前人经验并便于流传和推广的作用。中国医药学已有数千年的历史，是我国人民长期同疾病作斗争的极为丰富的经验总结，对于中华民族的繁荣昌盛有着巨大的贡献。由于药物中草类占大多数，所以记载药物的书籍便称为"本草"。据考证，秦汉之际，本草流行已较多，但可惜这些本草都已亡佚，无可查考。现知的最早本草著作称为《神农本草经》，可能是东汉医家修订前人著作而成。

《神农本草经》全书共三卷，收载药物包括动、植、矿三类共 365 种，每药项下载有性味、功能与主治，另有序例简要地记述了用药的基本理论，如有毒无毒、四气五味、配伍法度、服药方法及丸、散、膏、酒等剂型，可说是自汉以前我国药物知识的总结，并为以后的药学发展奠定了基础。

到了南北朝，梁代陶弘景（452~536 年）将《神农本草经》整理补充，著成《本草经集注》一书，其中增加了汉魏以下名医所用药物 365 种，称为《名医别录》。每药之下不但对原有的性味、功能与主治有所补充，并增加了产地、采集时间和加工方法等，大大丰富了《神农本草经》的内容。

到了唐代，由于生产力的发展以及对外交通日益频繁，外国药物陆续输入，药物品种日见增加，经增修由当时的政府修订和颁行《新修本草》或《唐新本草》（659 年），增药 114 种，这是我国也是世界上最早的一部药典。这部本草载药 844 种，并附有药物图谱，开创了我国本草著作图文对照的先例，不但对我国药物学的发展有很大影响，而且不久即流传国外，对世界医药的发展作出了重要贡献。以后每隔一定时期，由于药物知识的不断丰富，便有新的总结出现。如宋代的《开宝本草》、《嘉祐补注本草》，北宋后期的《经史证类备急本草》（简称证类本草）等。

　　明代的伟大医药学家李时珍（1518~1593 年），在《证类本草》的基础上）进行彻底的修订，"岁历三十稔，书考八百余家，稿凡三易"，编成了符合时代发展需要的本草巨著——《本草纲目》于李时珍死后三年（1596 年）在金陵（今南京）首次刊行。此书载药 1892 种，附方 11000 多个。李时珍在这部书中全面整理和总结了 16 世纪以前我国人民的药物知识，并作了很大发展。他改绘药图，订正错误，并按药物的自然属性，分为十六纲，六十类，每药之下，分释名、集解、修治、主治、发明、附方及有关药物等项，体例详明，用字严谨，是我国本草史上最伟大的著作，也是我国科学史中极其辉煌的成就。这部书在 16 世纪初就流传中外，曾经多次刻印并被译成多种文字，不但对世界医学作出了伟大的贡献，也是研究动植矿物的重要典籍。

　　清代乾隆年间赵学敏编成《本草纲目拾遗》一书，对《本草纲目》作了一些正误和补充，增药 716 种。此外，我国古代人民关于药物的知识还收载在许多医学和方剂学的著作中。例如，东汉张仲景所著的《伤寒论》和《金匮要略》、东晋葛洪的《肘后备急方》、唐·孙思邈的《千金备急方》和《千金翼方》、宋·陈师文等所编的《太平惠民和济局方》、明·朱橚等的《普济方》等，不胜枚举。这些书籍中收载的药物和方剂，很多至今还被广泛地应用着，具有很好的疗效。很多中草药的疗效不但经受住了长期医疗实践的检验，而且也已被现代科学研究所证实。有些中草药的有效成分和分子结构等也已经全部或部分地研究清楚。例如麻黄平喘的有效成分麻黄碱、常山治疟的有效成分常山碱、延胡索止痛的主要成分四氢掌叶防己碱（延胡索乙素）、黄连和黄柏止痢的主要成分小檗碱（黄连素）、黄芩抗菌的主要成分黄芩素、大黄泻下的有效成分番泻甙，等等。

　　为了保证药物的疗效，我国劳动人民在长期的实践中，对于药物的栽培、采收、加工、炮制、储藏保管等方面，也都积累了极为丰富的经验。我们应当珍视这个祖国医药学的伟大宝库，努力发掘，加以提高。

五、案例使用说明

（一）案例类型与教学目的

　　本案例为企业科技创新管理案例。本案例的教学目的包括：

　　（1）帮助读者了解我国传统产业——中药生产的形势和未来的发展方向，

丰富行业知识。

（2）帮助读者增加科技创新的规划与组织经验。

（3）深刻理解技术创新、管理创新与商业创新的关系。

（4）帮助读者加深对企业家、战略与技术创新的关系的理解。

（5）通过生动实例让学员理解什么是"事件营销"。

（二）可供教师在课堂上选用的启发思考题

（1）白云山中药厂为什么选择科技创新作为扭转被动局面的战略？

（2）李楚源为什么提出"不仅做产品还要做行业"？

（3）中药现代化的含义、意义和主要困难在哪里？如何突破FDA认证遇到的技术和资金"瓶颈"，开拓宽阔的欧美药品市场？

（4）能否勾画出白云山中药厂科技创新战略的逻辑框架？

（5）如何控制科技创新的风险？

（6）完整地叙述该企业营销创新的策略。

（三）案例分析路线

我国中药行业的状况──→企业1999年的形势──→企业战略决策──→技术创新的规划与组织──→人才战略──→营销策略──→效果及经验──→未来的挑战

（四）背景资料

（1）中药的历史、行业与国际市场状况。

（2）国家对待中医中药行业的态度与政策。

（3）李楚源总经理的思想境界。

（五）理论要点

（1）系统管理理论。

（2）经营战略。

（3）人才战略。

（4）营销战略。

（5）产业经济。

（六）参考文献

（1）《我国中药出口形势大好》，中国制药设备网，2007-10-3 16：29：55，http：//www.zysb.org.cn/News/12/85.html。

（2）《中药出口难题困扰中国中药出口形势》，世贸人才网，2006-10-19。

（3）翟光喜、孔岩、崔爽：《我国中药行业进入国际市场影响因素分析》，http：//www.cn-he.cn/nianfen/2003/02/21.html。

（4）《我国首次国家发改委巨资支持中药饮片的行业技改》，新康网网络120健康网 2006-3-8，http：//www.wl120.com/zyzt/zhongyikx/200603/zyzt_349468.html。

（5）《我国制药工业行业资产重组现状剖析》，国研网，2005年9月28日。

（6）《资金问题成中药企业美国认证的最大障碍》，《金融界》，2007-04-20，http：//www.szyy.com.cn。

案例 7

莱芜钢铁集团公司学习型组织的创建

赵慧军　郑海航　孟　领　王　君

摘要： 对学习型组织的概念和理论的学习，目的是让企业学会如何学习和利用知识，以提升企业的竞争力。但学习型组织的建设在企业管理实践上却遇到了障碍，不少企业感觉学习型组织像是海市蜃楼，远远看去光彩诱人，可就是无法走进。莱钢集团从 1999 年开始接受学习型组织理论，至今学习型组织建设工作已经 5 年有余，是比较成功创建学习型组织的中国企业。本案例描述了莱芜钢铁创建学习型组织的背景、历程和具体措施，也揭示了创建工作所遭遇的困难和面临的问题。

关键词： 学习型组织　组织学习力　莱芜钢铁

一、莱钢推进学习型组织建设中的问题

自 1999 年至今，莱芜钢铁集团有限公司创建和推进学习型组织已经 5 年多了，在创建学习型组织的过程中，莱钢集团获得了显著的成绩。近年来莱钢的发展和在全国钢铁行业中的排名，在一定程度上证明了学习型组织的成效。集团公司也在进一步提高组织学习力、深化企业改革方面采取一系列的措施。但是，问题仍然是显而易见的。

2004 年 6 月 11 日在深度推进学习型组织创建活动座谈会上，集团公司总经理李名岷说，"个别单位领导的认识不到位，发展不平衡，单位之间、个人之间的表现参差不齐，有些单位创建目标不明确，创建工作不深入，推进措施不得力；有些单位口号较多，落实较少，表面文章多，深层次的东西少；典型

引导不够，创新不够，载体缺乏；在日常培训上仍有不足；创建活动的推进督导体系不健全；在文化交流方面缺乏规范的操作"。

而 2005 年 8 月份所作的一份调查，也似乎说明了莱钢组织学习效果的一些问题。这个调查是运用国内学者吴价宝研究开发的组织学习能力测度工具，对 168 名莱钢集团下属 5 个单位的员工进行了抽样调查，调查结果见表 1。问卷调查内容包含 7 个指标 35 个问项，表中各项评价指标的基本含义为：

表 1　莱钢组织学习效果 7 项指标的评价结果 *

被调查者		1. 目标与任务的明确性	2. 领导承诺与授权	3. 实验与奖励	4. 知识转移	5. 员工培训与教育	6. 团队工作	7. 组织文化
中层管理者	Mean（N=17）	3.7353	3.2451	3.1176	3.2647	3.4216	3.5098	3.2500
	Std. D.	0.76276	0.87622	0.80950	0.76390	0.89969	0.85080	0.92280
基层管理者	Mean（N=58）	3.6681	3.3391	3.1862	3.4253	3.4684	3.4713	3.2026
	Std. D.	0.64616	0.82774	0.76673	0.69751	0.72309	0.71201	0.72162
普通员工	Mean（N=92）	3.5897	2.8841	3.0326	3.3967	3.2536	3.2609	3.1359
	Std. D.	0.80825	0.92870	0.87015	0.75667	0.85180	0.93739	0.92092
Total	Mean(N=168)	3.6339	3.0863	3.1024	3.3929	3.3442	3.3571	3.1637
	Std. D.	0.74670	0.91323	0.83142	0.73214	0.81367	0.85672	0.85515
江苏 5 家企业 **	Mean	3.8	3.6	3.1	3.6	3.5	2.8	3.9

注：* 数据 1~5 表示每个指标的程度，1—很低（很少），2—低（少），3——一般，4—高（多），5—很高（很多）。

** 表中最后一行数据来自吴价宝的调查（《中国管理科学》，2003 年第 4 期）。所测度的 5 家江苏企业，分别选自电信、制药、机械、建材等不同产业，被测评企业均是江苏省在各自所属产业中绩效与管理水平领先的企业。

（1）目标与任务的明确性。该维度旨在揭示组织成员对组织目标和任务了解的清晰程度，以及他们对如何才能实现目标和任务的理解程度。

（2）领导承诺与授权。领导行为是推动组织学习的重要因素，该维度考察领导寻求反馈、公开接受批评、承认错误、给员工授予决策权并承担一定风险的行为。

（3）实验与奖励。学习型组织应该是一个学习的实验室，该维度考察组织的结构和管理系统，尤其是奖励系统，对员工的实验和创新给予支持的程度。

（4）知识转移。知识转移和知识共享反映着组织的学习能力，该维度评价组织中的新知识由全体成员共享的程度，组织的知识管理系统是否健全，沟通网络畅通情况以及从组织外部转移知识的情况。

（5）员工教育与培训。员工的教育与培训是建立学习型组织的基础工作之一。该指标评价组织培训理念的先进性，教育经费充足与否，培训活动和内容的多样性、对个人学习的支持等管理方面。

（6）团队工作。团队是组织学习的主要形式，该指标评价组织和管理系统对团队建立和运用团队解决问题的程度。

（7）组织文化。学习型组织的文化应具有开放性、平等性，鼓励创新、进取和业绩导向等特点。该维度评价上述文化特点。

2004年6月李名岷总经理曾召开座谈会，专题讨论学习型企业创建的进一步深化和企业文化建设，对下一步工作提出了新的要求。8月份集团印发了《深度推广学习型企业创建的意见》的通知，在通知中确立了深度推广学习型企业建设的目标和原则。那么，应该如何实现这些目标？

二、莱芜钢铁集团有限公司的发展历程

（一）莱芜钢铁集团有限公司介绍

莱芜钢铁集团有限公司位于山东省中部的山区腹地，隶属山东省最小的地级市——莱芜（下辖莱芜城区、钢城区及一个高新技术开发区，莱钢即位于钢城区内），莱钢前身是莱芜钢铁厂，创建于1970年。莱钢所在地同山东其他沿海地区的交通极其不便，但是近年来有所改观，公路及铁路线仍在逐步完善中。除莱钢外，当地企业寥寥无几，且大部分均为钢铁配套企业。那里民风自然淳朴，矿产资源比较丰富。正是看中了这里的地理环境，在那个特殊年代党中央下达了"备战备荒、加快三线建设"的指示，建设起"莱钢"这个当时最大设计能力为55万吨钢铁的"三线"企业（当时钢铁企业标准：30万吨为中型钢铁厂，50万吨为大型钢铁厂，100万吨为特大型钢铁厂），主要目的也是为国家战时提供钢铁物资。

莱钢的诞生与发展是一个特殊时代的产物，这也是现在众多大型国有企业（如二汽、长虹等）曾经的一个缩影。莱钢所处地理环境极其特殊，远离大城市、交通不便、社会封闭、地处山区腹地，是一个在荒郊野岭上白手起家的钢铁厂，既没有发展钢铁产业所必需的充足水源，也没有发展钢铁产业需要的交通优势，更没有大量自由流动的熟练技术工人可以提供，这些也是日后莱钢取得巨大成功而被人们所赞赏的一个地方。

经过 35 年的建设与发展，莱钢在岗职工 3.7 万人，其中钢铁主业 1.6 万人。莱钢已形成以钢铁业为主导，钢结构制作与建筑、房地产开发、粉末冶金与制品、黑色矿山采掘、机械加工、运输等与钢铁相关的产业共同发展，集科研、生产、开发于一体的特大型钢铁企业集团。预计到"十五"末，莱钢将成为全国规模最大、品种规格最全的 H 型钢生产基地，全国规模最大的钢结构加工基地，全国最大的粉末冶金生产基地，山东省特钢精品基地。截至 2004 年年底，莱钢总资产 300 亿元，年销售收入 301 亿元，实现利税 28.02 亿元，其中利润 17.37 亿元。在钢铁主业快速发展的同时，莱钢也形成了多元发展的新格局。莱钢在济南、淄博、青岛、东莞、西安等地建立了钢结构基地，并辐射周边市场；在青岛建立了莱钢工业园，并与日照港联合投资开发日照港，通过远见性的港口合作、建立战略合作伙伴等措施，突破莱钢在地理上、交通上的巨大局限；在广东等地建立大型物流加工基地，不断拓展全国市场。另外莱钢积极拓展国际市场方面，2004 年出口钢铁产品 72.3 万吨，创汇 2.92 亿美元，莱钢与跨国钢铁企业展开各种形式的合作，特别是与全球第二大钢铁企业阿塞洛公司的成功合作，不断推动莱钢产品结构调整、实现战略转型，也有助于莱钢从内地走向沿海，最终走出国门。

截至 2004 年年底全国钢产量已经达到 2.72 亿吨，全国钢铁企业达到 871 家，其中国有及国有控股企业 107 家，民营及民营控股企业 706 家，外资及外资控股企业 58 家，2004 年全国钢产量超过 500 万吨的钢铁企业为 15 家，共产钢 1.23 亿吨，占当年全国钢产量的 45%。其中莱钢 2004 年钢产量达到 685 万吨，在全国冶金行业中的排名从 2000 年的第 15 名上升到第 11 名（根据 2004 年钢产量排名）。

根据 2005 年上半年全国冶金行业最新统计数据，莱钢的钢产量排名已经上升到全国第 8 位，跨入全国十大钢铁企业行列，其增长速度连续两年名列全国前 20 位钢铁企业第一位。在 2004 年全国冶金系统行业评比中，莱钢在"全国重点大中型钢铁企业 57 项可比指标"排名中，有 9 项位居第 1 名、15 项进入前 3 名、36 项进入前 10 名。2003 年莱钢获省部级技术进步项目达到 68 项，2004 年则获 5 项国家冶金科学技术奖、14 项山东省科技进步奖、58 项山东省冶金科技进步奖。

根据山东省经济贸易委员会、山东省统计局公布信息，莱钢在山东省 2004 年度 100 强工业企业中排位跃居第 4 位。在山东省 100 强工业企业的排名由 2003 年的第 10 位上升到第 4 位。位列山东省工业企业 100 强前三强的是海尔集团、中国石化胜利油田有限公司、山东电力集团。

莱钢在世纪之初就制定了其未来的发展战略，即优化和适度发展钢铁主业，大力发展非钢产业，以改革和科技进步为动力，以积极稳妥地推进资本运营为手段，尽快把莱钢做大做强。并且研究制定了《莱钢走新型工业化道路实施纲领》，确定未来的主要目标是建设一个科技莱钢、数字莱钢、生态莱钢和人文莱钢。清晰明确的发展战略及目标，为莱钢发展提供了明确的方向。

2005 年莱钢的主要任务目标

①实现销售收入 362 亿元；②实现利税总额 42.5 亿元，其中，利润 26.5 亿元；③生产钢 1023 万吨、生铁 803 万吨、钢材 976 万吨；④子公司全部实现赢利，确保实现资产保值增值；⑤重大人身事故、重大设备事故、重大污染事故、重大火灾事故和重大交通事故为零；⑥在实现上述目标的前提下，职工人均收入增长 18%以上。

——摘自莱钢集团公司网站

（二）莱钢的发展历史

第一阶段是"基本建设阶段"（1970~1975 年）。1970 年，挂牌成立"莱芜钢铁厂"，五年时间通过艰苦创业建立起一座 620 立方米炼铁高炉并投入生产，但当时只具备了"炼铁"条件，铁块需要送到其他钢铁厂去进行后期"炼钢"及"轧钢"生产，这是一个大规模基本建设时期。

第二阶段是"发展起步阶段"（1975~1990 年）。其中 1975~1985 年十年间大上"炼钢炉"项目，拥有 30 万吨钢（后实际达到 50 万吨钢）的配套能力，建立起莱钢自己的"炼钢厂"，具备了名副其实的炼钢能力，从而将钢铁加工从简单炼铁扩展到炼钢领域；1987 年，为了适应莱钢建设发展的需要，莱芜钢铁厂更名为莱芜钢铁总厂；1989 年，国务院批准莱钢利用外资进行改扩建，但因为众所周知的原因，国际形势急转直下，引进外资项目暂时停止。1990 年，莱钢已经具备了 50 万吨钢的生产能力。

第三阶段是"迈步发展阶段"（1990~2000 年）。1991 年国际形势好转，莱钢股份抓住利用外资发展钢铁工业的机遇，终于争取到全国冶金系统首家利用亚行贷款进行改扩建的项目，共利用外资 2.53 亿美元，加上国内配套资金，共计投入 41.34 亿元人民币进行改扩建工程，从日本、德国引进了世界上较为先进的轧钢生产线，同时对炼铁、炼钢生产线进行了重点技术改造，钢铁生产能力得到较大提高。1997 年莱钢所属"莱钢股份"在国内 A 股成功上市，先后为企业融资十几亿元，有力地支持了企业持续发展。1999 年莱芜钢铁总厂正式改制成为有限责任公司。1999 年当年，莱钢产钢能力达到 200 万吨，销售收入为 45.6 亿元。

第四阶段是"快速发展阶段"（2000 年至今）。这一阶段莱钢进入快速发展时期，通过不断地实现技术创新，企业规模生产能力迅速扩大。2000 年产钢 218 万吨、2001 年产钢 242 万吨、2002 年产钢 287 万吨、2003 年产钢 421 万吨、2004 年达到 685 万吨、2005 年预计将突破 1000 万吨，其中 2004 年销售收入达到 301 亿元、2005 年预计将达到 360 亿元。

从整个莱钢的发展过程中不难看出，莱钢从零起步到生产 50 万吨钢花了近二十年时间（1970~1990 年），从生产 50 万吨钢到 200 万吨钢花了 10 年时间（1990~2000 年），从生产 200 万吨到 1000 万吨只花了五年时间（2000~2005 年）。从 1999 年以来，同比产品总成本降低了 15 亿元，销售收入从 1998 年的 41.5 亿元、1999 年的 45.6 亿元、2000 年的 60.2 亿元增加到 2004 年的 301 亿元，同比增长了 558%。利税由 2000 年的 5.06 亿元提高到 2004 年的 27.3 亿元。同时根据相关公开数据显示，其员工的收入也实现持续增长，年平均收入由 2000 年的 14000 元提高到 2004 年的 25600 元。

在莱钢 35 年发展历程中，最重大的跨越式发展就发生在近五年之内，特别是 1999~2004 年，无论是企业钢铁生产能力、资产规模还是利税上交情况，莱钢都发生了翻天覆地的变化。可以说，莱钢的变化以 1999 年为分水岭，1999 年以前的莱钢和 1999 年以后的莱钢在企业发展的根本理念上发生了巨大变化，这一期间以引进"学习型组织"理论为突破口的企业理念为莱钢的跨越式发展作出了不可磨灭的贡献。以创建"学习型组织"为根本方向的莱钢经验也得到了社会各界的广泛关注。国务院发展研究中心企业家调查系统、山东省经贸委、全国冶金系统等部门先后在莱钢召开研讨会和现场会，总结推广莱钢经验。2000 年以来，先后有千家企事业单位到莱钢参观学习，有力地推动了其他单位学习型组织的创建工作。

三、莱钢学习型组织的创建

"通过创建学习型组织，给你一个能力，让你能干成你想干的事，使你能达到你想达到的水平。"

——莱钢集团公司总经理李名岷

　　莱钢的发展在 1998 年、1999 年遇到巨大的困难。1999 年我国正向市场经济过渡，即将加入世贸组织，国内市场与国际市场趋向一体化，随着钢铁业的急剧扩张、快速发展，竞争愈加激烈、残酷，企业面临的困难和危机加重。这时，莱钢的管理也遇到了很多问题：生产经营陷入进退维谷的难堪境地，资金紧张，指标下滑，人心涣散。在全国 50 多家冶金企业中，莱钢大部分指标都排在 40 多名以后。这时的莱钢急需一种新的管理思维与方法。

（一）莱钢集团炼钢厂

1. 转炉爆炸案

　　20 世纪 90 年代的炼钢厂[①] 被称做是"中世纪的作坊"，"歪门邪道臭水坑，垃圾废品烂窝棚；小偷小贩随意进，被偷被盗不心疼"。厂房里乱七八糟，违章违纪比比皆是，爆炸之声不绝于耳，伤亡事故频频发生。偷盗、打架斗殴等犯罪行为每月要发生十几起甚至几十起。管理者思想混乱，职工自由主义严重，制度措施形同虚设，工作行为随意散漫。有的职工说：我是过一天算一天了，因为不知道什么时候就会丢掉性命。

　　1998 年 10 月 10 日，二号转炉因违章操作发生剧烈爆炸，三十毫米厚的钢板炉底被轰然炸掉，一整炉几十吨重几百度高温的钢水喷涌而出，造成多人受伤，经济损失惨重。发生这么大的事故，本应把原因调查清楚，消除隐患，但是由于没有炸死人，上面也不追究，下面也就不整改，把这么一个莱钢历史上最大的爆炸事故就大事化小、小事化了，轻描淡写、草草了事，隐患隐忧全未查清。1999 年 3 月 10 日，三号转炉又发生了爆炸，转炉炉壳碎成了两段，炉帽部分不翼而飞，厂房平台炸塌，设施全部被毁，四人死亡，五人重伤，其状况惨不忍睹。两次爆炸绝非偶然，长期以来炼钢厂管理混乱、松弛，干部、职工行为扭曲，有规程不执行，为了提高炼钢产量，每天违规违制可以达几百人次。有时，一座转炉炼一炉钢就会发生中小爆炸若干次，而每天要炼上百炉钢，厂房里整天爆炸声不绝于耳，职工们上班人心惶惶、战战兢兢。然而，从上到下的干部们对时时刻刻发生的这些现象视而不见、听而不闻，麻痹大意到了痴呆状态。

2. 新任厂长张胜生

　　"3·10"爆炸事故给莱钢集团猛烈的一击，集团决策者决定任命张胜生为炼钢厂厂长。

---

　　① 炼钢厂，现属莱钢集团有限公司莱钢股份公司的下属企业，莱钢股份为上市公司。（编者注）

　　张胜生是 1977 年恢复高考后的首届大学生，东北大学毕业后分配到莱钢科技处工作。1985 年由本人申请调到炼钢厂干炉前工，曾先后担任过浇钢工段长、党支部书记、炼钢车间副主任、机修车间主任、连铸车间主任、炼钢厂副厂长等职务。在任命为炼钢厂厂长之前，是莱钢技术中心工艺开发部副主任，他精通炼钢技术的各个环节。在其担任炼钢厂副厂长期间，曾对单纯抓钢产量、忽视炼钢其他生产环节的做法持有异议，但并未得到重视。

　　炼钢厂人事科科长无意中在 1999 年 1 月份的《致富之路》杂志上看到了上海明德学习型组织研究所所长张声雄教授所撰写的关于学习型组织的理论与实践的文章，认为到这个理论的许多观点与张胜生上任后的想法和做法有吻合之处，于是把它推荐给张胜生。起初张胜生并不以为然，仅仅以为又是那些学者们提出的无聊理论而已。但是仔细看后却发现"学习组织的理论闯入了我的视线，使我眼前顿时一亮。这个当今世界上最新的管理理论，一下子抓住了我的心，使我顿感豁然开朗，胸中的问题明朗起来……"（张胜生）张胜生决定用学习组织的理论来武装自己的团队。

　　3. 树立崭新理念

　　（1）用"青蛙现象"和"蝴蝶效应"解析"3·10"事故。2000 年 1 月 5 日，炼钢厂召开九届三次职代会，张胜生在发言中提出"谨防'青蛙现象'，慎待'蝴蝶效应'"。

　　19 世纪美国康奈尔大学的教授做了一个实验：把一只青蛙扔到滚水中，它会立刻跳出来；然而，把这只青蛙放到温水里，再慢慢加热水，青蛙却无动于衷，毫无感觉。直到水越来越热，滚烫到危及生命时，青蛙却再也没有力气跳出来，直到最后被煮熟。当张胜生把这个故事讲给大家听的时候，它在全厂干部、职工的心灵深处引起了强烈的震撼。过去，不论干部还是职工都认为，只要达到产量指标、完成生产任务，就能发奖金，就一好百好。跑、冒、漏、滴无所谓，事故频发没关系，满足于产量年年增加，而看不到安全隐患，看不到与其他钢铁企业的差距，如同被温水煮着的青蛙，优哉游哉。忽然之间，大家感受到，在自己的周围潜伏着许多致命危机，却习以为常；在全国 50 多家同类企业中排名 30 位开外、管理混乱、工人思想涣散、做事得过且过，却视而不见。"青蛙现象"惊醒了职工们的危机意识。

　　美国空气动力学家罗文斯教授，用计算机模拟空气动力学过程得出一个惊人的结论：在巴西，一个类似蝴蝶扇动翅膀的小小气流，经过空气系统的一系列复杂的相互作用，会引起意想不到的放大效应从而在美国得克萨斯州上空引起一场飓风，这就是所谓的"蝴蝶效应"。过去，炼钢厂职工认为，全厂生产过程和工序繁多，自己岗位上的小失误微不足道，无关大局，有时一个班的违规操作达上百次之多也不在乎。"3·10"特大事故就起源于一个小小的失误操作，操作者当时对转炉的状态含糊不清，几乎是不太经意地动了动主令控制器，致使转炉转动，炉内1500℃的高温熔体与水发生混合，因而产生大爆炸。这不太经意的动作恰恰是蝴蝶扇动一下翅膀，但不是在得克萨斯引起的飓风，而是引起了那场大爆炸。100个99%连续相乘等于36%，如果每个工序的可靠性为99%，那么，100个工序组成的整个系统的可靠性就只有36%。"蝴蝶效应"让职工们认识到事物的相互联系性，系统具有放大效应，小失误可能带来大事故，小差错可能引来灭顶之灾。"蝴蝶效应"让职工树立起高标准的工作质量意识。

（2）改善心智模式。一是自我超越，挑战极限。领导班子引导职工克服自我心理障碍，让员工们认识到"无论做什么事，都要以积极心态去想去做"，以前请大学里的教授专家来搞炉前静态控制技术都没有成功，现在技术人员从"不可能"的框框中解放出来，只用3个月时间就独立研制成功。二是把镜子转向自己。以前一遇到问题就"归罪于外"，如炼钢厂的三大隐患之一的行车主钩下滑问题，过去机修人员和电修人员互相推诿，一直没有解决，现在双方都把镜子转向自己，问题便迎刃而解。三是打破习惯定势，重新认识工作。以前总认为"历来就是这样"是对的，"国外引进"的就是好的。领导班子引导职工用新理念打破旧观念。例如，混铁炉一直使用前苏联的镁砖、镁铬砖砌筑内衬的方式，这种方式价高而寿命不长。经改变心智模式后，采用高铝砖外加部分铝——碳化硅砖，降低了成本，还使混铁炉寿命从24个月提高到30个月。进而又探讨改进整体浇铸混铁炉内衬，从而可提高到5年寿命。

4. 营造学习氛围

2001年1月8日至1月9日，炼钢厂聘请明德学习型组织研究所所长到场作《学习型组织与五项修炼》专题讲座，利用厂内刊物、黑板报、宣传栏、牌板等各种宣传手段，结合炼钢厂的事例，从上到下、由浅入深地向全体职工灌输学习型组织的基本理念，引导接受和树立新的理念。

莱钢炼钢厂四大理念：

（1）谨防"青蛙现象"，慎待"蝴蝶效应"；

（2）工作学习化，学习工作化；

（3）不归罪于外，不自我设限；

（4）人改造环境，环境陶冶人，工作着是美丽的。

系统管理理念：安全第一，设备为本，技术先行，科学生产。

安全管理理念：安全第一，预防为主，管理有效，持之以恒。

设备管理理念：点检定修，全员管理，故障为零，设备完好。

技术创新理念：大胆思维，谨慎实施，勇于创新，务求成功。

生产组织理念：洞察全局，动态平衡，精心组织，物流有序。

成本管理理念：层层把关，精打细算，开源节流，永无止境。

人力资源管理理念：培养人才，敢用人才，挖掘潜能，合理配置。

环境治理理念：绿草如茵，鲜花盛开，排放达标，清洁美好。

社会治安综合治理理念：法德并举，条块交融，打防结合，标本兼治。

炼钢厂用建立愿景体系的方法凝聚职工力量。莱钢炼钢厂提出了共同愿景，即"用一到两年的时间实现全国同类企业转炉钢综合水平第一的目标"。当这一愿景实现后，又适时确立了新的共同愿景："以系统思考为基模，拧三股捻线为一绳，建设学习型工厂，以领先全国为基点，超世界巅峰为目标，创不败之企业。"为了支撑共同愿景，炼钢厂持续不断地鼓励车间、科室和个人建立愿景，分享共同愿景。全厂 33 个团队建立了 33 个"团队愿景"，2400 名员工建立了属于自己的 2400 个"个人愿景"。

共同愿景、团队愿景、个人愿景建立起来了，莱钢炼钢厂在不同层面的愿景互相交融、宝塔式愿景体系的引导下，层层有目标，人人有方向。厂领导又围绕实现愿景，开展了"塑造学习型团队，培育自我超越精神，争做实现愿景之星"主题系列活动，每月评出 10 个"学习型团队"、10 个"自我超越班组"、10 个"实现愿景之星"，使职工自觉地把实现组织的目标同自己日常工作联系起来。

部分车间科室的团队愿景

1# 炉：让"1"不仅仅是自然排序。各项工作、各项指标勇争第一；对工作、对事业始终如一。

2# 炉：系统思考、自我超越、永葆第一、创建学习型团队。

1# 机：建设全新铸机，重铸指标典范。

2# 机：三创一百：创安全醒悟单位、创文明单位、创管理示范单位，计划停浇率 100%。

电修：职工平安，设备良好，成本降低，治理达标，学习创新，服务一流。

工艺：实事求是，秉公执法，自我约束，热情服务。

团委：建"四有团队"，创"红旗"团委。

王冠飞现在是莱钢集团企业管理部企业管理科的科长，是莱钢《莱钢管理》杂志的副主编，有名的才子。2000 年炼钢厂创建学习型工厂时，他在炼钢厂宣传科工作。为了建设花园式厂区，营造学习型工厂的气氛，炼钢厂开始整顿厂区厂容。在短短三年内，炼钢厂由外至内、由上而下发生了巨大变化，面貌焕然一新。厂区每一个建筑，每一条道路，王冠飞都给了一个寓意深刻的名字，职工们每到一处都可以领略到中国文化的精妙，感受到学习型工厂的健康气氛。从工厂"东大门"走进生产区，走上主干道"长安大道"（显示炼钢厂过去两大困扰：安全事故和社会治安），迎面的花圃叫"愿景坛"，表示进了工厂大门便踏上全场同心之路；与"长安大道"相接的是"学习力大道"，每个人在实践中不断学习，才能从容面对挑战；职工浴池命名为"振衣楼"，意为抖掉衣裳灰尘、去掉心灵尘污；厂办公楼为"正勤楼"暗示管理人员公正勤恳工作，而近十个车间的办公室聚集在"众成楼"。此外，在厂区有数十个草坪、花圃、小路，它们都有自己漂亮而意味深长的名字，"拓荒园"、"凝静园"、"衿细园"、"相和圃"、"见素坪"、"抱朴坪"、"弥坚台"、"团结大道"、"坦步小径"，等等。

2000年3月24日，莱钢炼钢厂新世纪大学正式开学，在莱钢十中大操场举行开学典礼暨军训动员大会。军训是新世纪大学开学后的第一课。到4月20日，全厂2140人分四期接受了军事训练。5月8日，新世纪大学普通班开课，教室设在港区俱乐部，职工按工作中四班倒顺序，每逢休班的第一天上课。7月27日新世纪大学成立首期状元班，学员是大中专毕业生35人。8月12日，与武汉科技大学联办的新世纪大学研究生班举行开学典礼。新世纪大学的办学宗旨是：提高学习力，挑战新世纪。校训是：纪律严明，求实创新。同时，还形成了"互动加体验"的学习模式，2001年，设置了"心智体验"训练基地，开发了"心智体验课"，编写了《心智体验》教材，从而在全厂营造出浓厚的学习氛围，为各个层面的人员搭建了学习的平台，更好地聚合起整体智慧。

5. 管理创新，制度保障

（1）建立人力资源动态管理机制。上岗靠竞争，竞岗靠能力，提拔重用靠业绩。成立了以党委书记为组长的竞争上岗领导小组，首先在机关科室实行竞争上岗，在中层干部和工程技术人员中实行末位淘汰制。机关有56人被转岗，有13名中层干部被降职或免职，27名工程技术人员被低职高聘，9名工程师被低聘或免职，有4名中层干部是直接竞岗上任的。加强对科级干部（中层）的管理和培训力度，引入竞争上岗机制，形成竞争氛围，进行系统的强化培训，强化新理念新观点的形成，感受到压力与动力并存，从而积极主动地研究问题和推进创建学习型企业的工作，成为创建的中坚力量。

（2）学合理的分配激励机制。过去炼钢厂在职工工资分配上注重产量，谁的产量多，谁的奖金多。炉前工有时完不成任务，领导怕"挫伤"他们的积极性，照样给奖。其他单位的"大锅饭"现象也较普遍。为了打破原来按产量进行分配奖金的现象，炼钢厂确定了"平等对待、合理设置、严格考核"的原则，对效益工资分配制度进行调整，按完成任务、指标提升、完成创新项目等，综合分配效益工资。加大了技术、管理等生产要素参与收益分配的力度，向技术含量高的岗位倾斜，向创新项目多、效果大、贡献突出的人员倾斜。如对炉前各项指标进行细致测算，制定了较为合理的考核标准。如果完成各项指标，炉前与机关按 12:1 的标准测算分配效益工资；如果完不成，不搞任何照顾，严格按照规定否决相应的效益工资。

（3）推行严细实快管理。莱钢炼钢厂为落实公司提出的严细实快管理，提出了工作"四小时复命制"，要求当天的任务当天完成，当天问题当天解决，同一个问题不能在会议上提出第二次。每天厂长都到现场办公，除临时性的会外，固定召开三个会：上午 8 点召开调度会，下午上班后 1 小时召开设备管理会，下班前召开"严细实"会。早上调度会布置的任务，下午的"严细实"会议上要复命；"严细实"会议上布置的任务，次日调度会上要复命。

经严格的管理落实到边、到底，实行动态控制，严格考核，不留死角，促进各项工作规范运作。在内部改革中，完全按照规定办事，不讲照顾，不留情面，对所有职工一视同仁，在"严"字上体现出公平与公正。把"狠抓基础管理，提高整体水平"当做一个大系统，把安全、生产、质量、技术、成本、思想政治工作等专业管理当做子系统，摆正各子系统在大系统中的位置，使之互相补充、促进，形成整体的有效搭配，确保达到可靠的安全保证、完好的设备基础、可控的工艺过程、优质稳定的生产形势、文明向上的职工队伍。工厂采用高标准、高指标、高负荷、高回报的策略。炼钢厂在创建之初就确立了达到全国最高的目标，不留后路和可伸缩的空间，把指标持续向国内最高水平推进，"要干就干最好"、"优秀是卓越的敌人"成为炼钢厂的一个突出的价值取向。标准高、指标定得高，干部职工的工作和精神的负荷也高。在提高管理水平和经济效益的同时，职工的收入得到了持续提高，干大事业的愿景也使职工的精神得到不断的充实，思想境界得到不断的开阔。

（4）全员培训与开发。全方位开展职工技能大赛，仅 2002 年就在 90% 以上的岗位组织了岗位练兵活动，90% 以上的职工参加了技术比武；开展"精一技、会两技、学三技"活动，在抓好岗位技能培训的基础上，积极开展多种技能培训，培养一支复合型职工队伍；拓展班组学习内容、丰富班组学习方式，各班组结合自身特点有效组织，形成"每周一题"、"每日一题"班组反省周记、"班组周点评"、"深度会谈"、"班后成果共享"等形式多样的基层团队学习模式；对岗位成才的典型加大奖励力度，形成尊重技工、崇尚技术、努力成才的良好环境。采用多种方式，形成立体培训体系，以一专多能、文化知识、专业技术及管理、思想理论、品格与心智以及在职学历培训等形成的多角度培训网络贯穿于莱钢炼钢厂的各个层面。此外，强调八小时以外充电学习，各单位根据实际，形成了"40＋4"（每周工作 40 个小时，学习 4 个小时）或"40＋8"（每周工作 40 个小时，学习 8 个小时）的业余培训模式。

　　（5）建立创新机制。为创新重新定位，即把一切有效改进工作的新方式和新方法都看成是创新。并在职工中树立"人人可创新，事事可创新，时时可创新"的理念，改变人们传统意识中对创新保有的神秘感。建立创新评价体系，每个季度对全厂申报的各类创新项目进行评价，当月兑现奖励，并将创新情况作为绩效考评的重要内容，使创新成为各项工作中的常规因素。把创新成果与工资奖金挂起钩来，与职称评聘挂起钩来，与评比各类先进挂起钩来，每月都下达提升指标及技术创新项目计划，每月召开一次全厂大攻关会，提出问题，研究措施。每一个创新项目（包括政治工作和服务工作）都指定有专人负责，权责明确。

　　在技术创新上，通过竞争上岗把技术科的人员增加到 19 人，技术管理涉及全厂所有工序。同时规定，中级职称当年出成果创效益百万元的，第二年才能聘任，否则将不予聘任。技术创新成果纳入每季、每年的创新项目进行评比表彰。技术人员把生产的事、炉前的事当做技术科自己的事，上了班就往现场跑，成立了许多课题组，发现问题，马上和工人们一起攻关，也使一大批技术创新项目被开发和应用。2000 年以来，莱钢获得 80 多项省级技术进步奖，其中炼钢厂就有 24 项。

　　（6）全员安全管理。在安全管理上，实行了安全监察、安全督察、安全纠察三级管理模式；开展"安全论谈"和"安全省悟"活动。每天调度会上都对全厂安全情况进行督察通报，每月评选一次"安全省悟单位"、"安全省悟个人"和"安全愚钝单位"、"安全愚钝个人"，予以通报表扬或批评。组织专家对全厂进行安全体系评估，对查找出的危险源点逐项安排调整，并针对可能出现的事故制订出紧急处置预案。针对重大危险源点，组织技术攻关组，加强设备安全技术改造，增加防错装置系统，加强操作的安全可靠性。实行安全员轮换制度，开展班前五分钟危险源辨识活动和班前安全誓约活动，将安全工作的重心下移到班组和每个职工个人。彻底改造现场环境，以良好的工作环境减少对操作过程的干扰，保证人、机系统的安全。通过这些措施，强化了全员安全的责任意识，建立了安全防范体系，使安全处于可控状态。炉前工操作中的违规现象也由每月几千次下降到偶尔发生，直至杜绝。

（二）学习型组织建设在集团公司的推进

莱钢炼钢厂经过创建学习型组织，其员工队伍、管理水平、经济技术指标、环境建设都发生了深刻变化。为此，集团成立调研组，对炼钢厂创建学习型的经验进行了全面总结，并广泛宣传。

2000年10月和2001年3月，公司总经理李名岷两次率由集团办公室、企管办、技术中心、宣传部、工会等部门组成的调研组到炼钢厂作了全面深入的调查，写出了《系统性构思，全方位创新，努力提升指标水平和管理水平》的调查报告和《炼钢厂经验调查报告》。

2001年6月20日，公司召开"推广炼钢经验动员大会"，党委常委、工会主席田克宁代表调查组宣读《炼钢厂经验调查报告》，公司党委和集团公司联合发文作出《关于学习推广炼钢经验的决定》。公司董事长、党委书记姜开文在会议讲话中充分肯定炼钢经验，指出炼钢具有了一流的经济技术指标、一流的管理、一流的经济效益、一流的企业文化、一流的职工队伍。李名岷总经理在动员大会上作了动员讲话，指出炼钢经验的核心是以人为本，系统思考，学习创新，自我超越。

由于炼钢厂创建学习型工厂的实践和成果及经验已经为全集团所广泛认可，此外还得到了社会的认可，即使原来有抵触情绪的部分干部和职工也被炼钢所取得的成就所折服，因而公司学习推广炼钢经验、创建学习型组织的积极性空前高涨，很快便形成了高潮并持续发展。

2001年12月14日在莱钢集团公司九届二次职代会上，李名岷总经理在职代会报告中以专题的形式提出积极创建学习型企业，培育独特的企业文化的工作要求。确定总的目标是：把莱钢从传统的"等级权力控制型组织"改造为"学习型组织"，通过创建学习型企业，持续不断地提高学习力，提高职工的素质和技能，最终提高莱钢核心竞争力。要求各单位各部门要加强领导，提出实施计划，广泛开展创建学习型班组、学习型车间、学习型工厂活动，把创建学习型组织纳入企业管理和职工培训的工作中，并提出要把学习型组织的先进理念整合于企业文化中，通过精心设计莱钢CIS识别系统，建立理念识别、行为识别、视觉识别系统，体现学习型组织的文化内涵，形成具有共同价值趋向的行为规范，真正让企业文化渗透到职工的思想、言行之中，形成强大的文化合力。

2002年集团公司连续下发了多个文件以推进全集团创建工作的深入进行。由莱钢集团公司党政下发了《关于进一步深化创建学习型企业的实施意见》，由集团公司班组建设领导小组下发《关于开展创建"学习型班组"活动的意见》和《莱钢学习型班组评审验收标准》，由莱钢女工委下发《关于"创建学习型女职工组织"的实施意见》和《"创建学习型女工组织"考核细则》，由莱钢团委下发《关于开展创建学习型团支部活动的通知》和《关于创建学习型团支部的实施意见》。

　　集团对于如何学习炼钢经验、如何创建学习型工厂，并未提出具体的标准，也没有框子限制各单位。创建活动全面展开后，集团及时发现典型并通过宣传报道和情况交流及现场参观等方式推广典型，为各单位提供先进单位创建的经验。2001年8月集团公司在设计莱钢核心竞争力方案时，将企业文化建设作为其中的重要组成部分。组织人员力量进行框架设计，进一步挖掘、整合、提升，征求专家意见，上下讨论补充完善，领导审定，企业文化理念识别系统提交九届四次职代会进行讨论。讨论后又做了推敲、修改，2003年4月3日由九届二十一次职代会代表团组长联系会议正式通过。这些理念体现了学习型组织的文化内涵。

学习型组织创建工作在各分公司的理念与做法

　　各分公司创建紧密结合单位生产经营管理改革和职工思想及素质等方面实际，同时发挥主观能动性和创造性，在创建方式方法和手段上，各有特色，各有千秋。例如，股份公司建立了信息反馈平台，实行了"日复命制"，将多渠道汇集来的信息辐射到股份公司的各个层次和环节，使生产、安全和质量三大管理体系时时处于受控状态，改变了传统的管理模式，使决策更加准确、高效；国贸公司打造"以智经营"的经营战略，全力"把莱钢推向世界，把世界引入莱钢"；生活服务部通过"四个必须"达到"四个提升"（即必须创造团队学习的气氛提升学习力，必须改善员工的心智模式提升服务力，必须坚持系统思考提升创新力，必须建立共同愿景提升亲和力）；矿建公司进行"五星级"评审，激发基层团队再创业的精神和动力。

（三）　深度推广学习型企业创建的目标和原则

　　2004年6月11日李名岷总经理在炼钢厂召集座谈会，专题讨论学习型企业创建的进一步深化和企业文化建设，对下一步工作又提出新的要求。8月30日集团印发了《深度推广学习型企业创建的意见》的通知，在通知中确立了深度推广学习型企业建设的目标和原则。

深度推广学习型企业创建的目标和原则

围绕"全员学习型企业、绿色生态型企业、持续发展型企业"的共同愿景，确定近三年的创建目标。

在整体推进中，近三年创建工作着重要实现的目标是：学习型组织理论在全集团被员工广泛接受和自觉实践，形成浓厚氛围和创建机制，建立创建学习型企业的指导和评价体系，达到整体推进与重点突破，集团的自我超越能力持续增强，有效地推进了莱钢快速、跨越、持续的发展。深度推进的原则是：

（1）坚持实事求是，循序渐进，注重实际效果的原则。

（2）坚持把握本质，从实际出发，不搞"一刀切"的原则。

（3）坚持领导先行，"一把手"负责的原则。

（4）坚持整体提高，持续改进的原则。

（5）坚持兼收并蓄，融会贯通的原则。

深度推广学习型企业创建的基本内容和方法

深度推广学习型企业创建工作应始终把握学习是基础、改善心智是关键、创新是核心、持续发展是目的等关键环节。

（一）完善愿景体系的建立

各单位将建立愿景作为学习型企业创建的必要内容，建立支撑莱钢集团共同愿景的愿景体系。愿景体系中包括共同愿景、团队愿景、个人愿景，也包括构成团队愿景与个人愿景体系的价值观、追求目标、保证措施等。

（二）深化系统循环的学习

（1）推动个人学习与团队学习的结合。营造全员学习的氛围，建立鼓励员工持续学习的机制，让学习成为莱钢人人感受的生活内容。既鼓励员工自主学习一切有益于个人全面发展的知识与技能，又使员工有机会参与各种形式的团队学习，从中挖掘潜能，积累知识。

（2）推动与工作密不可分的学习。让学习成为持续进行和持续提升的循环系统。将单位、岗位上要解决的困难和障碍作为学习的课题，在解决问题的过程中提高个人和组织的能力。

（3）突出团队学习。将团队学习作为组织学习的重点，营造团队学习的氛围，把握团队学习的本质，拓展团队学习的领域，引导团队创造性地运用深度会谈和有技巧的讨论等形式，将集体内的研讨、总结、交流、制订计划、进行攻关、工作检查、体系认证及班前班后等活动升华为团队学习，在解决实际问题中构建循环进步的组织学习机制。

（4）强化组织记忆。通过具有创造性的团队学习挖掘团队内的隐性知识，并将其显性化，使之成为人们可以看到、可以学习、可以运用的知识，使之转化为新的隐性知识，使在学习中获得的知识成为组织的"记忆"，使组织学习的成果能够发挥长久的作用。

（三）构建沟通交流的平台

创新沟通渠道和形式。以反思、反馈、共享为主要途径建设沟通平台，达成团队与团队、领导与群众、领导与领导、员工与员工的有效沟通，促进员工和团队心智模式的改善，增强团队的凝聚力、竞合力。

（1）建立反思系统。强调反思要充分体现"问题就是资源的理念"，动态进行管理的专业辨识活动，寻找问题及缺陷，将发现问题作为提高工作水平的契机，将问题作为改进和创新的课题。

（2）建立反馈系统。建立扁平化的信息反馈沟通渠道，减少信息反馈的层次，加快信息反馈的速度；完善企业与战略合作伙伴、顾客链的信息反馈系统；加强部门与部门之间的沟通活动；创新上下级之间的沟通方式；通过技术手段建立信息反馈平台。

（3）建立共享系统。推行"成果共享"理念，通过具体可行的载体，让局部的经验、少数人的经验成为大家共享的财富；大力推行各类创新成果的应用；关注创建学习型企业过程中的创新实践，整合实践成果，通过共享不断完善创建经验，促进集团创建工作整体向前推进。

（四）建立全员创新的激励机制

完善创新的评价体系和激励机制，对创新的评价包括对技术创新、管理创新、制度创新、文化创新和思想政治工作创新系统评价，将一切有益于莱钢发展的创新纳入评价和激励的视野。

（五）建立自主管理促进机制

建立员工参与决策和管理的民主管理制度，让职工参与管理。各级管理者有效授权，使团队的每个人都有参与管理的机会；在基层实行全员成本核算、全员安全管理、全员质量控制、全员现场管理等，形成事事有人管、人人都管事的局面。

——节选自莱钢集团有限公司关于印发《深度推进学习型企业创建的意见》的通知（2004年8月30日）

莱钢的学习型组织创建活动蓬勃开展，干部职工运用学习型组织理念更加自觉、熟练。2003 年年底，中国企业管理现代化创新成果审定委员会的专家到莱钢审定第十届管理创新成果，考察了莱钢申报的《以提高创造力为核心的学习型企业创建》成果，考察了企业整个工作，并到生产厂和辅助单位、班组考察，与各方面人员座谈。给予莱钢创建工作很高的评价。在最后的答辩、专家评议之后，莱钢的成果获得了一等奖。

四、团队学习的典型和事例

彼得·圣吉认为，个人学习是团队学习、组织学习的基础，但是在学习型组织里团队学习比个人学习更加重要。因为它可以使团队智商远远大于个人智商，可以使团体在具有创造性的同时，又产生协调一致的行动，它的成果可以迅速扩散到组织其他部门中去。团队学习也是使成员优势互补、整体搭配，形成合力以实现共同目标的过程，它会让组织焕发出令人吃惊的潜能，团队比个人更加具有洞察力、更为聪明。团队是最佳的学习单位，而团队学习必须精于有效沟通、应用深度会谈与技巧性讨论。以下是莱钢"团队学习"的几个案例。

（一）运输部工务段的姜立松道岔加工班

道岔加工班是莱钢集团公司仅有的一个担负铁路道岔和配件加工业务的班组，集机加工、冲压、铆焊于一体的小厂规模、班组编制的"团队"，现有岗位 15 个，承担任务的范围广，应急性强。这个班组的机器设备相当陈旧和落后，一些主要的机器还是 20 世纪 70 年代的。人员由原来（2001 年前）二十余人，一减再减，2003 年 11 人，到 2005 年已减至 9 人。很明显单人单工种、单岗位的状况无法满足现实需要。如何打破工种界限，破除班组内以往存在的技术保密、技术封锁的守旧观念和做法，开展互相学习？

1. 建立班组愿景

班组长姜立松自 1996 年高中毕业就在该班组工作，他带领大家多次召开"诸葛亮会"讨论，会聚大家的智慧和愿望，确立了班组愿景"人和亲如家，素质智能型，管理自主化，追求零缺陷"，制定班组标志"众"字的向上箭头，表示大家齐心协力、勇往直前、挑战极限。在班组办公室的愿景墙上还规划出了丰富的内容，让每个成员都参与进来，人人动手、动脑，来表达班组的凝聚力和主人翁精神。

2. 实行班务公开、轮值班长制

实行班务全方位公开，即在班组内考勤、奖金分配、班组日常管理等各方面实现公开。在全体成员的共同参与下，完善和规范了班组制度，形成了与新班组建设目标相匹配的《班组五力动态考核实施办法》。建立了班费制度，即把因班组出色工作获得的各种奖励作为班费，并对班费使用采取民主管理：两人管账，一人管钱，班长签字，职工监督，月末公开的模式。确立"轮值班长"制，每位员工轮值班长一周，行使班长权力，履行班长职责，如主持早晨的班前会、下班前的工后会，安排每天的工作任务，还要考虑班组的综合管理，任期结束，要在班组会上进行"心智体验"交流。

3. 团队学习

为了开发每个人的闪光点，引导大家在学习他人之长的同时，主动奉献自己的"绝活"。开始，这个班组为每个职工配备随身笔记本，对所遇到的新问题、新知识、新理念随时记录；后来，班组每个成员把收集来的学习资料和学习心得汇集成三个提升力手册，即《业务技能提升手册》、《安全环保执行力提升手册》、《心智改善力提升手册》，三个手册的内容每年更新，每日一个主题，除了提供相关知识和技能，还留有活页和空白，供大家填写自己的工作心得和学习体会，以便交流。

班组最初开展每周深度会谈时，把深度会谈开成了班组的民主生活会，甚至成了职工之间互相指责的批斗会，而且大家的表达能力欠缺，不是发生误会和口角，就是沉默不语。于是，姜立松班长组织大家进行观念上的调整，制定基本的会谈规则。深度会谈的目的是表达心迹、互相学习；会谈的内容围绕生产和管理的重点和难点，说什么都可以；每个人至少发言5分钟，要突出重点、表达清晰和客观。现在，在深度会谈中，大家畅所欲言，争相表达，敢于提出新见解、新观点，局面生动活泼。

4. 营造学习创新、积极工作的气氛

走进道岔加工班的工作区，环境干净整洁，秩序井井有条，每个工作分区都贴有责任人编号和姓名的标牌，其中一个贴在地上的标牌，因为经常会被人踩到，细心的人会发现这个标牌上没有直接写工人的姓名，而是由姓名的汉语拼音头一个字母代替。车间四周的墙面上涂写着莱钢学习型企业的口号和道岔加工班自己的标语，"工作着是美丽的"、"愚者用鲜血换取教训，智者用教训避免事故"、"借口的实质是推卸责任"、"执行在于过程，细节决定成败"。

在班组办公区，椭圆形的办公桌在中间，一侧墙面有几排低矮的书柜和工会赠送的一台电脑，门边的小柜上放着一台崭新的电视机，那是班组获得的奖

品。四面墙上贴满了关于班组和班组成员的工作情况、学习情况、愿景目标，甚至每个工人的全家福照片的花花绿绿的图表，办公桌上也随处可见"温情提示：请进行工前检查！""友情提醒：护品穿戴齐全了吗？""班前励言：充满激情、团结协作、融入团队，为今天的工作加油！""班后励言：安全离岗、平安到家、牢记愿景，为明天的工作做好准备！"一类的彩色小标牌。

每天早上一上班，轮值班长要组织 5 分钟的工前会，列队点名，带领大家背诵班前励言，安排一天的工作任务，提出预控问题、安全问题，然后大家一起打扫院子，接着各自走向自己的工作岗位。晚上下班前 5 分钟的班后会，班长总结一天的工作状态，向大家通报任务的完成情况，背诵班后励言。

通过学习，班组成员在工作中自主立项、实施、攻关，实施技术创新，还自发地结成伙伴立项创新，全班职工个个有立项，人人有创新。2002 年、2003 年两年内技术革新项目 80 余项，技术攻关 10 项，莱钢技术成果 3 项，QC 成果 8 项，管理创新成果 5 项。获莱钢管理和技术创新成果三等奖 3 项，获运输部技术创新奖 32 项，创效益 60 余万元。在人员减少的情况下，一年完成道岔 15 组，生产率提高 200%。

另外，学习的效果体现在职工素质的改善、责任感和自主管理能力的加强、工作积极性大大提高上。运输部每周一召开班组长例会，由各班组长汇报上周工作和下周工作安排。轮值班长李会清发言时，感到非常为难，因为初为班长对班组工作掌握不全面，不知如何说，非常难堪，但是在第二次轮值时情况就大不一样了。闫凤琴是班组里的老大姐，轮值一周班长时，仍然事事依赖班长姜立松，问这问那，不能做主，在班组深度会谈总结工作时竟不知如何说起，自己为难得控制不住感情掉起了眼泪……轮值班长制让大家体会到做兵头将尾的不容易，也锻炼了每个人的系统思考能力、组织能力，通过参与管理，凡事不再等靠安排，而是积极主动尽职尽责，并有了自我超越和实现自身价值的成就感。

（二）炼钢厂转炉车间的团队学习

原来炼钢厂转炉车间有三座转炉，水平都很低。三个转炉一样的条件，但是 1# 转炉生产水平则较高，这个转炉的效益工资相当于其他转炉的和。当时的现象是：1# 转炉挣钱多，2# 转炉出劳模，3# 转炉瞎忙乎。1# 转炉组长由于技术好十分骄傲，走路都横着走，谁都不信、谁都看不上，连车间主任也不能指挥和管理他们；2# 转炉有几位员工政治素质高，其中一个是全国劳模，一个全国"五一"奖章获得者；3# 转炉一上班就忙乎，可是干了半天，但是不行、忙不顺。在寻找生产不佳的原因时，3# 转炉的工人一开始就"归罪于外"，他们认为，1# 转炉离混铁炉近，倒铁水路途短速度快，当然干得好；但是他们却忽视了 3# 转炉离废钢处近这一点，倒废钢也是一个重要工序。显然距离远近不是生产的主要原因。于是，厂里要求 1# 转炉传授经验，给其他转炉讲一讲。大家听了以后，不以为然，这些我们都知道，不就是那么回事，大家都是这么干的嘛！

后来，炼钢厂在开展团队学习过程中，要求三个转炉的每个人每天下班后把各项指标和参数都分别记录下来，谁都别说自己的操作是最好的，目的是要找出规律性的数据，把好的和不好的结果都记录下来，找出产生最佳效益的参数。然后在本转炉把各自的数据共享，找出最佳模式；个把月后，三个转炉之间再次共享这些数据，把总结出来的模式共同讨论和分享，并制定出最佳的操作规程。然后，要求每个转炉都要按照这个最佳操作规程来完成工作，不可以像以前那样想怎样干就怎样干。经过几次反复、记录、实践等过程，最终形成了《转炉操作法》，把操作法发给每个炉前工，要求大家照此执行。

结果，三个转炉的生产效果不相上下。不仅如此，过去三个转炉四个班 12 个炉长，每个炉长都是千锤百炼、炼了多少炉废钢培养锻炼出来的。由于他们的经验的不可替代性和稀缺性，不仅使这些人狂妄自大，而且车间轻易不敢撤换他们。后来，当转炉操作法被每个工人掌握了以后，把这些经验丰富的炉长调到新转炉工作时，由于工人们技能的提高不仅老转炉没有受到什么影响，转炉车间也减少了对少数人的依赖性。

(三) 炼钢厂管理团队的深度会谈

多少年来，炼钢厂厂级领导成员习惯于每人一间办公室，彼此之间没有太多的话说，所谓分管某方面的工作，基本上是各霸一方，一套完整的炼钢系统人为地分割开来，各分管领导互不通气，都与厂长单独商谈，最终许多工作没有交流，经常互相抱怨，再有好事者添油加醋，班子不团结、分裂就成定局，班子分裂之际也是工作失败之时。有鉴于此，现在炼钢厂的副厂长的分工不再叫"分管"，而是"主管"某一方面的工作，兼管其他各方面的工作。工作难免有交叉，在工作中必须以协商或深度会谈的方式研究解决。

1. 现场办公室的深度会谈

为此厂级领导建立了生产现场办公室，这实际上就是一个大办公室，厂级领导全在一起办公，有了新想法、新问题随时提出来，在没有约束的气氛下，畅所欲言、及时地沟通交流。厂领导班子形成一个规矩，每天早晨调度会前 10

分钟大家聚集在现场办公室，在全天工作安排前互相通报情况，交流信息，商谈思路，有效地避免了各项工作撞车或者各自为战所形成的割裂和局限性思考。沟通增进了团结，促进了相互理解，协作成了工作习惯。班子成员在沟通后走进调度会会场时总是步态轻盈，春风满面，其乐融融的感觉。每当进行深度会谈时，厂长在讨论中充当深度会谈的引导员，让大家毫不保留地把自己的想法和"假设"悬挂出来，创造轻松气氛，克服团队"智障"。

人的心智模式及语言思维的特点决定了人在发表自己的观点时，往往有背后的主观假设，这种假设就是所发表的观点的出发点（如我们公司搞不成学习型组织——观点，因为这些西方的东西根本不适合中国的企业——假设，或者我们领导不重视，我们的员工素质低——假设），一旦把假设亮出来，大家很快就对这种观点的片面性、局限性看得很清楚。每个人都把自己的假设悬挂出来，让大家去分析，就可能产生出更多更好的观点，使最终的结论胜于个人单独形成的观点。

2. 管理人员培训中的互动式学习

炼钢厂的管理干部以能吃苦、能打硬仗而著称。但 20 世纪 90 年代以来，总出现这样那样的问题，一听说要完成某项任务，首先问给多少钱、给多少奖金，不给就不干。为了提高中层管理干部的素质，转变观念和意识，炼钢厂在新世纪大学办起了干部培训班，每个星期六上课，常年不间断，这里也成了中层干部进行深度会谈的演练场所。

在干部培训班上，学习的内容主要包括企业规章制度、与企业和工作有关的法律法规、学习型组织的理论和其他管理理论与方法等。学习的方式灵活多样，如讨论、游戏，而且大家都有机会作主持人主持学习。在学习某个管理理论或模式时，每次上课都由三个中层管理人员主持，学习过程分为两节，前一节集体收听收看该理论的讲解，接着由主持人根据上一节的内容结合炼钢厂的管理实际，设计出问题来引发讨论。在讨论中参加学习的干部认真思考，在联系管理实际中拓展了学习内容，也增强了中层以上干部的沟通和了解，还有效地锻炼了大家的敏捷思考和表达能力。每次两节课后，大家感觉在这样轻松、活跃的学习气氛中收获不小。

在深度会谈中大家一开始比较谨慎，为了保护自己，不提没有把握的问题，为了维护团结，不提分歧性意见，为了不使别人难堪，不提质疑性问题，为了使大家接受，只做折中性结论，给自己筑起一道自我保护的"隐形墙"，但最后还是冲破了这种障碍，把心中埋藏很久的想法谈了出来。过去干部们在遇到新的问题的时候，比如进行一项制度创新、对工作提出更高要求时，总是说过去怎么怎么做的，现在怎么这样了呢？过去转炉漏一次钢，最多扣点奖金就算是严肃处理了，现在漏了钢为什么还要撤车间主任的职呢？对种种改革新措施不理解。长期以来大家对"大锅饭"有意见，但当打破大锅饭，拉开一些分配差距后，又感到本单位分配的太少。当大家在深度会谈中谈到这些问题时，当面对各单位进行比较，让大家充分讨论"不变的是变化本身"、"改革是常规"、"不断创造出新的业绩，才能提供工作保障"、"领导者应当与大家分享知识，而不是把知识作为权力的要素"、"矛盾是一种生存方式，你必须同时维持炼钢厂的整体性和许多单位的个体性"、"世界将属于热情而有冲劲的领导者"等价值观和理念。厂长张胜生说，"这些讨论让大家把心里的话讲出来，把产生自己的观点的假设悬挂出来，通过对假设的分析，终于对各种问题有了一个全面的认识和理解，同时，背后的牢骚怪话也销声匿迹了"。

五、案例使用说明

（一）案例类型与教学目的

本案例为分析型与问题解决型相结合的案例。

案例描述我国钢铁行业大型国有企业莱芜钢铁集团通过创建学习型组织、进行组织变革而使企业发生的重大变化，向学生提供了该企业5年来创建学习型企业的较为详尽的资料，要求学生对该企业运用学习型组织理论，提升企业学习力、竞争力的做法加以分析，探求其成功经验和存在问题，并为该企业深入推进学习型组织建设提供思路和方法。本案例以组织学习、组织文化等管理理论为基础，有助于学生人力资源管理和管理学原理等课程的学习，特别有助于理解传统行业的中国国有企业特定的发展背景、文化特点和管理方式，也是西方管理理论应用于中国企业的典型案例。

本案例的教学目的包括：

（1）了解组织理论和组织学习理论，了解组织学习力的内涵及其提升的方法。

（2）根据莱钢的实际情况，进一步理解彼得·圣吉学习型组织的特点和五项修炼的具体内容。

（3）深入思考和分析莱钢创建学习型组织的历程，并提出进一步推进学习型组织、提高莱钢学习力的建议。

（4）总结中国企业应用学习型组织理论的经验教训。

（二）可供教师在课堂上选用的启发思考题

（1）阐述组织发展和组织学习的理论，结合本案例分析莱钢在组织变革和提高组织学习力中的管理模式。

（2）彼得·圣吉的学习型组织理论，如何在莱钢得以应用？取得了哪些成效？在创建学习型组织的过程中遇到了什么问题？如何解决的？

（3）你认为莱钢学习型组织建设是否成功？请总结他们的经验和教训，并思考这些经验和教训是否具有普遍意义，莱钢学习型组织的模式对其他企业有没有借鉴价值？请总结。

（4）学习型组织及其文化建设的深化，与"科技莱钢、数字莱钢、生态莱钢和人文莱钢"的发展目标是何关系？你如何评价莱钢集团深度推进学习型企业建设的原则和内容？如何实现和具体实施（从组织学习、知识管理、创新等方面谈）？

（5）团队学习是莱钢学习型组织建设的特色之一，请用团队学习、知识共享、管理沟通等理论分析案例中所介绍的几个团队学习的例子。

（6）对 168 名员工的抽样调查结果所显示出的数据是否说明该企业在学习型组织建设中的成败？请分析之。

（三）案例分析路线

（1）莱钢发展环境因素的分析。在本案例中，特别注意莱钢的历史、行业特点、企业所处的地理与人文环境的独特性。例如，莱钢社会封闭、交通不便、民风淳朴，传统的产业及近年来我国钢铁产业的发展情况，以及企业诞生的特殊历史情境等复杂因素，给莱钢的技术创新、产业发展及其组织创新所带来积极和消极的影响。注意莱钢学习型组织建设过程与方法的普遍性与特殊性，把握创建过程的关键因素。

（2）根据组织理论的发展，分析莱钢学习型组织建设的过程、方法，所遇到的困难和面临的问题及其解决办法。本案例的目的在于从理论上和莱钢的实践上分析学习型组织的特性，建立学习型组织的可操作性的运作策略，在学习型组织中员工行为及其对组织绩效的作用。概括传统组织与学习型组织之间的差异，说明"为什么系统的、权变的、生态的和信息加工的观点对于理解组织的形成很重要，但是，组织的学习对于在新的环境下理解今天的组织则迈出了更大的一步"。在对莱钢组织学习的分析基础上，说明莱钢学习的特点、水平、趋势、存在的问题和组织发展的前景。

(四) 背景资料

(1) 我国钢铁工业连年高增长。我国钢铁工业步入高增长期，已成为不容争议的事实。看一个产业是否步入高增长期，不只是看这个产业一年的增长高速度，而要看增长的持续性、趋势性，以及支持这种高增长因素的持续性和稳定性。

据统计资料显示："十五"期间，强劲的市场需求拉动我国钢铁工业发展，2000 年我国粗钢产量 1.285 亿吨，从 2001 年开始，我国钢铁工业步入高增长期，2001 年全国产钢 15266 万吨，比 2000 年增加 2416 万吨，增长 15.8%；2002 年产钢 18225 万吨，比上年增加 3122 万吨，增长 20.67%；2003 年上半年产钢 10315 万吨，比上年同期增加 1791 万吨，增长 21.01%；2005 年上升到 2.523 亿吨，五年间粗钢年产量增加 2.238 亿吨，提高 174.16%。2001~2005 年我国累计生产粗钢 11.915 亿吨，满足了我国国内市场 92.8% 的需求。

我国钢产量占世界钢产量的比重也显著增长。我国粗钢生产量占全球粗钢总量的比重，2000 年为 15.2%，2001 年为 18.5%，2002 年为 20.5%，2005 年上升到 31.1%，提高 15.9 个百分点；21 世纪初的五年中，全球粗钢年产量增长 2.848 亿吨，其中我国的粗钢年产量增加占 78.6%。我国钢产量从 1996 年突破 1 亿吨以后，到 2002 年已连续 7 年居世界各产钢国的第一位。

据国际钢铁协会发表的资料显示：2002 年全球产钢超过 3000 万吨的国家有 7 个，其中美国产钢 9237.8 万吨，日本 10774.8 万吨，中国 18225 万吨，俄罗斯 5856.7 万吨，乌克兰 3409.4 万吨，德国 4500.4 万吨，韩国 4539 万吨。除中国外上述 6 个国家钢增长率均在 5% 以下，而中国一年仅增钢 3000 万吨以上，并连年保持钢增长率 20% 左右，创造了世界钢铁发展史上的奇迹。我国钢铁工业的持续高增长，有其内在的动力和客观要求，是中国经济的高速增长和广阔的市场前景，为钢铁工业的高增长提供了发展机遇和根本动力。

(2) 钢铁工业发展中的制约因素。2003 年，钢材需求强劲，供需矛盾越来越突出，相关部门放松了对钢铁工业固定资产投资的规制，钢铁工业固定资产投资在这一年出现了爆发性的增长，增长率高达 88.71%，引起各方的高度关注。2003 年年底相关部门认为钢铁工业存在盲目投资、重复建设问题，认为"在建项目生产能力大大超过了市场预期，必将导致生产能力过剩"，并制定相应政策对钢铁工业固定资产投资进行严格规制以防止未来出现严重的"产能过剩"。2005 年年底，相关部门认为我国钢铁产业"产能过剩问题突出"，2006

年 3 月国务院颁布《国务院关于加快推进产能过剩行业结构调整通知》，6 月国务院颁布《国务院办公厅转发发展改革委等部门关于加强固定资产投资调控从严控制新开工项目意见的通知》，进一步强化对钢铁工业固定资产投资的规制，以治理突出的"产能过剩"。中国钢铁工业采取了投资规制政策防治"产能过剩"，在政策制定上遵循"预测、计划、制定具体实施措施"的固有模式，以对投资规模、投资流向和投资步调的管制和调控作为主要手段，也就是以政府部门判断和预测替代价格信号，以政府计划、规制替代市场调节机制。

尽管这种钢铁工业的宏观调控取得了一些成效，但投资控制政策并不能从根本上治理产能过剩。盲目扩张累积的问题已十分突出，而且一些地方和企业还在继续上新项目，所以产能过剩的矛盾在进一步加剧，其后果正在显现。具体表现在：

一是产能过剩的矛盾十分突出。2005 年年底已形成炼钢能力 4.7 亿吨，还有在建能力 0.7 亿吨、拟建能力 0.8 亿吨，如果任其全部建成，届时，我国炼钢产能将突破 6 亿吨。而 2005 年钢表观消费量在 3.5 亿吨左右，即使考虑到未来钢材需求的增长，供求也是严重失衡的。严重短缺的一些钢材品种，如不锈钢，也出现了产能过剩的问题。在市场已经过剩的情况下，不少企业仍在违规盲目上新项目，2003 年以后新增的炼钢产能中，经国家发展改革委、环保总局、国土资源部核准的项目产能不足全部新增产能的 20%，绝大部分产能未经核准、环评和科学论证。

二是资源供给和环境容量难以支撑。目前，我国钢铁工业所用的铁矿石已有 50% 以上来自进口，全球新增铁矿石量的 90% 以上用于我国的消费，受此影响，2005 年进口铁矿石价格上涨 71.5%；2004 年钢铁工业耗能近 3 亿吨标准煤，占全国能耗总量的 15%，耗新水近 40 亿吨，占工业耗新水总量的 14%，运输量 10 亿吨，占全社会货运量的 6%。而钢铁工业增加值仅占 GDP 的 3.14%；钢铁工业粉尘年排放量约 120 万吨，占工业排放量的 14%，钢铁企业已成为许多地方的主要污染源，引起了人民群众的强烈不满，也是政协和人大代表比较集中关注的问题之一。因此，无论是资源供给还是环境容量，均不允许钢铁工业粗放型发展下去了。

三是低水平产能占相当比重。在 2004 年年末形成的 4.2 亿吨钢产能中，落后的 300 立方米及以下的小高炉能力约 1 亿吨，20 吨及以下的小转炉和小电炉能力 5500 万吨，分别占总能力的 27% 和 13.1%。这部分落后产能，规模小、效率低、污染重、无综合利用设施，单位能耗通常要比大型设备高出 10%～15%，物耗高出 7%～10%，二氧化硫排放量高 3 倍以上，粉尘、煤气超标排放，对周边生态环境构成严重威胁。

四是行业恶性竞争已经出现。2005 年 9 月下旬以来，在钢材价格出现全面下跌，原材料价格居高不下，95% 的钢材产品价格跌破成本，企业产成品资金占用增长 50%，钢铁工业整体走向微利甚至亏损的形势下，相当多的企业仍在继续增产，加剧了市场供大于求的矛盾。

五是产业集中度进一步下降。由于我国钢铁企业数量增长过快，钢铁工业总体规模迅速扩张，产业集中度不升反降。2005 年我国 69 家重点统计企业钢产量占全国的 79.81%，比上年下降了 3.71 个百分点。

（五）理论要点

（1）学习型组织理论的提出及其内涵。现代组织理论从巴纳德（Chester Barnard）开始，"系统"和"人"得到了主要的强调，他的论点是，一个协作系统的存在取决于参与者沟通的能力以及他们朝一个共同目标努力的意愿。在这样的前提下，人在正式组织中的创建和维持中扮演了重要角色。接着，现代组织理论中第一个发展是，将组织视为一个由相互作用的部分组成的系统。这个系统可能是开放式的，也可能是封闭式的，这两种系统理论在实践中都得到了应用。但在今天这样一种急剧变化的环境里，开放式系统理论正变得越来越有意义，将组织视为开放式系统的关键则在于将外部环境视为重要输入的来源，环境因素决定着组织。

开放式系统的观点聚焦于组织的环境，但现代组织理论中权变的、生态的组织理论却有不同看法。权变理论是能动性的，认为不存在唯一最好的组织方法，组织的设计必须适应当时的内外环境条件。而生态学的组织观点是自然选择，权变的观点提出组织是通过内部的改革和适应来应变的，而生态的观点则认为，这其实更是一个"适者生存"的过程，是一个组织选择和替代的过程。很明显，权变和生态的组织理论，更加强调的是"能够调整组织结构以适应变化着的环境要求"的更加理性、更具有前瞻性的管理观点，它比环境决定论更易于被接受和更实际。现实中，许多企业正是由于没能跟上所面对的变化而被淘汰。

组织面对越来越多的不确定性，于是在组织理论的发展中出现了信息加工和组织学习的观点，组织必须通过它的知识管理，即能够获得、存储、说明以及使用合适的信息去降低这种不确定性。学习型组织代表了组织理论中最新思想，它的产生与今天组织所面临的新的环境密切相关。系统的、权变的、生态的和信息加工的观点对于理解组织的形成很重要，但是，组织的学习对于在新的环境下理解今天的组织则迈出了更大的一步。

（2）组织学习、知识管理的理论。组织被描绘成一个学习的系统并不是件新鲜事。在 20 世纪交替的时候，泰勒的科学管理中就曾强调工人的可迁移的学习可以使组织更加有效。最早定义和使用"组织学习"的是心理学家阿基里斯和其同事（Chris Argyris & Donald Schon，1978），他们还提出了单回路学习和双回路学习，并对它们之间的差异进行了分析。彼得·圣吉及其同事随后开始从系统论的角度描绘学习型组织，并且在适应性学习和创造性学习之间作了重要区分。适应性学习相对简单，它是学习型组织的第一步——适应环境的变化。近年来，国内外许多企业做出了很多适应性的变化，但是却没有超越适应性的学习，创造性学习不仅仅是适应环境的变化，而且能预期变化的发生，创造的过程引导组织经验的彻底重构，引导组织从重构的过程中学习。

个体学习和组织学习的系统是复杂的，它包含了学习的行为和过程、知识的背景、学习的环境，以及知识的传递和共享等多种要素，组织学习不只是一个个体就能解决的事情，知识必须能够在组织里迅速传播。作为一个学习型组织，其内部知识学习过程是很复杂的，但学习的目的是创新。学习型组织必须进行知识管理，促进知识的社会化、外在化、组合化和内在化的转化过程，使得组织内部的知识高度共享，从而保证组织的业务流程快速、高效，并形成一种激励知识共享和不断创新的文化。

上海金枫的品牌管理创新

张梦霞　尤楠

摘要： 本案例以上海金枫酿酒有限公司（以下简称为金枫）的品牌管理创新为主题，介绍金枫近年来如何通过组建品牌建设领导小组、依托市场调研、坚持创新导向，进行有效的品牌管理建设，使企业在短短几年的时间内获得了较高的品牌认知度、市场份额和赢利能力，在国有企业如何实现可持续发展的问题上，探索出一套值得借鉴的思路和方法。

关键词： 金枫　黄酒行业品牌管理　创新

一、背景介绍

（一）企业概况

上海金枫酿酒有限公司为上海市第一食品商店股份有限公司的全资子公司，前身为上海枫泾酒厂，创建于 1939 年 6 月，有 60 多年丰富的黄酒生产经验，是全国最大的专业黄酒生产企业之一，也是上海地区唯一的优质黄酒生产企业。此外，金枫还是中国酿酒工业协会黄酒分会理事单位，拥有国家级评委两名。1993 年以来，在烟糖集团的统一领导下，通过兼并、托管、购并等资本运作手段，企业规模得到迅速扩张，目前企业拥有金枫枫泾酒厂和淀山湖酒厂两个生产实体，总资产 2.3 亿元，占地面积 300 亩，员工 670 余名，专业技术人员 99 人，生产规模达到年产 5 万吨。2000 年 6 月，金枫整体资产进入上海市第一食品商店股份有限公司，成为该上市公司的全资子公司，为企业的发展提供了广阔的空间。为了满足市场需求，2003 年 7 月公司利用配股资金 2 亿元投资兴建新的生产基地，基地占地面积 280 亩、年生产能力 4 万吨。2004 年 11 月新的生产基地竣工投产，公司的年生产能力达到 10 万吨，一举跃居我国最大的专业黄酒生产企业。

早在 20 世纪 70 年代初，金枫便着手改革传统的黄酒生产工艺，进入 21 世纪，金枫潜心打造的石库门上海老酒风靡沪上，成为中国黄酒业一块金字招牌。2004 年，金枫公司产值比 2000 年增长 3.3 倍，占黄酒行业的产值比重由 3.1% 上升到 8.4%，利润比重由 3.2% 猛增到 24.8%，核算成每百元产值实现利润，金枫由 8.7 元增长到 24.34 元。净资产收益率达到 28.78%。在 2004 年行业排名榜上，金枫的黄酒销售利润率和人均创利均居行业首位，2005 年公司发展势头更加强劲，仅上半年，金枫已经实现销售收入 2.15 亿。

（二）行业背景

中华民族上下五千年，黄酒亦历经五千年的悠久历史，堪称国之瑰宝，它与法国葡萄酒、德国啤酒共称世界三大最古老的酒种。作为纯酿造酒的黄酒不仅历史悠久，而且还独具特点，如低酒度、低耗粮、高营养等，它符合国家酒业政策，代表世界酒类消费趋势。此外，黄酒也是最能代表中国走向世界的优秀酒种。

在过去，黄酒的主要消费功能仅局限于家常饮用和佐餐烹调。囿于传统黄酒地域和季节的限制，加之产品档次较低，行业在产品开发和营销思路上因循守旧，导致黄酒市场长期处于低价、同质化竞争状态，制约着黄酒行业内企业的发展、壮大。在所有酒类中，黄酒产业一直处于弱势，吨酒价格远低于白酒和葡萄酒，仅比啤酒高出 200 元左右。从发展的角度看，黄酒行业具有面临较好的宏观环境。

1. 宏观环境分析

（1）政治和法律环境。目前，国家对酿酒行业的政策是贯彻"优质、低度、多品种、低消耗"的方针，重点发展葡萄酒、水果酒，积极发展黄酒，稳步发展啤酒，控制白酒总量。由于黄酒耗粮较低，酒类税收政策也在一定程度上反映了国家节粮的产业政策导向，黄酒的消费税负最轻，体现了国家对黄酒行业的扶持。

（2）经济环境。黄酒消费市场主要集中于长三角区域——苏、浙、沪，随着该地区以及其他地区消费者收入的增加，黄酒消费的收入效应表现为三个层次：观念升级、档次升级和渠道升级。首先，观念升级。养生型、交际型的酒类消费理念逐步被人们接纳，黄酒的低度、营养、保健等优势凸显。长三角地区消费者的生活方式与跨地区经济合作同步，正在向周边和全国扩散。其次，档次升级。黄酒的消费群体逐步由原来的低收入阶层向高收入阶层拓展。较高价位黄酒的市场主要面向餐饮业、娱乐业和商务礼品业等。最后，渠道升级。黄酒消费主要以家庭和餐饮为主，连锁超市业态的发展促进了黄酒的市场推广。

（3）社会、文化与自然环境。在有着"东方巴黎"美誉的国际大都市——上海，东西文化交融，异彩纷呈，形成了独特的城市精神，即东情西韵、和谐包容，这正是海纳百川的海派文化精髓之所在。黄酒源于中国，代表着传统、经典的中国酒文化，在三千多年前的商周时代，我们的祖先就独创了酒曲复式发酵法，开始大量酿制黄酒。黄酒与啤酒、葡萄酒并称世界三大发酵酒，三种酒在上海不仅不是你死我活的竞争对手，相反，这里的文化氛围为黄酒与其他酒类市场的和谐共生、协调发展创造了良好的人文环境。

（4）技术环境。大多数黄酒企业鲜有专门的研发部门，缺乏新产品研发、创新意识，忽视技术交流。自从进入 20 世纪 90 年代后，国内的黄酒行业技术交流活动几近停止，90 年代初期以前的全国黄酒技术协作交流会也已销声匿迹，至此，我国的黄酒业技术改造和创新工作严重受阻。

2. 黄酒市场及行业分析

2000 年，全国黄酒产量为 145 万吨，到 2005 年将达到 180 万~200 万吨，2015 年达到 250 万~280 万吨。在北方市场，白酒市场正在萎缩，如果企业能够提供适当的产品，并配合有力的市场投入和有效的营销方案，黄酒销量将有较大的潜在提升空间。在农村市场，农民白酒消费习惯也在逐步改变；随着分销渠道的现代化步伐加快，小型连锁店、超市等正在步入农村，使得农村市场被低档白酒垄断的局面有所改变。据专家估计，农村市场的黄酒年销售潜力近50 万吨。在国际市场，专家对黄酒市场容量的预测在 50 万吨左右。目前我国黄酒年出口量在 1 万吨左右，主要产品是绍兴黄酒，在国际市场上的主要竞争对手为日本清酒、味淋以及中国台湾地区产的"仿绍酒"。

目前黄酒的产业和消费规模呈现明显的区域性特征，如图 1 所示。

黄酒行业进入壁垒较低，区域性生产明显。尽管目前行业内销售收入前 5 位的企业已获得全行业 55%左右的市场份额，但是前 5 位企业的生产规模仅占行业的 14%左右，从规模化生产看，黄酒行业的生产集中度仍然较低。

2004 年，年销售收入千万元以上黄酒企业分布如图 2 所示，黄酒销售额快速增长的省市如图 3 所示。图 1 显示，浙江、江苏和上海是黄酒消费的主要市场，消耗量占全国的 78%，其中上海地区的市场容量最大，2004 年上海地区

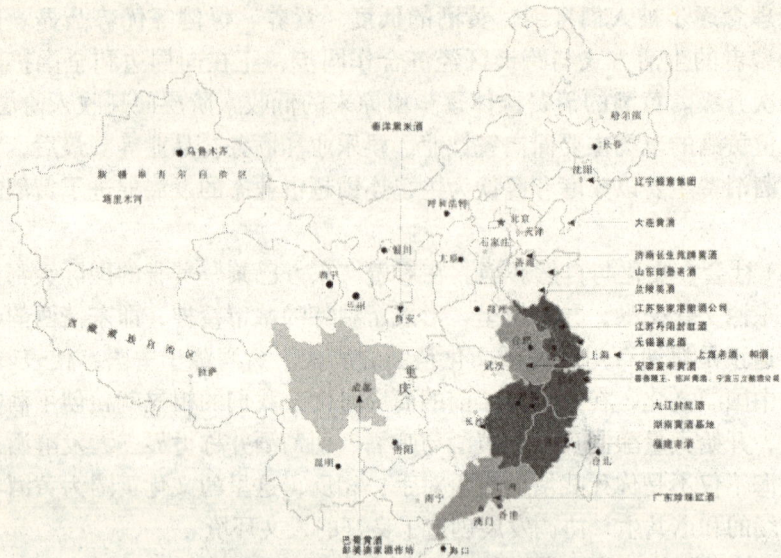

图1 黄酒产业和消费规模分布

注：颜色的深浅代表产业和消费的规模大小。

的黄酒消耗量达17万吨；其次是山东、安徽、福建、广东等省，消耗量约30万吨，同时，山东、河南和内蒙古地区是黄酒销售增长最快的三个城市（如图3所示）；至于全国其他地区尚构不成规模经营。

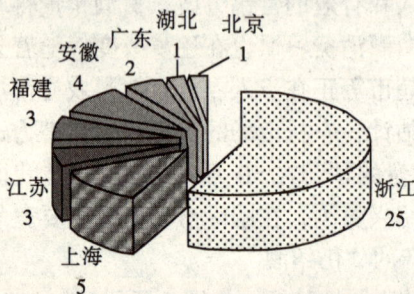

图2 年销售收入千万元以上黄酒企业分布（2004年）

资料来源：中国酿酒协会黄酒分会。

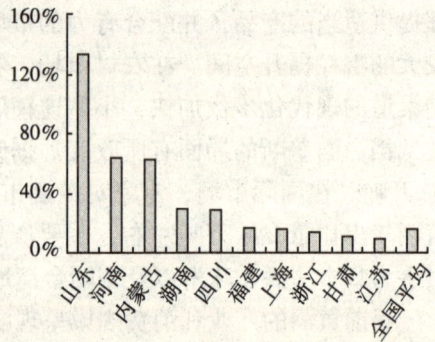

图3 黄酒销售额快速增长的省市（2004年）

资料来源：中国酿酒协会黄酒分会。

3. 竞争分析

图4描述了黄酒业厂商竞争格局的变化态势。尽管黄酒行业进入门槛低，但是生存、发展艰难。非规模经营的弊端是费用高，利润率低，随着竞争的加

剧，必然导致大量的弱势企业被淘汰出局，呈现伴随着行业利润率上升的行业集中态势，最后形成寡头竞争。

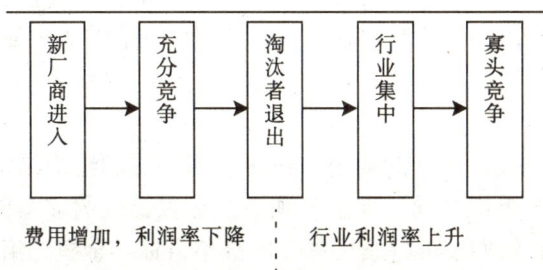

图4　黄酒行业厂商格局变化分析图

资料来源：申银万国证券研究所。

上海作为多家企业的黄酒基地市场，竞争十分激烈，主要品牌有上海冠生园华光酿酒药业有限公司的"和酒"、上海金枫酿酒股份公司的"石库门上海老酒"、中粮集团"孔乙己酒"，以及来自绍兴的古越龙山、会稽山、塔牌等，各家实力相当，未来的态势将是优胜劣汰。由于地域饮食文化差异，黄酒在口味上的完全统一并不现实，优胜劣汰的最终结果，将是少数一两家全国性黄酒厂商和具有区域市场优势的企业共同分享行业利润。

二、金枫的品牌管理创新

（一）企业目标与品牌战略

1. 企业战略目标

公司总经理汪建华明确表示，金枫的短期战略目标，是努力成为全国最强的黄酒企业和全国最有责任感的、有号召力的黄酒企业；金枫的长远战略目标，是通过建设强势品牌，与华夏、王朝和龙徽等葡萄酒品牌抗衡，争夺国产葡萄酒市场利润。

尽管母公司主张金枫要大行扩张战略，在一两年内有所突破，将现在的有限公司升级为黄酒集团。但是汪总认为，鉴于金枫作为"领头羊"的优势尚未凸显，影响力还不够强，应当先抓强势品牌建设，在做实、做强的基础上做大。先主打上海，然后延伸到江浙，再扩展到全国。

　　至于如何建设强势品牌，汪总的看法是，品牌建设应理念先行，营造良好的黄酒消费文化是造就强势黄酒品牌的基础。由于黄酒消费群体的萎缩趋势，加之传统黄酒口味苦涩，包装简陋，营养价值有待进一步挖掘，黄酒消费文化还难以在全国快速推广。黄酒消费文化对消费者的影响力要靠业内两三个领头企业间的良性竞争实现。

　　2. 组织结构

　　公司根据品牌战略发展的需要，对现有的资源和组织结构进行整合治理，形成精简、高效的组织结构，保证各项资源能以最低的成本创造最大的产能，实现"低成本、高效率、可持续发展"的战略目标。金枫的组织结构是典型的扁平式模式，如图5所示。总经理下面设副总（有兼职，包括党委书记等）8人，销售公司独立核算，总经理室下设办公室、人力资源部、生产部、财务部、综合管理部（负责综合协调，考核绩效指标，一些基础管理工作、审计）、销售公司；每个副总分管一至两个部门，如分管研发、生产、销售、市场调研和人事，总经理全面负责，部门间的协调通过办公室和综合管理部进行。在这样的组织结构下，企业各个部门能够相互配合，协同发展。

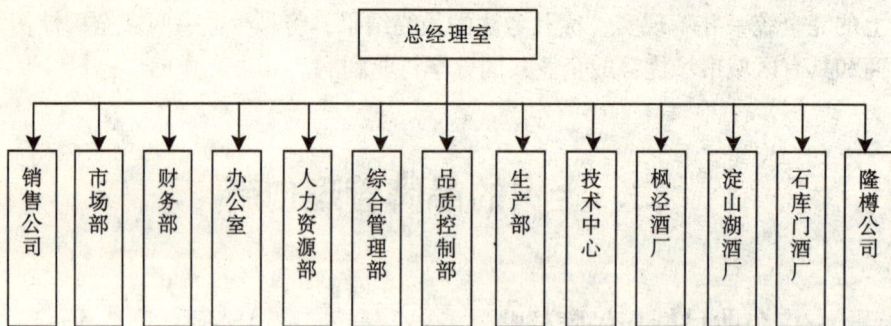

图5　金枫公司的组织结构图

　　3. 品牌的战略定位

　　由于长久以来金枫公司是计划经济体制，所以企业偏重销售环节，缺乏有效的市场细分，更谈不上准确的产品定位。在向市场经济过渡的过程中，企业一直在寻求产品结构的调整，但是这条路走得艰辛。2000年，汪建华走马上任做总经理，对企业进行大刀阔斧的改革。有丰富市场经营管理经验的他清醒地意识到，必须进行品牌的战略定位，通过创强势品牌发展企业。为此，他首先成立了品牌研究项目小组，并充分引入外脑——调研公司、策划公司，对市场进行全面细致的调研，对品牌进行正确的战略定位。

　　调研的内容涉及市场的消费需求现状及变化趋势、金枫的产品结构、赢利能力、竞争能力、行业水平及发展趋势等。参考调研结果，凭借企业在本行业的市场经验，结合公司论证，特别是总经理的果断决策，一套较完整、明确的金枫品牌定位战略成型出台。这是一个四维度定位战略：

产品定位：用于个人社交、商务应酬的商务酒、礼仪酒；

顾客定位：高收入、高品位、高格调的白领群体；

价格定位：针对目标客户群的较高价格；

通路定位：餐饮、超市卖场。

在此定位战略基础上，金枫成功开发了具有高附加值、高营养、新颖时尚的新产品"石库门上海老酒"。与之配套的金枫企业两个三年发展规划如下：

2002~2004年，将"石库门"品牌培育成为上海市著名商标，将上海老酒发展成为时尚消费品，成为上海市的城市名片，建立公司在行业的龙头地位；

2005~2007年，把"石库门"品牌培育成为全国著名品牌，成为全国行业第一品牌，并力争走向世界，实现再创造一个"金枫"的战略目标。

金枫的汪总认为，黄酒中国独有，具有技术优势，没有外部竞争，发展空间较大，关键在于怎样重新认识产品和重新定位产品，包括产品的文化内涵。几年来，金枫一直进行着这方面的探索，企业计划在2010年以上海世博会为契机，把黄酒推向世界。

（二）品牌的个性塑造

1. 品牌标志

2001年，金枫公司引进CIS系统。金枫酒业的企业标志是一枚枫叶底部的局部特写。红色、金色，形成一个虚形的"人"字。寓意事无巨细皆由人来完成，没有"人"的企业，也没有财富，金枫酒业"以人为本"的经营模式和服务理念得到了体现。标志的外观又像是一面旗帜，寓意了金枫酒业在中国黄酒业的模范形象，它的品质与信誉正是这面锦旗飘扬的动力，金枫人永不满足，为锦旗添华彩的信念溢于言表。

2. 文化属性

金枫公司以前曾推出过一款"金枫特加饭"，由于品牌内涵不明晰，造成消费者误解。因此在品牌建立上，公司领导层主张理念先行，挖掘"石库门"的品牌文化内涵和黄酒本身的文化内涵，打造品牌个性，提升品牌价值。

"石库门"品牌，来源于中国共产党于1921年在上海石库门旧址召开的第一次中央全会，中共中央就诞生在这石库门，陈独秀、鲁迅等就是从石库门里走出来的中华英才，"石库门上海老酒"与中国共产党的悠久历史联系起来。

图6 "石库门"标识

金枫人将黄酒的文化内涵与上海都市文化的特点相结合，将黄酒产品创新，同城市文化、都市人怀旧心态相结合，充分体现"高档、精致、品位、温文尔雅"的现代人的酒文化，满足上海人的上海情结。同时，这可提升黄酒档次，创造黄酒新概念，激活黄酒这一传统产品。在留住黄酒老顾客的基础上，开发黄酒的新顾客群体。文化是通向消费者心灵深处的彩虹桥，金枫打出的这张文化牌，使"石库门上海老酒"一上市就赢得了消费者的青睐。

（三）借用外脑支持品牌管理决策

金枫的外脑主要是国内著名的调研公司和咨询公司，借用外脑的方式以市场调研和咨询为主。借用外脑是金枫品牌创新的基础和保证。金枫每年进行一次常规性市场调研，调研预算约每年50万元。调研对象包括金枫的目标顾客群，也包括竞争对手，如古越龙山、和酒等。领导层十分重视调研，充分体现信息对企业决策的支持作用。

1. 改变配方

传统观念认为，黄酒正宗的口味是苦涩的。业界老大，占全国黄酒市场份额首位的"古越龙山"一贯坚持"黄酒制造应尊重传统口味"。2000年，金枫的市场调研显示，许多消费者不喜欢黄酒的苦涩味，特别是北方消费者。金枫的另一项委托盖勒普咨询公司进行的产品赢利成功因素的市场调查显示，口味是食品的第一重要产品属性，其赢利贡献权重在0.6以上。据此，金枫进行了大胆的口味创新，使口味更迎合消费者的需求偏好。消费者用货币投票的结果显示，口味的创新为金枫保持和扩大市场占有率做出了积极的贡献。

2. 产品增值

市场调研显示，消费者普遍认为黄酒属低档酒类，难登大雅之堂。随着人们健康意识的增强，喝白酒的消费群体在萎缩，葡萄酒的消费群体在扩大，黄酒被冷落。如何提升黄酒的价值感知，改变人们对黄酒的固有态度呢？必须在产品的有形层和延伸层上寻求突破。金枫于2001年年底推出了高附加值产品——"石库门上海老酒"系列，以其优雅精致的包装和宜人的新口味赢得了上海市场，黄酒也跃居为时尚、高档、营养的标志。目前，金枫正在策划一款价值千元的极品黄酒，目的是以奢侈品的形象打入上海的高端消费场所。

3. 调研为辅

虽然金枫的高管层非常重视调研，并亲自参与调研，保证了市场调研的效果，但是，金枫不做调研的奴隶。2004年，市场上出现了各种各样仿冒金枫产品的黄酒，其包装与金枫之近似程度足以达到以假乱真的地步，为此，金枫进行了一项专题调研，目的是了解市场对改变产品包装的看法。调研显示，80%的消费者认为更改包装弊大于利，调查公司、策划公司和顾问公司也都反对更换包装。最后，汪总以一个经验丰富的职业经理人对市场的特有敏感和把握，认识到更换包装对企业发展的重要意义，坚持更换包装。市场实践表明，更换包装是明智之举，不仅消费者认同，也杜绝了市场假冒现象对品牌发展的负面影响。

（四）品牌延伸

金枫公司根据不同的消费群和目标市场开发不同特点的产品，产品结构体系日趋完善。比如金枫开发的"侬好"成年酒和"石库门上海老酒"主要满足有"低酒精度、营养价值高"的目标市场，"经典"、"锦绣"系列产品满足诸如北京、香港地区消费者对高档次产品的需求。

从总体看，金枫目前拥有高、中、低三大产品系列，形成了金字塔产品结构，如图7所示。其中，面对大众化消费，主要用于烹饪，采用便利渠道经销；加饭花雕系列和"侬好"，面对家庭消费，适宜便利店和超市渠道经销；"石库门上海老酒"系列面对高档消费群，通路的形式主要有超市、大中型饭店、宾馆等；他们也在为上海地区的高级酒店、酒吧和会馆等场所研发新产品。此外，为了丰富和延伸产品线，使金枫品牌持续吸引消费者的眼球，公司计划每年开发2~3个新产品，使品牌建设与管理同新产品研发结合起来。

（五）品牌推广

金枫的高级管理层主张在产品导入初期不做大量广告宣传，从顾客的口碑传播起步。调研显示，温州、上海等江浙一带人大多有饮用黄酒的习惯，他们也有留恋故土饮食文化的情结，在改革开放的大潮下，大量的江浙人走向中国的四面八方，正是他们自然地构成了将黄酒消费文化拓展至全中国的一支优秀

价格体系	品牌系列	目标消费群体

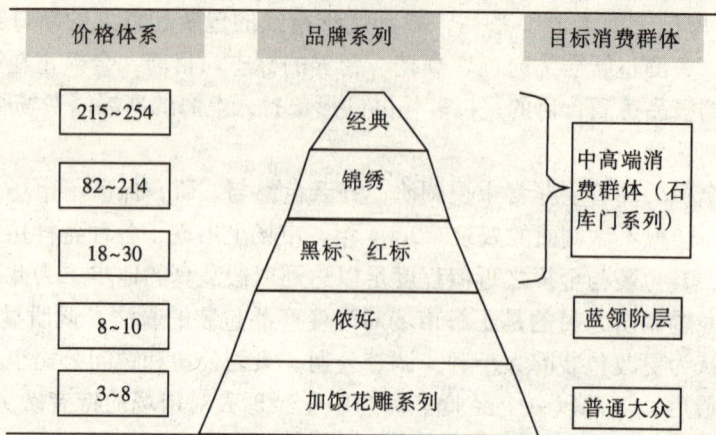

图7　金枫酿酒公司的金字塔产品结构

的志愿者宣传队。这些人往往出于生意的需要广泛结交高层人士，请客、送礼时少不了提上家乡的特色产品——黄酒，从而逐渐形成了一种自上而下的黄酒消费行为导向现象。据此，金枫顺水推舟，并再助一臂之力，通过自上而下、口碑扩散、消费者自觉自愿的促销传播途径，即将金枫的高端产品作为高档养生保健礼品赠送给省、地区等高层人士，通过他们的品尝—产生偏好—消费优越感—刺激同级、下级人士的消费欲望产生和升级，无形中然而是强有力地扩大了产品和品牌的知名度，有效地形成了市场的拉动效应。现在，湖南、江西、贵州，甚至新疆等省都有金枫黄酒的市场份额。每逢节假日，这些省份的省、市级驻沪办事处会购买为数可观的金枫黄酒作为送礼佳品。与此同时越来越多的外地经销商也对金枫黄酒表现出浓厚的兴趣。

在开拓市场的实践中，金枫找到了品牌推广的发展方向，即打高端市场，通过稳固并扩大上海本地市场，发展江浙市场，走向全国市场。早在公司的总经理汪建华担任上海第一食品公司经理时，他曾亲眼目睹雀巢和哈根达斯在终端的失败与成功，形成了对品牌的独到见解，这对他后来坚持"石库门"系列走高端路线不无影响，因为他知道，正是那些为数有限的高端群体，在他们对生活享乐、品牌价值、高质量产品的不懈追求中带动着高档消费，为实现公司的高市场回报做着积极且重要的贡献。

（六）基于创新和质量保障的品牌差异化

尽管黄酒是一种传统产品，但是金枫人明白黄酒的生命周期才刚刚开始，且发展态势喜人，关键在于企业要有打破墨守成规的创新理念，通过以市场为导向的技术创新、产品创新和建立规范、有效的质量保障体系等，实现品牌的差异化。

1. 技术创新

金枫公司建立了金枫科技创新体系，与无锡轻大合作成立了"金枫科技联合开发中心"。先后投资 5000 万元对枫泾酒厂生产基地进行改造，并在行业内率先推行电脑温控系统和新工艺流水线，后者荣获上海市"重大科研成果奖"和商业部"黄酒新工艺二等奖"。另外，为了满足市场不断扩大的需求，公司又投资 2.8 亿建造了全国行业中单体规模最大、设施最先进的 4 万吨酿酒基地，为公司发展目标的实现奠定了基础，从而使公司成为全国行业中，规模最大、技术最先进的黄酒生产企业。

在生产工艺上，金枫与上海计算机研究所合作，把传统的酿酒工艺与现代技术相结合，实现了酿酒经验数据计算机化，在行业内率先研发了电脑温控系统，从而掌握了黄酒酿造的核心技术，并改进了传统黄酒生产的浸泡工艺。为了防止酿造过程中酒味变异，经过长期的技术攻关，把传统的酵母改为使用无菌环境下培育的啤酒酵母，提高了酿酒质量。

要实现黄酒高档化、礼品化、品牌化的发展、扩张战略，就必须实现品牌黄酒生产和销售的规模化，突破黄酒生产季节和销售地域的限制。根据黄酒淡旺季的特点，金枫改革传统的酿酒工艺，调整配方，将冷冻技术引入冬酿生产，延长了冬酿投料期，解决了生产量与生产季节的矛盾，2003 年冬酿产量首次突破 6 万吨，2004 年冬酿产量提高到 10 万吨，为持续发展打下了基础。由于采用了先进的冷冻技术，金枫酒业已经从 2004 年的 7 个月生产周期延长至 2005 年的 10 个月，如果运行正常的话，2006 年可望实现全年 12 个月的生产周期。

此外，金枫从德国进口贴牌生产设备，充分利用地处上海的优势，加强与外国企业、设备供应商联系，高效率完成生产设备设计、维修工作。因此，黄酒生产流水线，自动化程度非常高，既节约了成本又提高了效率，提高了企业品牌的竞争力，拉开了与竞争对手的差距。

2. 产品创新

公司根据市场调研中消费者反馈的信息，在产品理念、产品性状、产品包装等方面都进行了一系列创新。公司的理念创新在于"在传统产品中加入现代元素"，即公司将产品定位于一种现代时尚产品，同时又具有上海独特的历史文化内涵，从而扩大消费群体和消费场所。产品性状方面，一是使黄酒的口感从传统的带有苦涩和比较厚重的感觉，转变为比较淡爽。现在的"石库门"系列还降低了酒度，添加了蜂蜜、姜汁和话梅等，把酒味调到最佳，更符合消费者的需求和偏好。二是在黄酒生产中采用葡萄酒加工工艺，有效去除了传统黄酒中的杂质，并通过控制酿造过程中酒的铁离子含量，使黄酒的色泽呈现 XO 特有的琥珀色，并达到很高的标光度。在包装方面，为了扩大产品在货架上的展示面，金枫的黄酒包装首次采用了扁平瓶体，瓶子经过特殊处理，从外包装上看产品上了一个档次，体现了包装的增值效应。"石库门"系列的"黑标"、"锦秀"和"经典"等品牌的酒瓶不仅采用了更特殊的工艺，且国内只有一家厂商可生产，起到了很好的防伪作用。

3. 质量保证

2002 年，金枫成立了由副总经理领导的，由生产部、综合管理部、生产厂等部门组成的质量标准化组织机构，从原料采购到产品出厂步步把关，坚持以最好的原料生产最优的产品，确保产品质量的稳定。之后，金枫公司建立起HACCP 食品安全管理体系，保证产品的安全和卫生，公司把生产过程可能产生生物危害的"煎酒封口"和"杀菌"环节作为关键控制点，制订方案加以控制，防止危害发生。接着，金枫又建立起 ISO9001：2000 质量管理体系，以确保为市场提供优质的、满足消费者需求的产品。质量保障体系的建立使员工的质量意识增强，产品质量有明显提高。

在技术创新中建立的发酵电脑自动温控系统，不仅使金枫在同行中持续保持领先的地位，且使产品的质量得到了科学的保证。为了不断提高产品质量，公司成立了 QC 小组，使产品最终合格率、二次交验合格率、出口产品检验合格率均达到 100%，相应的顾客满意度达到 95%，在省市以上质检机构市场抽查中金枫的产品合格率达到 100%。"石库门上海老酒"面市以来，未发生过一起消费者投诉事件，达到了市场零投诉水平。

（七）建设品牌渠道网络

1. 渠道格局

近年来，金枫在做好上海市场的同时，逐步实现了向江苏、浙江、北京、云南等地的市场扩张，并已经将金枫品牌打入日本、东南亚及港澳地区市场。与此同时，金枫全国销售网络的构筑工作也全面启动。到目前为止，公司已成立了 4 个市外销售科：以江苏、浙江为中心的华东科，以北京、天津为中心的北方科，以广东广州、深圳为中心的南方科，以四川成都、重庆为中心的西南科，并根据各个中心的不同的市场特点，配备相应的销售业务骨干。公司近三年的目标是力求产量和利润翻一番，在全国核心城市铺设销售点，将金枫打造为黄酒业的中国名牌。

2. 渠道份额

目前，"石库门上海老酒"在上海的市场份额为 90%。在上海大酒店类市场中，金枫在 A 类大酒店的占有率为 92%，销量占比为 47%；在 B 类大酒店的占有率为 89%，销量占比为 33%；在 C 类大酒店的占有率为 33%，销量占比为 20%。金枫在超市中的占比为 35%（其目标顾客群主要为家庭和小饭店），全上海小饭店黄酒销量约为 14 万吨，金枫占一半的市场份额。金枫的原则是坚持"石库门上海老酒"的高端定位，先把一定数量的 A 类饭店做好，然后再扩大终端数量。

3. 渠道管理

金枫与代理商的合作理念是，共同承担品牌责任，建设品牌渠道，实现双赢。尽管代理商在与金枫签署合同时，需交纳 5 万元的保证金，但是金枫支付保证金的利息水平要高于银行利息，其实保证金不是赚钱的手段，只是对代理商的一种行为约束。

在传统营销管理中，代理商对品牌是不负责任的，品牌是企业的，代理商只管销售，而金枫要求代理商与企业共同承担起品牌责任，大家共同分享品牌成长带来的好处和收益，共同承担品牌维护的义务。刚开始时代理商很有意见，但是通过几年的运作他们尝到了甜头，代理商的平均毛利润高于 15%，他们接受了金枫的渠道理念。

金枫承诺会通过限制代理商数量保护代理商利益，每个区域只设独家代理商，保证代理商在市场开发时的投入能在市场成长的过程中得到回报。汪总不无自豪地讲，这几年我们是在为上海培养百万富翁，每年的利润几十万元，甚至上百万元！作为金枫的经销商，有稳定、丰厚的利润回报，而且每年的利润都有持续增长，经销商们自然就形成了一种来自经营金枫品牌的品牌自豪感。也正由于此，越来越多的经销商看好金枫这个品牌，他们通过各种渠道和关系找到金枫希望成为金枫的经销商。公司并没有就势扩展渠道，而是在做到保证经销商的利益同时，限制经销商总数，并对经销商进行严格管理。汪总根据自己从商 20 多年的经验总结到，品牌自己打自己现象的形成，是由于销售没有计划，过度销售，一个区域有太多的代理商，导致降价销售，恶性竞争，事实上，区域的需求量是有限的。

金枫针对不同的经销商采用不同的产品编号，产品的市场价格统一，这样做的目的是抑制经销商的串货行为或价格竞争，有利于公司对经销商的控制和对品牌的维护。对于违反合同规定、挑起恶性竞争的经销商，金枫在合同中有相应的管理规定，即第一次罚掉 5 万元保证金，第二次则取消其经销商资格。在过去的 4 年中，金枫淘汰掉 18 家经销商。为了有效地管理渠道，公司销售部经常和经销商开会，收集经销商的反馈信息，及时进行交流和互动。公司要求销售员每天都要走访管辖范围内的经销商，强化对经销商的管理。在金枫的渠道管理理念中，对经销商的严格管理也是服务的一种方式，也是保证经销商利益的一种手段，目的是搭建经销商之间和平共处、共赢关系的平台。现在金枫在上海的经销商共计 42 家，根据公司制定的稳步发展的终端战略，在未来 5 年内，经销商的数目将不会超过 60 家。

4. 内部管理

由于终端销售人员代表着金枫的品牌形象，因此公司对内部销售人员的管理十分严格，并在公司实施激励机制。由于对内部销售人员的管理到位，金枫的销售人员流失率较低，企业拥有着一支稳定、能力强的核心销售队伍。这支队伍的人员构成主要是下岗工人和大学毕业生，对前者的要求是只需具备一年的基层工作经验，愿意直接与消费者接触；对后者，公司会加以培训，使他们成为优秀的职业销售人员。对于一些从事过知名品牌销售的资深人士，金枫对他们并不十分看重，原因是经验反会束缚手脚，且这些人容易跳槽。为了避免员工的工作惰性，公司会适时地向销售人员提出更高的要求，适时加压，促使其进步。公司对销售人员的考核是明确的，比如考核指标包括销量、市场管理、客户流向、任务管理、网络建设、价格等；由销售部经理进行考核，每个月评一次，与员工工资挂钩。

（八）纵向一体化制造品牌优势

为了节约成本，创建品牌优势，金枫正在探索以价值链为主线的产品研发、原料采购招投标、生产运营、品牌培育、渠道网络、终端管理、促销传播等的独有赢利模式。以原料采购环节为例，目前，作为黄酒酿造主要原料的粮食是通过市场招投标采购的，成本较高。现在粮食已经放开了，企业可以向上海市粮食局申请，直接采购粮食，延伸产业链，上游一体化，直接向农民收购稻谷，加工稻谷，每年可以节省 5 万吨粮食，预计增加 700 万~1000 万元利润。金枫准备从 2006 年开始做这项工作，目前已经在调研和制订计划过程中。另外，其副产品也可以衍生出许多业务，如用酒糟作的饲料，市场销路非常好；酒糟用于食品烹调，在香港地区、广东有很大的市场。至于向下游延伸的饲料加工业，金枫已经和一个民营企业协商合作，通过控股，实现对粮食供应的垄断。这种通过纵向一体化形成的品牌优势将是金枫独有的核心竞争力之一。

（九）品牌建设的资源保证

金枫的领导层清醒地意识到，若要实现公司长远的品牌战略，人力资源制度必须改变，通过提高薪酬水平，加大激励力度，提高内部员工的工作积极性和忠诚度，吸引外部的优秀人才。但是由于涉及国有企业的体制改革，加之上海国资委的严格管制，公司领导层目前深感无能为力。

为了合理使用资金，保证资金满足经营需要，充分实现资金价值，公司在行业中率先实施了全面预算管理制度，通过销售预算、费用预算、经营预算来平衡资金需求量，最后编制资金周转预算，并且每月对资金预算执行情况进行评价，根据实际情况适时调整资金预算，确保资金正常、快速周转，特别是加强信用管理，控制赊销资金，实现有效销售，最终实现以最低的投入，实现利润最大化。

三、绩效分析

金枫酿酒公司于 2001 年 10 月推出了中高档黄酒新品"石库门上海老酒"，因其改良口味符合现代消费者需求，已经风靡上海市场，销售量和销售收入出现了爆发性增长。2001~2004 年累计增长率分别达到 452% 和 429%，如表 1 所示。

表 1　2002~2004 年财务战略发展目标完成情况

评价指标	公司发展水平	行业水平		比　　较	
		上　海	全　国	上　海	全　国
销售额（万元）	31478	61436	377435	51.24%	8.34%
上交税金（万元）	7759	8354	37699	92.88%	20.58%
利润（万元）	8052	8320	29766	96.78%	27.05%
资金周转率（%）	20.42	10.67	3.51	+9.75	+16.91
资产负债率（%）	39.87	51.49	54.33	−11.62	−14.46

由于公司坚持市场导向，勇于创新，2004 年取得了骄人的业绩：销量达到 60066 吨，在上海市场的市场占有率达 40% 以上，在全国市场的占有率达 3.33%，令其主要竞争对手望尘莫及；同期金枫实现利润 8052 万元，占上海黄

酒行业利润总额的 96.77%，占全国黄酒行业利润总额的 50%。2004 年金枫上缴税收近 8000 万元，同样居同行业全国之首。

随着金枫酿酒二期项目的建成投产，预计金枫黄酒不但在上海市场的占有率会持续上升，在上海市场以外的区域也将有很大的发展空间，预计 2005 年、2006 年"石库门上海老酒"销售量将分别达到 9700 吨和 12000 吨，2005 年利润将突破 1.5 亿元，上缴国家税收将达 1.2 亿元。

四、附　录

附录一　关于黄酒文化

黄酒内含 21 种氨基酸，每升含量高达 6770.9 毫克，尤其是内含人体必需的、只能依靠从食物摄取的八种氨基酸高达每升 2550 毫克，是啤酒的 11 倍，葡萄酒的 12 倍，其中有助人体发育的赖氨酸含量与啤酒、葡萄酒和日本清酒相比要高出 2~6 倍。

喝黄酒需讲究色、香、味。只有兼顾到这三方面，才能在饮用中领略出它的独特风格。色：一般为黄色，多为橙黄、褐黄、褐红、褚色等。尽管颜色多种多样，但都要透明、鲜亮、有光泽。香：黄酒讲的是醇香，即具有该品种特有的香气。要求融溶、协调、自然、舒适、有韵味。味：黄酒有甜、酸、涩、苦、辣、鲜等味。作为一种好酒，均要达到醇正、协调、丰满、柔和、幽雅、爽口。有的讲究酸、甜、香、鲜适口，有的讲究焦煳、甜润，有的讲究甜鲜香，有的讲究鲜美厚，有的讲究甜酸爽口，有的讲究干爽鲜美，有的讲究甜鲜香美……总之，味感是关系到酒质优劣的重要标准，古今中外都是如此。不管人们对味感怎么讲究，都要求有典型的风格特点。体：也叫风格，是对色香味的综合判断和评价。凡名优黄酒，都在生产上经过多年的经验积累，形成了稳定的生产工艺，色香味成分相互平衡，融为一体，给人一种协调、完美和典型突出的综合感觉，酒体优雅，精美醇良，成为深入人心的名优产品。

附录二　金枫公司的主要竞争对手

1. 浙江古越龙山

浙江古越龙山绍兴酒股份有限公司是我国最大的黄酒生产、经营、出口企业，拥有国内一流的黄酒生产工艺设备和全国唯一的省级黄酒技术中心，聚集多名国家级评酒大师。主要产品"古越龙山"、"沈永和"、"鉴湖"牌绍兴酒是国家优质产品，多次荣获国际、国内金奖，是中国首批原产地域保护产品。"古越龙山"是黄酒行业唯一中国驰名商标，唯一国宴专用黄酒；具有300多年历史的"沈永和"老字号和"鉴湖"是浙江省著名商标。产品畅销全国各大城市，远销日本、东南亚、欧美等30多个国家和地区，享有"东方名酒之冠"美誉。

2. 上海和酒

向来有"上海名片"之誉的冠生园和酒，今年上半年继续保持上海黄酒市场的冠军之位，市场占有率高达34%，比第二位品牌高出近10个百分点，全年的销售额更有望突破5亿元。作为新一代高级营养型黄酒，和酒是冠生园（集团）有限公司6年前对黄酒进行深加工后获得的低度营养保健型酿造酒。它不仅彻底解决了黄酒的沉淀问题，使其能较长期地保存，而且在口味、酒色等方面都更适合现代人的品位。特别是近年，和酒从江浙沪地区逐渐向全国市场扩展延伸，并已走出国门，打进了韩国、日本、法国、美国等市场，年销售额连年翻番，目前已突破了4亿元。

3. 浙江会稽山

以专业生产闻名遐迩的"会稽山"牌绍兴黄酒的东风绍兴酒有限公司坐落在素有"水乡、桥乡、酒乡"之称的绍兴柯桥，地处绍兴鉴湖水系中上游，水质清澈，为酿制绍兴酒提供了得天独厚的优质水源。东风绍兴酒有限公司是国家大型一档企业，年产绍兴酒8万吨，固定资产4.8亿元，拥有260多年酿制绍兴酒的技术与经验，在全国同行业中第一家通过ISO9002国际标准认证。其精心酿制的"会稽山"牌绍兴酒，酒度适中，性醇和，营养丰富，能修身养性，延年益寿。据科学测定，含有21种氨基酸，其中包括人体必需的但人体不能自身合成的八种氨基酸，是一种适应世界潮流的滋补型低度酒。1999年"会稽山"商标又被列为国家重点保护商标，2000年4月"会稽山"绍兴酒被国务院首批列入原产地域保护产品，"会稽山"牌绍兴酒被评为"中国驰名商标"。产品不但畅销国内市场，而且远销日本、新加坡、中国港澳及欧美等30多个国家和地区。

4. 绍兴女儿红

绍兴女儿红酿酒有限公司创建于1918年，是绍兴东路酒的代表。公司总资产1.5亿元；现有员工320余人，是一家以黄酒、白酒生产与销售为主进而辐射果酒、保健型酒等。年产黄酒能力20000吨，年瓶酒灌装能力10000吨。公司为适应社会主义市场经济的需要，致力于提高品质、多样化的产品开发，注重内外市场的拓展，积极引进现代酿酒技术与传统工艺的完美结合，加强"女儿红"品牌宣传，以雄厚的实力和先进的企业资本管理经验，促进公司发展，取得显著社会效益和经济效益。公司主要产品女儿红酒沿历史记载之典故，集传统工艺之精华，系绍兴黄酒之精品，深受国内外城乡广大消费者喜爱；公司已通过 ISO9001：2000 质量管理体系认证。

五、案例使用说明

（一）案例类型与教学目的

本案例为品牌管理案例。

本案例的教学目的包括：

（1）通过案例的学习熟悉黄酒行业，包括发展前景、主要生产商及其竞争状况等。

（2）使学生意识到在市场经济下品牌建设带来的巨大价值、增值效应和对提高企业竞争力所起的重要作用。

（3）了解金枫如何提升品牌竞争力和怎样整合企业内、外部各种资源为其品牌战略服务。

（4）案例让学生意识到国有企业在进行市场化运作中是能够发展壮大的，但是它们在企业体制上、人力资源管理等诸方面中还面临着发展桎梏，此案例为学生探求国企在市场经济体制下的可持续发展策略问题以及寻求有效的决策思路和手段提供了一个真实情境。

（二）分析思考题及分析思路

（1）对金枫进行 SWOT 分析。

分析思路：

（2）分析思路：①市场调研及其流程；②市场调研对于发现市场机会、新产品开发和品牌推广等方面所发挥的重要作用；③与案例结合，阐述市场调研在金枫公司成功地对品牌进行重新定位，并对口味、酒色和外包装进行创新中所起到的决策支持作用等相关内容。

（3）"石库门"系列上海老酒成功的主要因素是什么？它给企业的启示是

优　势	劣　势
■ 具有开拓、创新、务实精神的企业领导团队 ■ 母公司为实力雄厚的上市国企 ■ 善于利用"外脑"支持决策 ■ 产品线结构合理，覆盖整个市场 ■ "石库门"品牌已成黄酒名牌 ■ 在产品的很多方面进行了创新	■ 企业内部缺乏有效的激励机制，人力资源管理仍未摆脱计划体制 ■ 存在着国有企业的通病 ■ 母公司和企业战略目标不一致 ■ 上级领导对企业管得过死 ■ 上海以外的市场份额较低

金枫

机　会	威　胁
■ 黄酒低度、营养、保健，符合现代人的饮酒观念 ■ 黄酒受到政策扶持，税率较低 ■ 消费习惯改变，消费升级 ■ 黄酒我国独有，外国无同类产品，具有行业竞争优势 ■ 内外潜在市场巨大	■ 黄酒文化受地域限制，难以推广 ■ 行业技术壁垒较低，容易进入 ■ 酒类消费替代性较强 ■ 行业营销思路相对落后 ■ 行业没有形成规模优势 ■ 黄酒低价同质，档次不高 ■ 黄酒企业竞争激烈，利润变薄

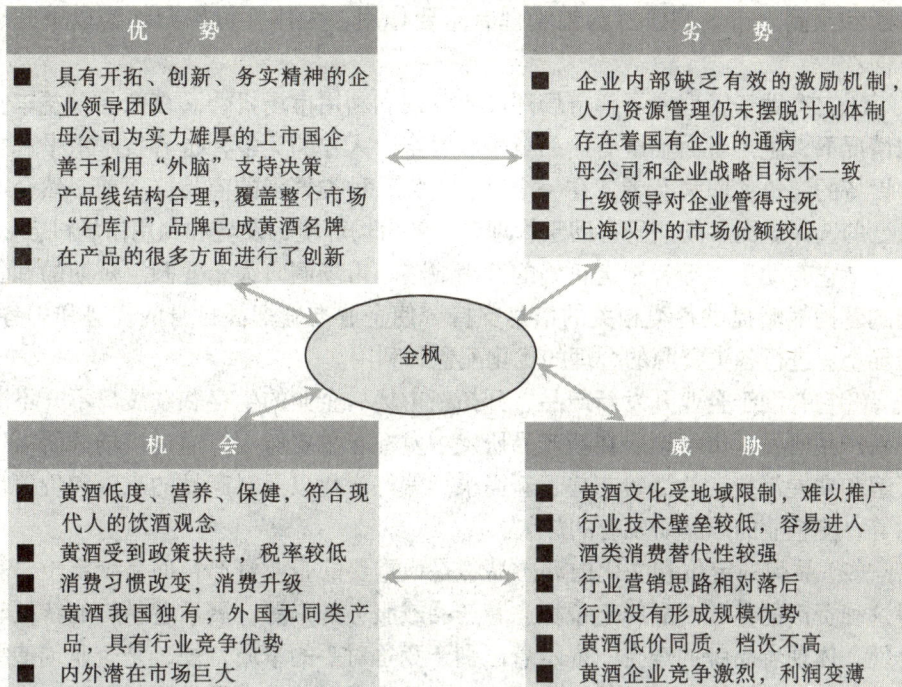

图 8　金枫酒业的 SWOT 分析

什么？

分析思路：①借助市场调研充分了解市场和把握顾客；②品牌的内涵和独特价值，品牌的定位；③不断地进行产品创新和技术创新；④严格管理终端对品牌建设的作用。

启示：结合相关营销调研、营销管理特别是品牌理论分析金枫的品牌建设等。

（4）您认为应该如何解决金枫在人力资源管理中面临的问题？

分析思路：①简述金枫在人力资源管理中存在的计划经济体制特点，分析激励机制对人力资源管理的意义以及对企业品牌建设和企业可持续发展的作用。②加快国企体制改革是国企能够在市场经济下实现跨越式发展的必要条件；企业体制应与市场体制相配套。

（三）理论要点

（1）品牌整合的基础——市场调研。市场调研是企业了解市场和把握顾客的重要手段，是辅助企业决策的重要工具。市场调研具有三种功能：描述、诊断和预测。市场调研对营销管理有重要作用，大体上可以归纳为以下三个方面：

①它有助于管理者了解市场环境，发现和利用市场机会。在商品日益丰富的情况下，生产者面临既有产品竞争和资金、人才的竞争，也有技术水平和技术设备的竞争；而消费者，在一个日益庞大、种类繁多的商品群面前必然会有自己的选择。而市场调研有助于管理者了解市场环境，发现和利用市场机会。

②它有助于管理者制定正确的营销战略。市场调研为企业制定短期的和长期的营销战略提供各类相关的信息支持，使企业准确把握自身的优势和劣势，指导企业进行各类资源的合理的优化配置和利用。

③它有助于企业开发新产品，开拓新市场。企业的生存和发展离不开不断的新产品研发，市场调研在新产品研发中发挥着重要作用，通过市场调研可以了解和掌握消费者的消费态势、新需求、偏好变化以及对产品的态度和价值认知等，使企业的产品研发有的放矢。

（2）品牌的定位和文化内涵。品牌是最重要的企业资产，而品牌定位是获得这种资产的基础。品牌定位标志着产品或服务的来源，展示着品牌的特征和个性，体现着品牌的声誉，提示着区别于竞争对手的本质特征，是企业创造顾客资产的一面旗帜。当品牌定位正确时，品牌得以获得自我发展的保证，进而成为企业竞争力的基本要素；反之，品牌的资产价值会流失或贬值。所以，企业如果追求品牌的价值运营并力求增值，那么，首先的是给品牌一个明确的定位。所有的品牌都必须进入市场，品牌只有在市场上按照市场化的规则和方式进行运营，才能获得生存与发展的空间基础。因此，品牌定位的最终归宿是市场定位。这意味着要完成一个明确而清晰的市场定位过程，企业必须了解自己的品牌所能够获得的市场份额。这需要对市场进行细分，确认品牌可以建立并且能够定位的目标市场。

品牌具有独特的文化内涵，是构成品牌竞争力的重要因素。因此，挖掘并关注品牌的文化内涵是创建优秀品牌的关键环节之一。当文化与品牌相融合时，品牌符号、品牌理念、品牌个性、品牌形象等才会体现出生命力，并形成企业的重要的无形资产。

（3）品牌整合提升。品牌的整合提升能赋予品牌管理新的内涵，是品牌获得持续竞争力的源泉，它取决于产品、技术等重要因素。

①产品。产品是品牌和消费者发生联系的基础和接触点，是消费者需求的最根本对象；它是品牌所依附的载体，同时也是技术创新的载体；作为最直接向消费者传达信息的载体，产品是第一性的，广告、营销等都是由产品派生出来的。对于构造最具竞争力的品牌的企业目标来说，基于现存产品所产生的阶

段性营销策略、手段和方法，其作用总是有限的，而产品创新的潜力则是无限的。对市场需求和顾客需求的感知和确认，是企业实施产品创新的出发点。当企业依赖产品创新先期到达市场时，其品牌（产品）优势无疑会使它在市场的瓜分中占据较大份额，获得竞争的主动权。熊彼特认为，企业产品创新所获得的回报是对产品的一种"暂时的垄断"，企业因此获得相应的价值追加，并使市场地位得到巩固。

②技术。根据联合国工业计划署的定义，当一个企业的研究与开发费用占其销售额的3%时，企业拥有竞争力，该比率为2%时，企业只能维持现状，而不足1%时则企业难以生存。按照这一标准，一个企业的科技创新能力将决定着企业的品牌创新能力。技术创新促进企业竞争力提高是通过影响品牌的品质与成本而起作用的。产品创新既可以使企业为顾客带来满足，也可以使企业原创产品表现出新的吸引力；工艺创新既可以为产品质量的改进提供更可靠的保证，同时还可以降低企业的生产成本；物质生产手段的创新则直接促进劳动生产率的提高。综合起来看，技术创新一方面通过降低成本而使企业品牌在市场上更具价格竞争优势；另一方面通过增加用途、完善功能和提高质量，不断地提升品牌竞争力。

从精确管理到工序流程管理

赵树基

摘要：精确管理是烟台冰轮公司独具特色的管理模式。案例首先介绍了精确管理理论体系产生的历史背景，分析了该理论体系产生的思想来源：学习型组织理论、精益生产理论、六西格玛管理理论、流程管理理论、平衡计分卡方法等先进的管理理论方法，引出了由六大功能模块构建起来的精确管理体系并逐一展开。由于流程管理对制造型企业具有特别重大的意义，案例进一步介绍了冰轮公司工序流程管理的特征，以及公司如何从转子磨工序的试点出发，在公司各部门大力推进工序流程管理的详细过程。

关键词：烟台冰轮公司 精确管理 价值增值 工序流程管理

烟台冰轮股份有限公司（以下简称冰轮公司）的前身是烟台冷冻机总厂，成立于 1956 年，1989 年实施股份制改造，1998 年烟台冰轮公司 A 股在深交所上市。冰轮公司以大中型冷冻、空调设备的研发、制造及制冷空调成套工程服务为主业，其主导产品"冰轮牌"螺杆式制冷空调产品为市场主流品牌，在国内大型食品冷冻、深加工及工艺冷却领域市场占有率领先，并广泛应用于大型中央空调等领域。

一、精确管理思想体系产生的背景

（一）制冷行业面临全球市场激烈竞争

　　冰轮公司所处的工商制冷空调行业，1999年就已经进入到完全市场化阶段，经过近几年的市场竞争、调整和资源重新配置，形成了民族品牌和国际知名品牌并存的格局，进入了全球化的品牌竞争时代。市场已无国内外之分，走出家门就面临着全球竞争。全世界制冷技术领先者首先是欧洲，20世纪末转移到美国。在全球市场竞争中，冰轮公司拥有优势并不多，公司产品的市场容量很小，制冷行业的高端市场和市场份额最大的领域已经被国际大企业抢占。要想生存发展，冰轮公司必须达到或超过世界一流水平。此外，经过几十年的发展，大中型制冷空调设备的核心技术日趋成熟，各企业的产品在常规指标上相差无几，而客户群体的差异化需求越来越明显。

图1　螺杆式制冷压缩机解剖图

（二）粗放式的管理模式无法满足社会各方要求

　　冰轮公司是一家上市公司。1998年改制上市时，原有企业粗放式管理的种种弊端并没有深刻触动，难以满足股东及社会各方面的期望。

管理体制方面，企业管理组织结构僵化、层次过多、接口不顺，造成内部信息传递变形和延迟，难以实现快速反应和有效控制；在员工思想方面，计划经济时代形成的墨守成规、听命于上司、不思进取的习惯依然存在，在工作中缺乏主动性和创造性，精细工作意识淡薄，敷衍了事现象时有发生，工作效率和工作质量低下。

技术研发部门自我封闭，不关注市场变化，不能主动与营销、制造等部门配合跟进。

营销系统缺乏对市场的预测与深入分析，缺少与客户的积极沟通，因而不能准确地把握顾客需求，凭想当然划分销售区域、设置营销代理，致使用户满意度和大客户保持率不高，市场变化的快速应对能力不强。

生产管理系统计划混乱，甚至交货期已经临近，原材料尚未采购；生产系统柔性不足，无法应对市场的实时变化，准时履约率不高；制造过程缺乏有效的质量控制，一些产品的稳定性、可靠性得不到保证，产品、服务与用户期望存在不小的差异，用户满意度低，影响了企业的声誉。

财务系统对成本、资金的控制停留在事后控制，严重滞后于成本发生过程，没有及时动态地进行实时控制，更谈不到深入分析原因。

人力资源系统管理粗放，没有在职务分析的基础上提出岗位技能要求，造成因人设岗、人浮于事，没有开展员工职业生涯管理，绩效考核和薪酬管理体系存在诸多问题，员工队伍不稳定，关键员工流失率高。

公司信息化水平不高，缺少标准化的业务流程规划。由于没有强大的信息技术平台，无法从供应链的庞大信息量中获取有用信息。例如，采购过程中的付款与采购存在脱节现象。正确的销售发货流程应该是付款—开发票—提货，然而为了迁就客户，存在着先发货、后付款、补发票的现象；还有一些环节信息流与资金流、物流不符，数据处理只是事后的一个记录而非业务实时状态的动态反映，信息系统即使对库存、资金等相关数据进行了汇总，也不一定真实地反映企业的运营状态。

（三）需要寻找适合本企业的精益经营模式

日益激烈的市场竞争要求企业提升服务水平。在当今信息化、全球化的时代，科学技术迅猛发展，需求多样化、个性化的特征越来越明显，顾客对质量、价格、速度、时间、服务的要求越来越苛刻。企业要千方百计发现和满足客户个性化的需求，包括产品的高稳定性、高效率和节能环保；同时，也要求企业开源节流，从日益压缩的赢利空间中找到新的价值源泉。

日趋成熟的投资者和公司的监管机制要求企业进行精细化管理。股东追求的是投资回报和企业的经济效益，他们需要准确的数字来衡量企业的经营状况，"差不多"之类的估计无法满足他们的要求。因此，企业管理必须做细，这就需要新的管理思维和逻辑，企业管理水平必须从粗放管理迈向精细化管理。

为此，1999年冰轮公司提出了精确管理思想以及向国际化一流企业看齐的战略目标，并于2001年全面实施。精确管理的全面实施，实现了企业整体管理的升级，使企业获得了诸多比较优势。今天，冰轮公司拥有业内领先的冷源设备——制冷压缩机核心技术及技术应用的整合能力，创造了中国制冷行业诸多第一，在国内制冷空调企业中拥有自主知识产权最多，成就了一个具有核心竞争力和持续发展能力的民族品牌，形成了靠装备保障、产学研结合实现技术突破，靠系统集成为客户提供增值服务的冰轮特色。

二、精确管理的实施体系

（一）精确管理的目标和体系框架

1. 精确管理的目标

冰轮公司在实施精确管理的过程中，始终以满足客户需求为宗旨，以为客户、供方、股东、社会及企业创造价值为目标。

企业需要创造利润，有了足够的利润才能保证各相关方的利益：股东才能分得红利，员工才有工资回报，供应商才有生意做，整个社会的经济才能增长，也才有就业机会的增加。然而，为了实现企业的根本目的，首先必须满足顾客需求。只有顾客对你的产品、服务感到满意，他们才会把钱交给你，才有你的赢利和成功。所以说，满足顾客需求是企业经营的着眼点。

2. 精确管理的思路

为了满足顾客，同时也为企业创造更大的价值，企业管理有不同的改进视角，包括流程管理（BPM）、"瓶颈"管理（TOC）、质量管理（TQM），等等。TOC从"瓶颈"切入，关注"瓶颈"的产销率，形成一套"认识'瓶颈'、识别'瓶颈'、突破'瓶颈'"的体系，有TP等工具；TQM从质量切入，形成一套"重视质量、分析质量、保证质量"的体系，有着质量统计的方法与工具；BPM从流程层面切入，关注流程是否增值，形成了一套"认识流程、建立流程、优化流程、E化流程、运作流程"的体系，也有流程描述与流程改进等一系列方法、技术与工具。冰轮公司选择了业务流程再造的思路（见图2）。

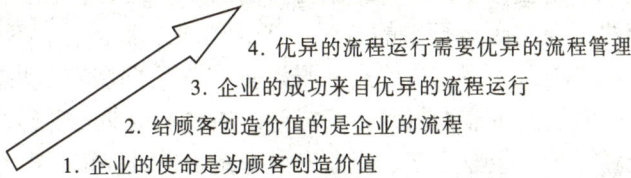

4. 优异的流程运行需要优异的流程管理

3. 企业的成功来自优异的流程运行

2. 给顾客创造价值的是企业的流程

1. 企业的使命是为顾客创造价值

图2　从"流程的视角理解管理"的逻辑

3. 精确管理的内容体系

烟台冰轮从国际一流企业要求出发，构思精确管理的体系框架（见图3）。

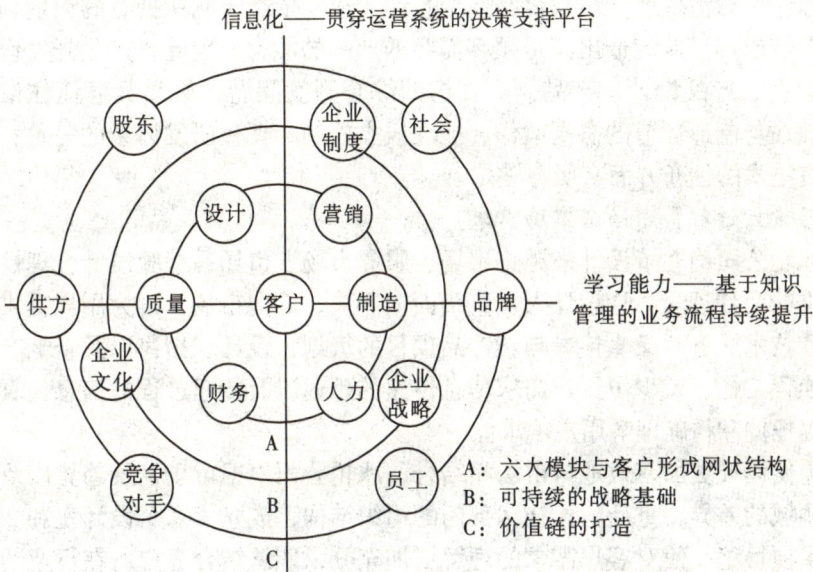

信息化——贯穿运营系统的决策支持平台

股东　企业制度　社会

设计　营销

供方　质量　客户　制造　品牌

学习能力——基于知识管理的业务流程持续提升

企业文化　财务　人力　企业战略

A

竞争对手　员工

B

C

A：六大模块与客户形成网状结构
B：可持续的战略基础
C：价值链的打造

图3　精确管理的内容体系

注：模式代表学习能力，纵体代表信息化。

精确管理分为四个层次。核心是满足客户需求；手段包括设计、制造、营销、质量、财务、人力六大功能模块；基础和支撑是战略、企业制度和企业文化，外围层是实现与利益相关者互动和共赢。同时强调建立学习型组织，强调把公司愿景落实到每一个人。精确管理的学习能力整合了国外先进的精益生产理论、六西格玛理论，并且借用平衡计分卡等人力资源管理方法，支持精确管理的实施。一旦发现管理中的问题，又使用项目管理方法立项解决，形成了一套完整的思想方法体系和精确管理模型。

4. 精确管理的动态优化

通过实施工序流程管理，对管理流程和制造环节的工序流程实施动态化的持续改进，解决了在实际运行中的流程不畅，消除了非必要、不增值的活动。通过实施质量改进项目管理，对产品和服务质量进行了持续的动态改进，使产品的稳定性、一致性、可靠性得到持续提升。通过不定期的管理评审，对企业运营质量、企业风险、企业战略、企业发展等做出适时评审，提升企业的核心竞争能力。

（二）精尖领先的设计研发流程

冰轮公司清醒地认识到：制造型企业的成功依赖于它所拥有的识别顾客需要并以低成本迅速制造出满足顾客需要的产品的能力，因此，产品开发设计是包含营销、产品设计、产品制造在内的综合开发问题，必须紧紧抓住市场需求、抓住与制造环节的协同运作、抓住成本控制、抓住研发体系的完善，才能在专有技术的创新方面有所突破。

1. 设计过程紧密结合市场需求

冰轮公司确立了设计来源于市场、服务市场、市场是检验设计合理性的最终标准的设计理念。让设计人员直接面向客户、面向市场，既为用户提供技术支持和技术服务，又直接参与新产品项目的策划、设计、销售以及新老产品的更新换代工作，减少了用户需求信息传递的延迟以及传递过程的信息失真，能够准确把握和精确理解用户需求。

为使设计更加有效地与市场相结合，冰轮公司根据市场发展趋势以及产品应用领域的差异，重新构建技术部门的组织结构，成立了8个设计室和2个专业技术项目组，使对客户需求的理解更加充分，能够结合客户所在行业的行业标准，精确地设计、制造出客户满意的产品。设计与市场紧密结合的结果，使公司每年的非标产品交付率占总销售量的80%，公司产品具有越来越广泛的适应性。冰轮公司设计的洛阳中硅−55℃全自动大型氟利昂制冷系统，在国内尚属首例，系统的回油技术填补了国内化工行业的空白。

2. 设计过程与制造过程协同运作

冰轮公司牢牢把握设计要面向制造的思想，使设计与生产能力相匹配，充分考虑到设备能力、技术要求、材料类型、制造和安装的难易程度，这些因素对成本、生产率、产品质量的影响极大。公司把设计科、工艺科合并为产品开发部，实现了技术资源的整合。为了使技术、工艺直接服务于制造现场，在各生产单元成立了技术科，在总监领导下设工艺责任工程师。在新产品和非标产品设计过程中，产品开发部协同生产制造部，将采购协作周期长、制造时间长以及关键环节的零部件的技术要求及供货明细同步下发到制造单元，实现了设计与制造的协同一致，缩短了制造周期。同时，新产品设计项目组还负责制造现场的技术督导并提供技术培训，把设计尺寸、工艺要求直接与操作人员、加工软件对接。通过现场技术服务，不断改进、优化设计方案，降低了设计与制造环节间的差异，缩短了产品从试制转向批量稳定生产的周期。以一台螺杆压缩机为例，试制转向批量稳定生产的周期从过去的 18 个月变为 6 个月，大大提高了生产效率。

3. 实施设计成本控制

产品开发的每一个阶段都存在着成本与质量的权衡。如果不计成本、不考虑上市时间，理论上什么样的产品都可以开发出来。然而企业的资源是有限的，市场机会也会稍纵即逝。必须尽力缩短开发时间、严格控制成本。

冰轮公司的成本控制始于设计成本控制。设计过程由单纯技术观点转向综合考虑技术、经济与社会因素（环保、节能等）。首先，公司将价值工程理论应用于产品选材过程，对原材料及标准件，尽量选择性价比高、资源充足的材料，减少品种规格，既方便了采购，又能形成经济批量，还降低了存储成本。其次，在保证产品必要性能的前提下尽量设计重量轻、体积小、能效比高的产品。最后，细化设计成本控制流程，从效率化、批量化、系列化角度，对产品型谱归类、整合，以降低组织生产的难度。以上措施产生了良好的经济效益，在原材料价格上涨的情况下，单台产品的成本下降了 5%~10%，产品的各项性能技术指标及产品的稳定性、可靠性较前期均有很大的提升。

4. 完善产品实验管理体系

产品实验是对产品设计、制造质量的检测，是验证、优选设计方案必不可少的环节，是产品设计的关键工序。冰轮公司 2004 年投资 3170 万元用于制造设备和实验中心的升级改造，投资 445 万元新建空调冷水机组性能实验室，正式建立并运行中国制冷业规模最大、试验项目最全的实验中心，可以测试单级或双级螺杆、活塞制冷压缩机、冷水机组、盐水机组、乙二醇机组、丙二醇机组、风冷热泵机组的制冷量、轴功率等技术参数。所有数据自动采集、自动计算，并可实现全自动调节工况，自动分析产品故障，为完善产品设计，提升产品质量提供了可靠依据。

5. 重塑新产品研发体系

冰轮公司转变了以往的研发体制，实行总工程师负责制，对开发项目公开招标。如果冰轮公司有开发能力但因为奖励额度不足、无人投标时，总工程师有权提高奖励额度；如需借助社会力量进行开发，由总经理办公会议确定。

完善了技术创新激励制度，使之与研发人员的经济责任制直接挂钩。设计人员的工资分为两部分：70%为日常考核工资，30%为新产品项目考核奖。既鼓励设计人员做好日常技术服务工作，又引导他们积极承揽设计项目，形成了一种积极向上的创新风气。

明晰了新产品研发的全部流程。包括市场调研、设计与设计评审、工艺与工艺评审、文件审批与会签、样机试制与实验、样机的鉴定与工业性运转、成本核算、新产品销售与服务、新产品设计改进等流程，都做了明确的规定，使产品研发流程全过程处于闭环改进状态。产品规划是产品开发设计流程的第一步，对后续各环节影响极大。冰轮公司在新产品立项技术因素的考虑中，既注重前瞻性、科学性，又注重环保节能和经济性，并进行了分类管理，借助开发平台实现了产品系列化。

根据客户的需求实时进行新产品开发设计，扩大了新产品的外延。这部分产品设计未纳入年度新产品开发计划，公司强调对客户要求的理解、对客户所处行业法规以及使用环境的理解，并及时与客户进行有效沟通，确保设计满足客户需求。产品交付后，密切跟踪客户使用现场的运行状态，及时发现设计缺陷并加以改进。

（三）精准深入的市场营销

1. 实施精确的客户管理，打造营销服务型企业模式

冰轮公司通过推行服务营销战略，准确地进行目标市场定位，精准地了解客户的需要，提供超越客户最高期望的产品服务，提高了客户的满意度和忠诚度。

为了更准确地协调公司与客户的关系，公司运用 80/20 原则，制定了客户等级管理制度，实施包括客户关系管理、服务管理、订单管理在内的精确客户管理。客户等级评价指标为：忠诚度、潜在合作机会/成长力、资信等级/诚信度、合作经历/贡献率、行业或区域市场影响力。指标分为 A、B、C 三个等级，5A 级用户为最高等级，4A 以上客户为重要客户。通过实施客户等级管理，大客户保持率逐年提高。

为了实施精确的客户管理，公司培育了一批集技术、制造、营销、维护一体化的高端服务能力人才；设立了专业技术服务分公司和 3 个售后服务部门（国内 2 个、国外 1 个），实时反馈顾客信息；为客户定期举行专业技术和规范服务培训；设立了 800 免费咨询电话，开发并应用基于互联网的远程网络服务系统，24 小时为用户提供服务和技术支持，圆满地履行了为用户提供满意服务

的承诺，实现了全过程、远程、跟进式服务。2005年用户满意度达到86%，处于行业领先水平。

2. 细化、完善合同管理体系，提升营销质量

公司投资113万元与青岛海洋大学联合开发了销售信息管理系统，对信息的收集、跟踪、反馈、合同签订、交付的流程进行了梳理，实现了信息远程网络管理和监控，签单率达到80%以上。

对合同签订前后的评审、交付后的风险都制定了严格的制度，并将风险管理与销售人员的经济责任制挂钩，坚持收益与亏损共担的原则。以前销售人员为了完成销售指标只管签合同，现在既考虑能否为客户提供增值服务，又考虑能否为企业创造价值，同时还要考虑合同回款是否存在风险。到目前为止，冰轮公司从未出现过较大的用户纠纷，应收账款也以每年15%的速度递减。

公司还将合同信息直接转化为内部订单，把用户名称、特殊要求等作为向设计、制造、采购、发运环节传递的唯一标识，提高了工作准确率。在远程网络服务系统的基础上，公司正在着手集成合同签订评审、客户等级管理等功能，筹建冰轮公司的CRM系统，再次提升营销服务的精确化水平。

(四) 精简、敏捷的制造体系

1. 建立按产品、部件为主的总监管理模式

在生产系统，以满足客户需求为目标，以销产存平衡、适时决策系统的业务流程为核心，重新构造生产厂（公司）的组织结构，打破传统的按区域划分的车间主任管理模式，形成按产品、部件为主的总监管理模式（见图4、图5）。

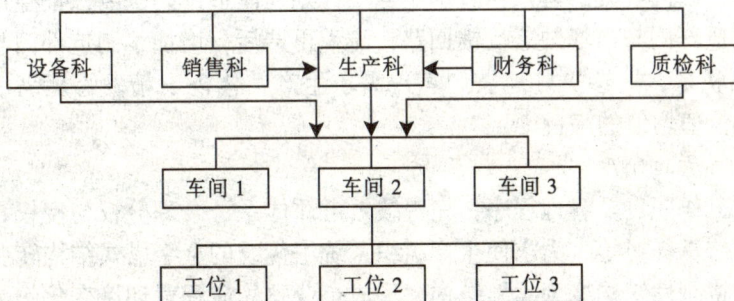

图4 再造前部门之间的相互关系

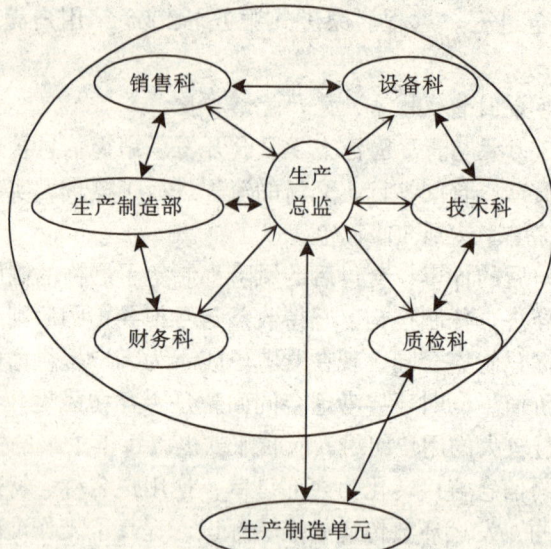

图 5　再造后部门之间的相互关系

2. 重塑业务流程

推行以"一个转变、两个重点、四个控制、五项分析"为要点的工序流程管理，以客户需求分析作为输入点，激活整个工序流程。首先明确客户对象及其确切需求，以此作为工作流程的输入，并与标杆企业进行对比，把当前过程控制中存在的不足也作为工作流程的输入，进行过程控制，最终输出客户需求的产品与服务，如此循环不已。

在实施精确制造前，生产系统的流程是生产计划导向的流程：生产管理部门根据销售部门收集的客户信息确定生产计划，制造部门则要保证生产计划的完成，制造部门与市场缺乏反馈回路；流程再造后，增加了制造部门与销售部门的信息联系，能够更好地按照客户需求生产，体现了精确管理满足客户需求、提供价值增值的宗旨。

3. 完善管理制度

细化工作职责及管理程序，完善绩效考评体系，合理分权与授权，使员工的决策权与责任对等，力求使生产组织系统由传统的金字塔式结构转变为扁平化结构，将刚性结构变为柔性结构，形成企业整体流程对环境变化的灵敏反应和自我学习能力的提升，实现简捷、高效、精细化生产。

（五）精严求实的质量管理体系

1. 将质量的持续改进作为公司生存发展的基石

确定产品质量标杆，系统分析自己的缺陷，找出关键质量控制点，从设计、制造、采购、发运等流程的各个环节提出控制和改进措施，使公司产品的可靠性、稳定性、性能、外观、自动化、安全、节能、环保等达到国际一流水平。

2. 大力推广先进质量管理技术

冰轮公司将 6σ 管理、朱兰质量三部曲等工具和方法运用到质量管理项目中。自 2000 年起，公司要求各单位每年至少完成 1~2 个 6σ 项目，重点解决产品突发质量事件或单一质量事件的控制、改进和提高；运用朱兰质量三部曲，减少质量波动，提高产品的可靠性和稳定性。在质量改进项目实施过程中，除了按 DMAIC 的程序严格实施外，还重点做好工艺分析和采集数据的工作，通过数据分析找出解决问题的最佳路径和方案。公司强调运用 SPC 统计过程控制，使生产过程保持稳定的质量水平，保证产品与服务符合规定的要求。

3. 将精确质量管理体系向供方延伸

冰轮公司通过精密的产品和业务分析，把业务划分为不同类型，产品的主要部件自己制造，通用部件实施外包，并制定了采购管理程序，从供方的选择到日常管理、品质控制、服务、质量责任及质量改进等，都做了明确规定。还从合格的供方中选择 10 家作为战略合作伙伴，增强了供应链结点企业间的共同责任感，提升了双方对未来需求的可预见性和可控能力，实现了敏捷性和柔性化物流管理，并按照动态管理原则，每年年底和战略供方及合格供方一起进行评定，形成了一个合作共赢的动态管制体系。

（六）精打细算的财务控制体系

1. 改变财务系统的组织和运作模式

公司遵循既统一领导又服务于具体业务单元的原则，重新构建财务管理流程及组织结构。公司成立了财务部，各经营单位下设财务科，财务科长受财务部长直接领导。既保证对各经营单位经济运行的宏观控制，又调动各经营单位的积极性，也便于对财务科长的监督考核，起到了相互监督、相互制约的作用。

2. 实施有效的成本管理

公司采用价值工程和 ABC 分类等科学方法，对企业资源进行了"成本—效益"分析和"成本—周期"分析，实现了以最恰当的投入获得企业与客户的最大增值。

对成本控制与成本核算进行流程再造，实施三级成本核算，四级成本管理：工作单元发生的费用由班（组）长负责，财务部门对班组实施费用核算；员工领用的物耗材料实施费用本登记管理，使员工体会到自己不但是价值的创造者，也是影响成本的一个重要因素。

为了能够准确反映各单位当月实际发生的成本，对采购入库而又未开发票的外购产品实施当月估价入库制，确保当月发生的成本真实有效。此外，公司在采购管理中实施了比价、询价等措施，1994 年率先在同行业建立了比价采购系统。公司还成立了价格管理委员会及成本物价科，对价格波动实施动态管理，有效地降低了采购成本。

3. 加强财务风险控制

冰轮公司把销售公司经营风险预警的成功经验推广到其他经营单位，在全公司建立并完善了经营风险预警管理、资金安全运行体系。各经营单位按月编制发出商品、未完工项目、应收账款等风险预警及分析报告，使冰轮公司及时防范并有效管制经营风险。经营风险分析也成为公司例会、各单位年度总结必不可少的一项工作。

（七）构建精准的人力资源管理体系

1. 建立了科学的人力资源管理模式

冰轮公司建立了科学的人力资源规划模式，严格人力资源管理的程序和原则，引入现代人力资源管理分析工具。公司每年进行一次人力资源供需分析，及时调整人力资源供需上的不平衡，为企业发展提供充足的人力资源保障。

公司建立了科学、规范的工作分析模式并在全公司普及，公司重新划分了所有业务模块，根据业务需要进行职位设置，编制职位说明书，在说明书中规定了职责、权限、任职资格、必备知识、能力素质要求等，为人力资源管理奠定坚实基础。在员工招聘方面，充分借鉴知名企业的招聘模式，加强招聘过程控制，建立了规范的招聘流程，利用笔试、面试、评价中心、情景模拟等方法进行人员筛选，并采用竞聘等方式保证招聘质量。

2. 采用平衡计分卡进行绩效考核

冰轮公司针对单纯运用财务指标无法真实准确反映绩效的弊端，运用平衡计分卡对公司和员工进行绩效考核。公司制定了各单位绩效考核标准，将财务指标与非财务指标有效结合，从财务、客户、质量、流程、学习与成长五个维度衡量公司战略目标、精确管理目标的实施和业绩结果，实现了对公司战略和业绩的综合评价。

公司根据各单位业务属性的差异，将绩效考核的对象分为六类：销售、工程及服务单位，生产销售单位（对外销售收入占本单位销售收入 20%及以上的单位），生产单位（对外销售收入占本单位销售收入 20%以下的单位），职能部室，产品开发部，各单位领导层。有针对性地设计了相应的考核指标，又将指标层层分解为公司、部门和个人的指标，实现了全范围、全层次、全方位的考核，考核结果直接与当月绩效工资挂钩。

（八）建设能支持各业务模块协同运作的信息化平台

1. 整体规划信息管理系统

公司整合了分散的信息技术管理职能，成立了信息技术部，各单位设置了信息化管理主管。同时，确立了信息系统规划，系统分为 2 个通用平台（内部通用业务平台和电子商务平台），9 个业务子系统，1 个基础网络，1 个基础数据库（见图 6）。

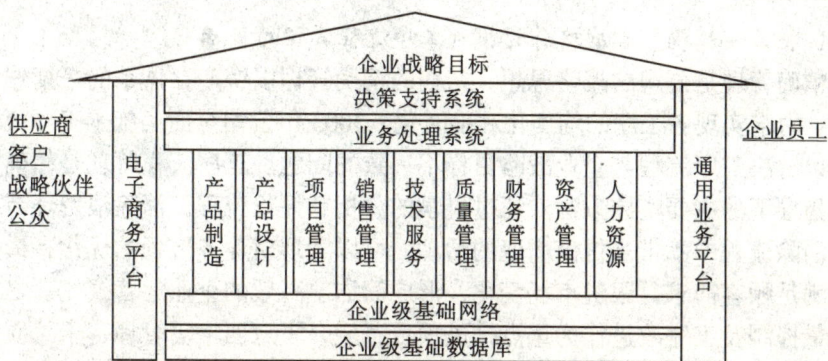

图 6　冰轮公司的信息系统

2. 系统开发分步进行、有效集成，实现各业务模块和工作流程的协同运行

如何进行信息化开发，冰轮公司走的是系统规划、分步实施、有效集成的道路。首先完善了基础数据库的建设和集成。在此基础上，开发了销产存平衡快速决策系统，它是冰轮公司业务信息系统的主框架，在开发过程中充分考虑了与相关专业应用系统的接口（如制造系统的 MRP II、设计系统的 PDM 系统

以及销售管理系统等），使系统具有可扩充性和兼容性。

通过营销、设计、制造的协同，实现了精确营销、精确设计、精确制造环节之间的信息共享，接口流畅，优势的有效集成；同时，在销产存流程运行过程中，通过对产品与服务质量、资金与成本以及对人员的控制，形成了确保流程有效运行的监控与保障体系，将精确质量、精确财务、精确人力资源与其他三大模块有效融合，最终实现了精确管理系统平台六大模块的协同运作，并消除了浪费和非必要、不增值的活动，提高了整体流程运行质量和效率。

三、独具特色的工序流程管理

与服务企业不同，制造企业必须提供物质产品，制造是把客户需求物化成为产品的过程，其核心业务流程必然与生产过程紧密联系。没有精确高效的制造，不可能形成具有较强竞争力的产品线。因此，冰轮公司把精确制造放在举足轻重的位置上，把工序流程管理作为精确管理的突破口。

(一) 明确指导思想，加强动员和培训

1. 把落实精确管理战略作为推进工序流程管理的目标

精确管理是公司的战略思想，初期的精确管理以销产存体系的平衡作为切入点，力求实现各工序的均衡化和准时化。2003年公司全面实施了工序流程管理，以解决工序流程与企业战略目标不一致的问题。工序流程管理是精确管理思想指导下的主要实施方法。通过科学的分析和评价流程，消除浪费环节，减少或消除流程中不带来价值增值的活动，可以实现对业务流程的优化，最大限度地满足顾客需求，跟进市场变化，形成简洁、高效的企业运营模式。之后又将质量控制及工序改进作为重点推进项目，融合了六西格玛管理、朱兰质量三部曲等系统的质量管理方法，把质量过程控制SPC建立在工序上，并且采用了5S等技术。在总结前期成功经验的基础上，在实施工序流程管理的过程中，公司还引进了精确平衡计分卡，以实现对战略目标的分解和全方位考核，使工序流程管理落到实处，并提升到一个新的高度。与此同时，运用信息技术，将工序过程中的有效信息集成、传递、分析、处理，实现了物流、资金流、信息流的协同一致，提升了企业整体运行的质量和效率。

2. 明确工序流程管理的原则

公司明确了工序流程管理的四项原则：①精确为本。工序流程管理严格按照精确管理的思路，依据"场景约束、平衡资源、按需设计、价值增值"的原则，进行工序结构的设计和实施，实现对工序流程的引导和控制。②客户导向。实现流程从传统的行政职能推动转向客户需求拉动。从分析客户的需求开始，最终返回客户并获得反馈，通过这一过程实现价值增值。全部过程以客户需求为驱动力，流程的全部工作都按照满足客户的需求设计。在企业内部，下一道工序视为上一道工序的客户，上一道工序则是供方，彼此之间是市场中的供求交易关系。工序运行的指令是订单，一切操作的首要标准是订单要求。通过将订单分解成零部件生产计划和采购计划，进而得出操作标准。③IT支持。运用信息技术构建信息流、物流与工作流控制的支持平台。首先设计出科学化、标准化的流程，再按照标准流程设计相应的信息系统，通过系统的功能固化流程，增强流程运行的效率和质量。④系统集成。通过系统考虑各工序流程之间的关系和约束，把精确管理的六大模块有机地联系在业务流程体系中，采用集成化的方法对系统进行整体优化，以期实现对客户的增值。

3. 开展工序流程管理培训和动员

为了加强工序流程管理，杨恒坤总经理首先在公司培训中心对科级以上干部进行了工序流程管理培训，对基本概念、生产系统业务流程再造、转子加工工序流程管理等四个案例进行了系统讲解，提出了如何实施的明确要求，开启了精确管理向工序管理推进的序幕。

通过学习讨论，学员们对工序流程管理有了更深入的理解。认识到工序流程管理就是按照客户的需求、从原材料投入到成品产出的全过程合理地组织物流、信息流、资金流，通过对工序流程的梳理、精简，取消不必要的、不能带来价值增值的环节，消除浪费，实现优化业务流程、提高运作效率和资源利用率的目的。

学员们认识到：任何流程，不论是技术、营销还是制造，只有把产品、服务、信息转化为顾客所需要的东西，才能创造价值；任何不能为顾客创造价值的时间、资金占用，都是浪费。他们逐渐学会了区别以下概念：

价值增值活动——提供满足顾客需要的产品和服务的全部活动。

非增值的必要活动——连接价值增值活动的黏结剂，如检验、监督、协调、报告等。

无用活动——多余的检查、无人看的生产报告。

不必要的浪费——产品或工作缺陷、等待、过多的存货、不必要的运输、不正确的处理。

4. 建立全局观念，达成整体目标

通常，公司首先由决策层制定整体战略目标，然后传达给下级，再制定各部门的业务目标以及测评标准。由于各部门的负责人在其头脑中缺少描述各部门之间业务联系的一张大图——业务流程图，因而往往只顾及本部门利益，导致部门间冲突和公司战略难以落实。

为此，公司绘制了业务流程图，用可视化的方式将企业各部门之间的业务关系展现在管理者的面前，使管理层对企业整体的业务联系有一个全面的了解，以保证各部门的子流程支持公司目标，包括客户服务、效率、效能、利润率以及风险控制等目标。同时，流程绘制也为整体分析提供了工具，使董事会和最高管理层可以在利益相关者、客户、各部门以及员工的目标之间进行平衡。

（二）确立流程再造的改进项目

1. 推进工序流程管理项目的组织

冰轮公司的工序流程管理采用项目团队的组织方式进行，领导重视、全员参与，成立各个层面的推进小组和子项目组，以技能优秀的职工为项目组负责人，实现了从传统的"自上而下"的管理模式向"自下而上"与"自上而下"相结合的管理模式的转变。

"自上而下"的管理模式由高层领导全面负责，强调权力集中，快速解决凸显的关键问题，这种模式适用于"救火式"的情况，往往造成公司员工疲于奔命，将大量资源耗费在非必要、不增值的活动中。

"自下而上"的模式，是指通过四级管理，围绕如何为客户增值展开活动。它把操作者作为项目实施的主体，以技能优秀的一线员工为小组负责人，有针对性地实施改进。这种模式强调员工的自我管理、自我约束、自我改进与自我学习，强调各级管理人员现场解决问题，为一线员工提供有效的支持和服务。

该模式的四级管理是指整个项目由四层人员共同负责。第一层为操作者，由3~5人组成；第二层为直接支持者，由技术人员、工艺人员、设备管理人员等组成；第三层为直接领导者，由生产线总监及相关科长组成；第四层为间接领导者，由厂长、副厂长、综合部门正职负责人组成，形成了由下到上、由上到下，以及纵向、横向之间的有效互动。

2. 抓典型，抓推广

转子磨加工工序流程管理是公司级推进项目。公司以该项目为契机，力求通过对该模型的系统介绍和全面推广，并结合后续的流程再造与工序管理，为工序流程管理的实施提供纲领性文件，实现工序流程管理的重大突破。公司强调，各单位在深入学习、领会的基础上，选取一两道关键工序作为典型案例推进，以此带动其他工序，使精确管理落到实处。

该工序的流程再造始于工作范围的确定，进而对流程的各重大环节进行分析——包括现状描述、综合分析、关联分析、能力分析、设备分析、安全分析、成本分析、质量分析、稳定性分析等，在科学分析的基础上采用相关的工具进行改进，以完成 PDCA 循环的一个周期。该模型具体阐述了公司的工序流程管理的基本思想、目的、基本方法、运作流程以及工作重点，向全公司展示了工序流程管理的实施模式（参见附录二）。

（三）确定工序标准和工序范围

1. 制定工序标准

工序标准的三个来源是：①客户的订单要求（包括技术协议）。满足客户需求是工序流程管理的首要目标。所以，工序流程管理的第一步工作就是识别客户——企业的外部客户和内部客户。外部客户是最终产品的交付对象，而在企业内部，下一道工序是上一道工序的客户，包括纵向和横向客户。所有标准都是以订单要求为基础制定的。②类似工序的国际一流标准，即标杆标准。③公司目前的最高水平。设定的标准必须是有竞争力的并且是能够达到的。因此，必须考虑公司的实际情况，包括资源、能力、技术水平，等等。

2. 确定工序范围

为了进行精确的管理，需要确定流程范围并对流程进行描述，包括以下五个步骤：

（1）定义流程的范围。流程的起点为客户需求，流程终点是为客户提供的产品或服务。在起点和终点之间存在着大量的物料和信息的转移，要描述从起点到终点的全部过程。

（2）确定流程的目标。将标准转化为可测量、可评估的目标，提前期、质量、成本、人员素质等方面的目标尤为重要。

（3）绘制流程图。小组关键成员要描述整个流程，记录流程的所有步骤、执行每项工作的周期时间、各步骤之间的停留时间，以及流程内部控制的标准。要从组织结构、过程结构、信息结构、功能、资源结构等各个角度描述现有流程。

（4）收集所有关联文件并对文件和控制标准进行评价。

（5）张贴流程图，统一员工认识，为下一步流程分析与改进打好基础。

（四）建立数据采集和分析模型、对流程进行再设计

1. 分析和讨论现有标准

流程改进要建立在事实和数据的基础上。首先，要对现存流程中的各种标准进行分析。

（1）标准工序：包括工作路线、工作顺序计划、输入输出，初加工的余量标准、标识、记录，材料标准，精加工方法及标准，加工完工后的要求。

（2）设备标准。

（3）人员操作标准。

（4）现场管理标准。

（5）成本控制标准。

（6）质量标准。

（7）期量标准、产能标准等。

2. 分析和讨论价值创造环节

从人、机、料、法、环、测等角度全面展开分析，识别创造价值的活动，消除浪费和非必要、不增值的环节，挖掘价值增值、消除浪费的潜力。重点分析对象有：

（1）关联质量。

（2）工序能力评估：包括产能、质量稳定性、设备稳定性、人员稳定性、成本能力、失效预测与分析、可靠性分析、精确平衡计分卡分析。

（3）期量标准、均衡性分析。

（4）设备管理分析。

（5）安全分析。

（6）成本分析。

（7）质量分析。

3. 设计新流程及其控制标准

新流程控制的重点是质量和效率两大要素。

（1）质量。质量的稳定性、可靠性、一致性是争创国际一流的基石，是实现卓越冰轮和建立品牌优势的保证。80%的质量问题源自管理不到位，管理不到位的主要因素是员工自我管理不到位，体现在工序过程控制能力以及关联环节的流程衔接上。每道工序、每个单元都应该转变角色，从被动管理转变为主动自我管理，将质量工作的重点从评价差错率转移到评价正确率上来；将评价体系的重点从关注如何处罚转变为如何提升，将公司的质量文化和战略进行分

解、细化，并将精确质量的意识分步、有效地贯穿到流程所有环节。在质量工作中更加注重细节，提高认真程度，提高产品安全运行的稳定性。

（2）效率。通过前期的 5S 活动，效率已经得到了一定提升，下一步应持续改进，对工序流程、标准进行科学评价、系统分析、整合突破，找出最佳路径，制订行动方案和标准，消除浪费和非必要、不增值活动，实现简洁、高效。同时根据订单时限要求重新评估和制定工序的工时，使之更加科学、准确。

4. 信息平台的建设，实现工作流与信息流的同步化

工序流程管理要依托信息技术平台，才能实现集成控制。要在工序一线（如计划下达、质量监测等）建立数据采集点，通过工序过程实时、同步地采集数据，进入信息系统，实现数据共享，并进行实时的分析、处理，满足控制信息同步化、一致化的要求。

（五）流程的持续改进

1. 对新流程的评估

制定评价标准，对工序流程的质量和能力分级，级别与绩效挂钩，不同能力级别的流程分析设置不同目标。达到预期目标进行推广，达不到目标进行总结、制定措施、加以改进。

对流程运行过程的评估主要采用"精确管理工序平衡计分法"。通过对战略目标的分解，将考核指标分为财务、客户、质量、流程、学习与成长五个维度，全方位评估。同时根据不同能力级别的流程设置不同的指标体系，力求做到评估的科学、准确。

2. 通过持续改进，流程始终处于简洁、高效的状态

流程是有时效的，流程所处的环境和需要满足的要求随时变化，一个新的流程要坚持 SDCA 循环（即标准化—执行—检查—调整），不断地进行循环往复的改进，以实现"精益求精、持续改进"的宗旨。

四、实施精确管理与工序流程管理的效果

冰轮公司自 2001 年全面实施精确管理与工序流程管理以来，取得了显著的效果。

（一）全面提升企业素质和竞争力

1. 提升了技术素质

通过实施精确设计，冰轮公司拥有了国内领先的冷源设备——制冷压缩机的核心技术及技术应用整合能力。新产品销售收入占公司总销售收入的60%以上。

由于理顺了主流程和关联子流程，信息化平台实现了资金流、物流、信息流的协同响应，准确一致，提高了对客户反应速度和应对市场的能力。

2. 提升了管理素质，形成了质量和服务优势

通过实施精确质量，建立了精确的质量体系，培育了卓越的质量文化，用户满意度逐年提高，连续多年未出现质量投诉，2003年被中国消费者协会评为消费者满意产品。冰轮公司产品多年荣获免检产品称号；通过实施精确制造，提高了订单执行率，降低了库存。2001年销售量为10010台套，2004年达到20300台套，但库存产品2001年为798台套，2004年年底降到398台套。

3. 提升了人员素质

通过实施精确质量，优化了员工知识结构、员工年龄结构；提高了劳动力素质、全员劳动生产率、团队凝聚力、向心力和战斗力，形成了精确、创新、协作、诚信的企业精神。

4. 提升了企业竞争力

通过实施精确营销，大客户保持率逐年提升，2004年达到82%，当年公司产品居国内冷冻冷藏及食品深加工成套设备市场占有率第一，冰轮螺杆式冷热水机组的销售额占国内市场销售总额的17.9%，在国内品牌中位居榜首。

冰轮牌产品由传统的冷冻冷藏，向石油、化工、医药、建筑、矿产、纺织、空调、环保节能等领域延伸，已成为市场主流品牌。在国内市场实现了有效突破的同时，海外业务也在不断成长，在国外设立了15个办事处，开拓了东南亚、南美、北美、欧洲、非洲等30多个国家市场，2004年产品出口额占总销售收入的17%，预计2005年将达到20%以上。

（二）经济效益和社会效益显著

1. 经济效益显著

企业销售收入、利润总额年平均增幅分别达到30%和12%以上。

2. 社会效益显著

冰轮公司在农业产业化领域中的果蔬保鲜技术居于国内领先水平，并为客户及客户的客户提供了增值服务，为农民及农业产业化作出了自己的贡献。

五、附　录

附录一　流程管理与科层制管理的比较

多少年来，亚当・斯密的劳动分工和专业化协作理论一直主导着企业的生产经营方式，经泰勒的科学管理、福特的流水生产，逐步完善了按照职能划分部门的金字塔式的集权控制模式，即"科层制"管理模式。层级结构的形成，其根本原因是管理幅度理论。当组织规模扩大到一定程度，必须通过增加管理层次来保证有效的领导。当管理幅度较小、管理层次较多时，就形成金字塔结构。

在卖方市场中，精确分工和"科层制"管理有以下优点：

（1）部门层级清楚、分工明确、各司其职。

（2）分工细致、人才专业化、员工只需要短期培训。

（3）易于集中专门领域专家力量，促进专门领域的最佳运作。

（4）便于手工管理方式下的计划与控制，运作稳定。

但是在技术发展迅速、需求多变、全球化竞争的市场条件下，"科层制"管理出现了种种弊端：

（1）上司掌握员工的地位、薪酬，员工可以冷落顾客，但丝毫不敢怠慢领导。

（2）按专业划分职能部门形成一个个利益中心，部门边界明显，当涉及多个部门的业务发生利益冲突时，各部门把公司利益放在一边，只维护部门利益。协调这种内部矛盾耗费了企业大量精力。

（3）为了加强内部管理，企业建立大量制度及审批手续以监督内部职工，几乎找不到几条是为了更好地服务顾客的条款。层层审批、众多领导签字制度，大大降低了企业运行效率，也为推卸责任提供了方便。

（4）公文旅行、文牍主义盛行。对公文、报告、表格的审查、校对及控制是企业极其重要的基础工作。大量的人力、物力投放其中，忘记了企业生存的根本目的。

结论是，应该按照流程管理的逻辑、根据流程的增值性要求配置资源，形成适应流程需要的新的组织机构，是流程决定组织，而不是组织决定流程。

附录二　转子磨加工工序流程管理

1. 定义、意义及目标

转子磨工序定义：螺杆制冷压缩机和空压机转子精加工工序。

该工序流程管理的意义：螺杆制冷压缩机和空压机是公司的战略产品，它决定了公司未来的成长性。

目标：保持转子线稳定、可靠、高效、低成本，达到或超过国际一流水平。

2. 工作范围

①工序工作标准化；②设备管理标准；③人员操作标准；④现场 5S 管理；⑤成本控制；⑥质量的计划、控制与改进；⑦期量标准、最大生产能力、最佳批量周期、新产品、小批量试制。

3. 分析展开

利用鱼骨图将分析展开，如图 7 所示。

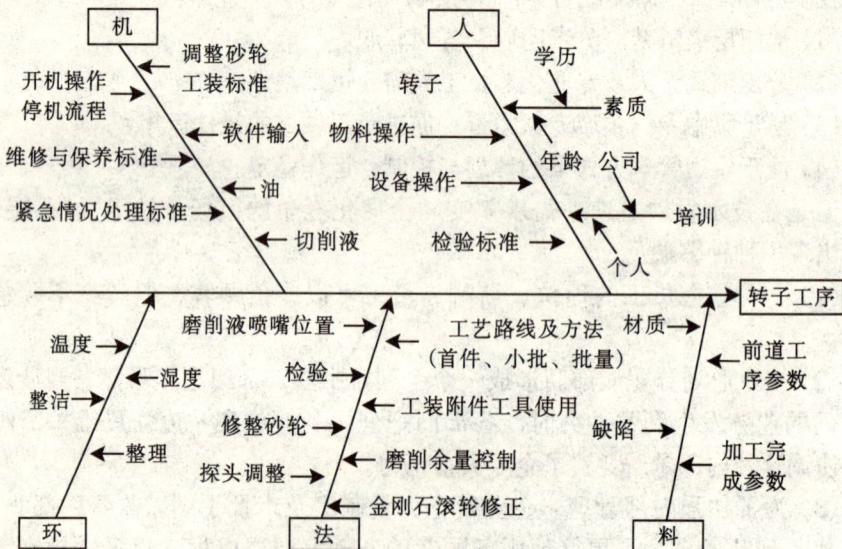

图 7　转子磨工序分析的鱼骨图

附录三 部门级工序流程管理——油冷却器质量改进项目

在公司推进转子磨加工工序流程管理项目的带动下，各单位积极行动起来，选取一两道关键工序作为典型案例推进，使工序流程管理在公司全面展开。

螺杆压缩机是公司的战略产品，油冷却器是螺杆压缩机的重要配套件之一，其性能、可靠性和稳定性在一定程度上决定了螺杆压缩机乃至整个系统的稳定性。公司成立了油冷却器质量改进项目，采用工序流程管理工具，通过展开客户需求——螺杆压缩机性能油系统的需求——油冷性能的拉式流程，对油冷却器实施了质量改进，最终提升了螺杆压缩机的稳定性，提高了产品质量，降低了维修成本，增强了设计、制造和营销环节的合作。

1. 油冷却器质量改进项目的操作流程（见图 8）

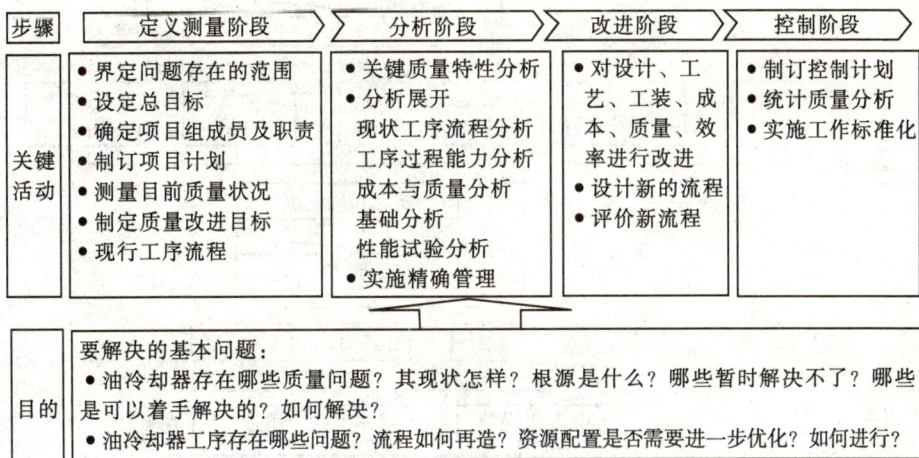

步骤	定义测量阶段	分析阶段	改进阶段	控制阶段
关键活动	• 界定问题存在的范围 • 设定总目标 • 确定项目组成员及职责 • 制订项目计划 • 测量目前质量状况 • 制定质量改进目标 • 现行工序流程	• 关键质量特性分析 • 分析展开 现状工序流程分析 工序过程能力分析 成本与质量分析 基础分析 性能试验分析 • 实施精确管理	• 对设计、工艺、工装、成本、质量、效率进行改进 • 设计新的流程 • 评价新流程	• 制订控制计划 • 统计质量分析 • 实施工作标准化
目的	要解决的基本问题： • 油冷却器存在哪些质量问题？其现状怎样？根源是什么？哪些暂时解决不了？哪些是可以着手解决的？如何解决？ • 油冷却器工序存在哪些问题？流程如何再造？资源配置是否需要进一步优化？如何进行？			

图 8 油冷却器质量改进项目的操作流程

2. 油冷却器质量改进项目的整体流程（见图 9）

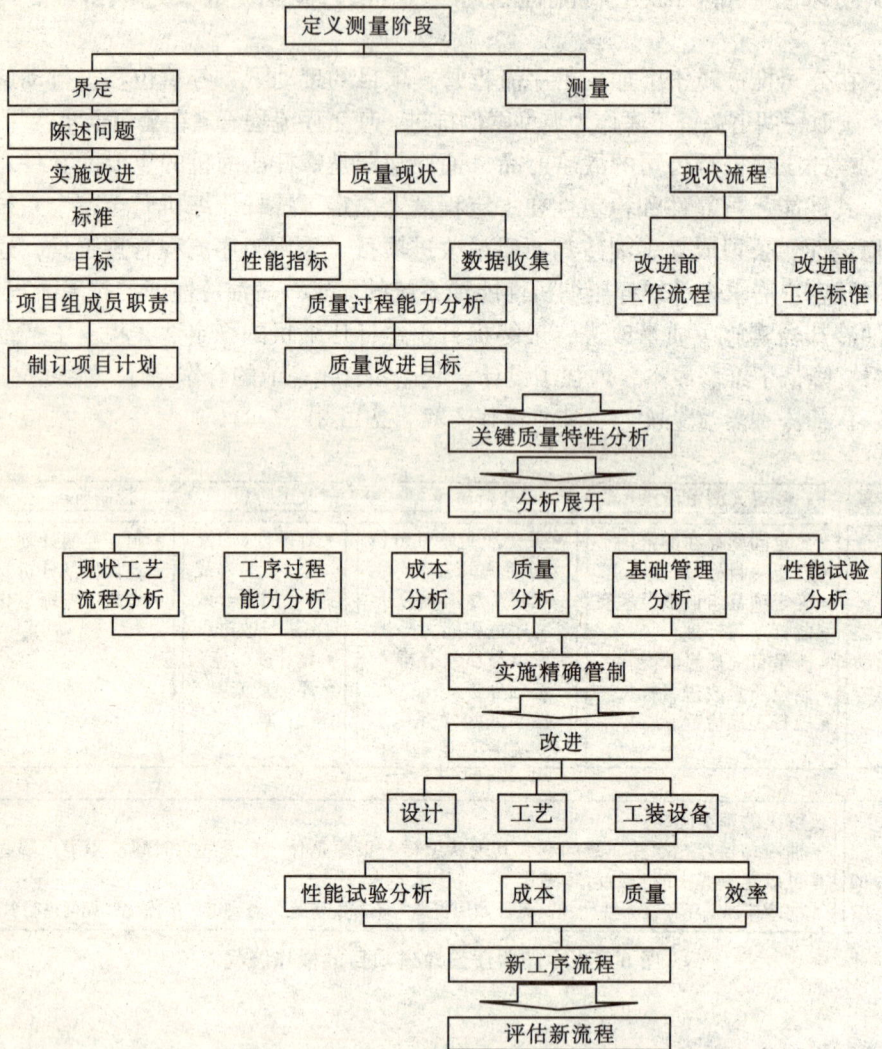

```
                        ┌──────────────┐
                        │  定义测量阶段  │
                        └──────────────┘
        ┌───────────────────┴─────────────────────┐
   ┌─────────┐                              ┌─────────┐
   │  界 定  │                              │  测 量  │
   └─────────┘                              └─────────┘
   ┌─────────┐                    ┌──────────────┴──────────┐
   │ 陈述问题 │              ┌──────────┐            ┌──────────┐
   └─────────┘              │ 质量现状 │            │ 现状流程 │
   ┌─────────┐              └──────────┘            └──────────┘
   │ 实施改进 │          ┌──────────┴──────────┐    ┌──────┴──────┐
   └─────────┘      ┌─────────┐        ┌─────────┐ ┌──────┐ ┌──────┐
   ┌─────────┐      │ 性能指标 │        │ 数据收集 │ │改进前│ │改进前│
   │  标 准  │      └─────────┘        └─────────┘ │工作流程│ │工作标准│
   └─────────┘          │ 质量过程能力分析 │        └──────┘ └──────┘
   ┌─────────┐          └──────────────────┘
   │  目 标  │
   └─────────┘          ┌──────────────────┐
   ┌───────────┐        │   质量改进目标    │
   │项目组成员职责│        └──────────────────┘
   └───────────┘
   ┌─────────┐
   │制订项目计划│
   └─────────┘
```

关键质量特性分析

分析展开

| 现状工艺流程分析 | 工序过程能力分析 | 成本分析 | 质量分析 | 基础管理分析 | 性能试验分析 |

实施精确管制

改进

设计　　工艺　　工装设备

性能试验分析　　成本　　质量　　效率

新工序流程

评估新流程

图 9　油冷却器质量改进项目的整体流程

3.客户需求分解（见图10）

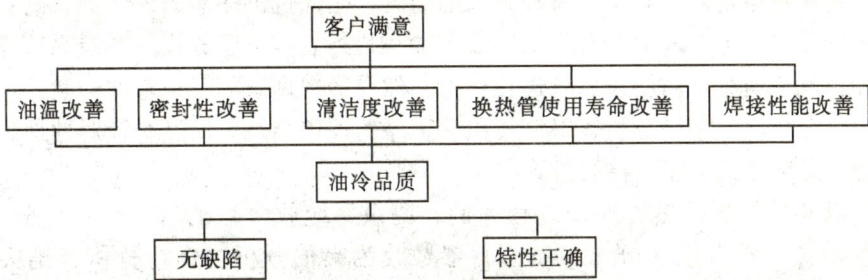

```
                        客户满意
      ┌────────┬────────┬──────────┼──────────────┬──────────┐
   油温改善  密封性改善  清洁度改善  换热管使用寿命改善  焊接性能改善
                        │
                       油冷品质
                   ┌────────┴────────┐
                 无缺陷            特性正确
```

图10　客户需求分解层次图

　　首先以客户满意度为主导将客户需求层层分解（见图10），然后从人、机、料、法、环五个要点出发，利用因果图将客户需求展开逐一分析（因果图从略），除去非产品质量和设计问题等因素，可以得到部件的关键质量特性可能存在的问题——油温高、端盖密封效果差、脏堵、换热管内漏等，并进行逐级分解，将分解的每一级缺陷进一步分析，找出可能的原因，针对原因对各个质量特性进行分级，最终将客户需求转化为工序标准（图10，更详细的工序标准从略）。

4.油冷却器工作标准（见图11）

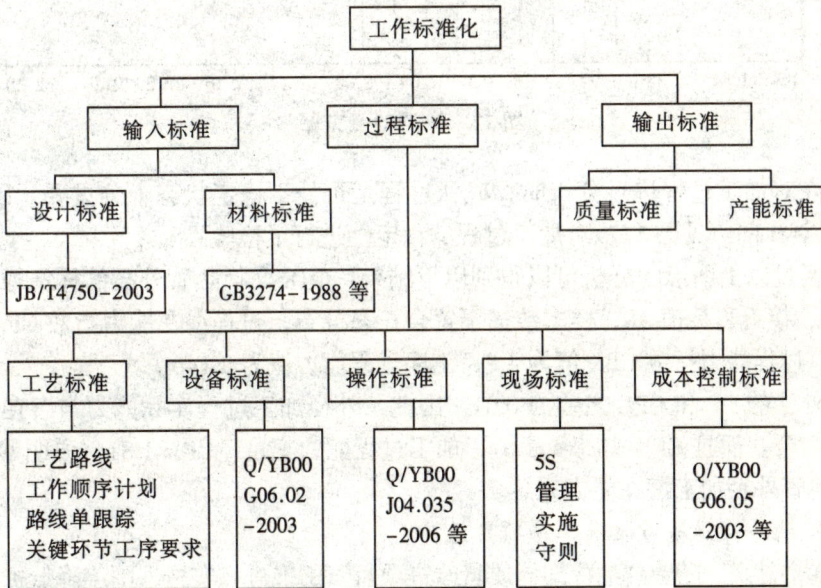

```
                         工作标准化
         ┌──────────────────┼──────────────────┐
      输入标准             过程标准             输出标准
    ┌────┴────┐                          ┌────┴────┐
  设计标准   材料标准                     质量标准   产能标准
    │          │
JB/T4750-2003  GB3274-1988等

 ┌──────────┬──────────┬──────────┬──────────┐
工艺标准   设备标准   操作标准   现场标准   成本控制标准
  │          │          │          │          │
工艺路线   Q/YB00    Q/YB00     5S        Q/YB00
工作顺序计划 G06.02   J04.035   管理       G06.05
路线单跟踪  -2003    -2006等   实施       -2003等
关键环节工序要求              守则
```

图11　油冷却器工作标准

5. 油冷却器工序能力评估

对项目运行效果和工序流程绩效的监测，是通过工序能力评估进行的。在油冷却器项目中，采用 SPC 工具对工序流程进行管控。首先通过测量系统重复性和再现性研究，对测量系统进行评价，然后经数据采集、正态性检验、过程稳定性分析以及结果分析，最终得出该工序的评估结果。通过有针对性地解决问题，最终达到工序改善的目的。

以 Φ18 × 2 换热管外径过程为例，测量系统收集数据后，经统计分析，该组数据不符合正态分布，所以将参数改为韦伯分析法进行分析，结果如图 12 所示：

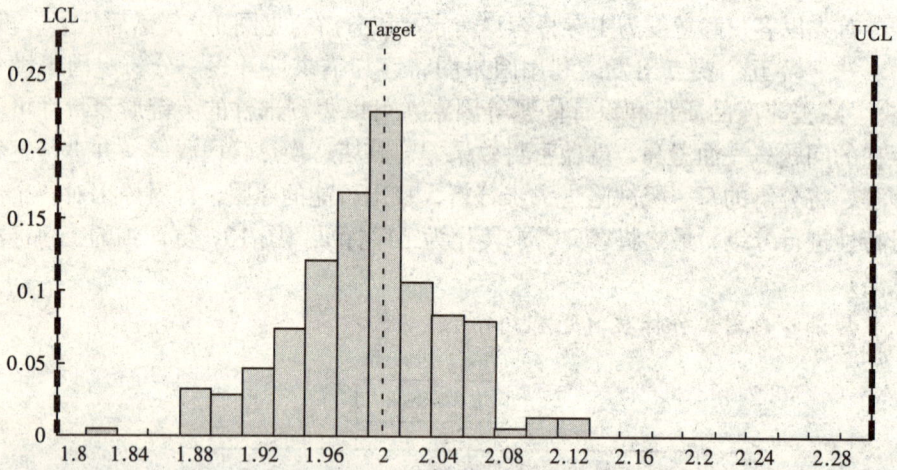

图 12　数据的直方图

在对加工过程进行分析时，确认过程是否处于稳定状态十分重要。因此，利用 X–R 图（见图 13）对加工过程的稳定性进行了检验。

通过以上图形的分析可以得到以下结果：Φ18×2 换热管外径的样本均值为 18.01，接近目标值 18，样本数据不符合正态分布，过程潜在能力指数 CP 值为 1.81，过程能力指数 CPK 值为 1.8，工序过程能力值为 2.14σ。

外径的 CP 和 CPK 之差为 0.01，因此，外径加工过程实际能力与潜在能力基本吻合。而且 CPK = 1.8 > 1.67，加工过程能力充足。CP = 1.81，说明 Φ18 × 2 换热管外径加工潜在能力充足。

6. 油冷却器质量改进工序项目总结

5 个月来，随着"油冷却器质量改进项目"的推进和实施，围绕降低资源成本提高生产效率、提高顾客满意度的宗旨，项目组对油冷却器产品存在的质量问

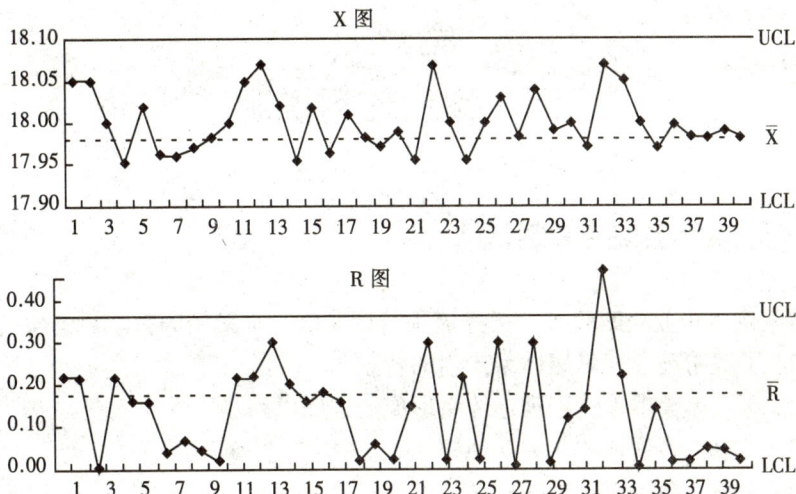

X 图

R 图

图 13　X-R 图

题进行了比较全面的分析和改进，并且分析了现有工序流程，取得了以下成果：

（1）改进了产品结构，降低了资源成本，每年为公司节约 100 多万元。

（2）改进了油冷却器生产工艺，优化了流程，实现了油冷却器的流程再造。

（3）增强了设计、制造、销售等团队之间的合作，特别是为压力容器产品质量攻关做了一个典型案例。从制造工艺的改进到试验验证、改进设计、再试验、再设计，直到实现预期目标。

（4）提高产品质量，提升螺杆压缩机组的稳定性，提高了客户满意度。

（5）加深了对制冷系统的理解，提高了对热虹吸式制冷系统的认识。

（6）减少了产品缺陷，从而使维修费用大幅度减少。

（7）明确了影响油冷却器产品性能的关键质量特性、关键控制点。

当然，由于试验的局限性，还存在以下不足：

（1）对于每个零部件的加工，工序流程需要更深入的分析。

（2）未能全面模拟客户使用情况。

（3）对于未来系统的配置及变化尚需进一步研究。

六、案例使用说明

（一）案例类型与教学目的

本案例为企业战略管理和工序流程管理案例。本案例的教学目的包括：

（1）了解精确管理思想体系产生的背景。

（2）深入体会精确管理理论体系形成的逻辑思路。

（3）了解精确管理的六大功能模块。

（4）深刻领会流程管理的意义。

（5）冰轮公司实施工序流程管理的主要步骤。

（6）公司级项目——转子磨加工工序流程管理。

（7）部门级项目——油冷却器质量改进项目的工序流程管理。

（二）可供教师在课堂上选用的启发思考题

（1）什么样的外部环境和内部条件促使冰轮公司确定精确管理的思想体系作为企业的战略性选择？

（2）如何理顺精确管理理论体系形成的逻辑思路，即如何按照企业的根本目的、实现途径、业务职能展开、实施保证这样一条清晰的思路，详细介绍精确管理的理论体系？

（3）结合本企业实践说明冰轮公司的六大功能模块对你的启示。

（4）结合实例说明流程管理的意义，并将它与科层制管理进行比较。

（5）冰轮公司实施工序流程管理的主要步骤是什么？结合流程管理理论，你认为还可以在哪些方面完善流程分析的步骤？

（6）与世界级先进企业比较，冰轮公司的工序流程管理有哪些优势与不足？

（7）结合上述讨论，勾画出流程图绘制、流程分析和流程改进的大致框架。

（三）案例分析路线

精确管理思想体系产生的背景——→从精确管理理论体系形成的逻辑思路出发，介绍精确管理的理论体系——→独具特色的工序流程管理——→流程管理的意义——→冰轮公司工序流程管理的特征——→实施工序流程管理的步骤——→公司级工序流程管理项目介绍（转子磨工序）——→部门级油冷却器质量改进项目实例介绍。

(四) 理论要点

(1) 流程管理。

(2) 集成管理。

(3) 价值增值。

(4) 客户导向。

全员培训助推东方电机跻身世界一流

黄津孚　何辉　秦璇

摘要： 东方电机集团公司是从事大型发电设备，承担国家重大装备制造任务的国有企业，面对难得的发展机遇和跨国公司的竞争压力，决定通过全员培训，提升员工和管理人员素质，支持"建成世界发电设备行业一流企业"战略目标的实现。该公司职教中心在各方面支持下，创新培训模式，在课程设计、教材师资、解决工学矛盾、考核激励等方面创造了许多经验，取得了很大的成功。

关键词： 发电设备制造　全员培训　考核

一、全员培训战略决策的背景

（一）发电设备制造行业的技术经济特点

东方电机从事的是大型发电设备，承担国家重大装备制造任务。发电设备是机械工业的支柱产品，主要包括火力发电设备、水力发电设备、核能发电设备和新能源发电设备等。其中火力发电设备目前占主要地位，主要由锅炉、汽轮机、发电机构成。该行业的主要特点有：

（1）技术密集、资金密集。大型发电设备供应大面积生产、生活用户能源，其运行的稳定性要求很高，设备零部件多，又是在高温高压或高速运转的状况下工作，对其技术质量、安全、可靠性的要求相当高。产品涉及专业多，包括机械、电气、自动控制、模拟、绝缘、润滑、减震、测量等，配套要求高，属

图1　东方电机的装配车间

于技术密集型企业。

　　大型发电设备的制造加工，需要大量重型、精密、专用设备，价格昂贵；加工与装配需要建设大型车间厂房；固定资产投资、技改投资、开发新产品的投资，动辄几千万甚至上亿元。由于零部件多、生产周期长，占用的生产资金相当多，财务费用通常居高不下，企业始终面临着巨大的资金压力。

　　（2）小批量、多品种，生产周期长，管理难度大。大型发电设备一批订货只有几台套，属于典型的单件小批生产，一般订货要求比较急，生产组织和经营管理难度较大。

　　（3）传统行业，竞争激烈。发电设备行业属于机械行业，相对比较成熟，行业内竞争比较激烈。世界火力发电设备制造企业共有百余家，许多实力雄厚的跨国公司涉足该行业，如美国通用电气、西屋电器、燃烧工程公司、福斯特·惠勒公司，德国西门子公司，法国阿尔斯通公司，瑞士 ABB 公司，日本日立公司、三菱公司、东芝公司，等等。随着市场经济的发展，围绕技术水平、质量、价格、交货期、售后服务等多方面竞争正在全面展开。

　　（4）周期性影响显著。发电设备行业是一个波动极大的周期性行业，其发展主要取决于电力投资状况，其需求的增长主要靠国家投资拉动，受国家经济增长及国家产业政策的调整影响极大。改革开放初期，国家加大对电力工业的投入，发电设备行业的产量高速增长。1999 年国家对电力工业发展实施结构调整，重点投向电网改造，对发电设备投资大幅减少，很快造成市场对发电设备需求的缩小，企业普遍开工不足。2001 年以来，新一轮电力需求高峰又带动我国发电设备制造业井喷式的发展，这就给企业经营造成较大被动。

(二) 快速增长和竞争激烈的市场

21 世纪初，中国发电设备保持较高增长速度，特别是大机组数量增长较快。据有关部门统计和预测，按"十一五"GDP 年均增长 7.5%，发电能力备用为 10%~15%，电力设备弹性系数 0.9 测算，发电量年均增长在 6.75% 左右（表 1）。① 预计 2004~2010 年的 6 年间每年新增装机容量达 0.5 亿千瓦，巨大的需求为发电设备市场规模的进一步增长提供了空间。②

表 1　"十一五"期间装机容量发电设备增长预测表

项目 年份	全国装机容量万 kW	装机容量年增率 万 kW/%	发电设备年产量 万 kW	发电设备年增率 万 kW/%
2000	31932		1248.9	
2001	33861	1929/6	1340	92/7
2002	35657	1796/5.3	2121	781/58
2003	38450	3150/7.8	3700	1579/74.4
2004	44070	5620/14.6	7138	3438/2.9
2005	50800	6800/17.3	8500	1362/19
2006	58700	7900/13.5	8300	−200/−0.02
2007	67500	7800/13	7800	−500/−0.06
2008	74000	6500/9.6	6500	−1300/−15.4
2009	78500	4500/6	5500	−1000/−15.4
2010	82500	4000/5	4500	−1000/−18
2020	110000 ~ 115000	27500/39.3 ~ 32500/39.4	5000	0

中国发电设备早就实施了市场开放政策，一方面，跨国公司进入中国市场；另一方面，中国发电设备制造商积极开拓国外市场，从而形成国际化竞争的格局。经过 20 世纪 80 年代以后的一轮并购，全球形成 5 家领先的整体化电厂供应商，即 GE 公司、ABB 公司、西屋公司、GEC 阿尔斯通公司和西门子公司。

---

① 张学先：《我国发电设备产量增长预测值》，《电气工业》，2006 年 5 月。
② 中国报告大厅市场研究报告网：《2006~2007 年中国发电设备制造业发展分析及预测研究报告》，2006 年 11 月 14 日。

　　为了降低成本，大型发电设备生产商一方面大力发展分包业务，通过其巨额采购实力来获取更低价格的部件供应；另一方面将生产基地逐步转移到国外低成本区，如 ABB 公司花费 8.5 亿美元将制造基地由西欧转移到东南亚。全球发电设备巨商纷纷同中国发电设备企业合资，在抢占市场份额的同时建立低成本的部件供应基地，例如 2003 年 3 月，美国 GE 公司向哈尔滨电站设备集团公司转让 F 级燃气轮机技术。国外著名厂商的介入，加剧了中国电力设备市场的竞争。根据东方电机的市场调查，2001 年全球订购发电设备的总装机容量 11550 万千瓦，排列前三位的是，通用电气公司（占 32%）、西门子公司（占 20%）、阿尔斯通公司（占 17%）。当年在全球发电设备销售总额中，北美市场占 50%，亚洲、澳大利亚和中东占 33%，欧洲占 9%。[①]

　　（1）美国通用电气（GE）。该公司在世界机电行业稳居榜首，其年产发电设备装机容量大致为我国东电、哈电和上电年产总和的两倍。通用电气公司的巨大规模和产品多样化为技术、发展和抵御市场波动的风险提供了强大的支撑。

　　（2）德国西门子公司。该公司发电部中的主打产品是燃气轮机和汽轮机，前者是当前世界上重型燃气轮机四大流派之一，后者在 800~1000MW 等级超临界大功率机组中，已拥有 4 种具有代表性和标志性的汽轮机，例如上海外高桥电厂使用的两台超临界汽轮机就是由西门子与上海汽轮机有限公司合作生产的我国当前功率最大的火电汽轮机。西门子非常重视研发，2002 年研究开发费用总计为 58.19 亿欧元，其中用于发电部的 R&D 投入占总西门子公司 R&D 投入的 7%，占发电部当年总销售额的 6.2%。

　　（3）法国阿尔斯通公司。这是在全球能源及交通运输基础设施领域技术领先的专业公司，在全球 70 多个国家开展业务，拥有 50 多个制造基地，共拥有 11.2 万名员工。在能源领域，公司开展发电和输配电业务，为客户设计和提供全套的先进产品、系统集成、设备部件供应及终身维护等相关服务。阿尔斯通所提供的设备现已占全球总装机容量的 20%，2001~2002 年财政年度阿尔斯通销售收入为 230 亿欧元，该公司为三峡工程左岸电站提供 14 台水轮发电机组及其调整系统和计算机监控系统，其中 8 台为 70 万千瓦；为大亚湾和岭澳核电站的常规岛各提供 2 台 100 万千瓦汽轮发电机组；是安徽合肥的 2 台 35 万千瓦火电厂的工程设计、采购和建设承包商，为广州抽水蓄能电站提供了 4 台 30 万千瓦的水轮发电机组及计算机监控系统等电气设备，而该电站是世界上同类电站中装机容量最大的抽水蓄能电站。公司在国内市场份额已达到 19%。

----

① 中国电器工业协会：《国际发电设备市场的最新动态》，2002 年 10 月。

国内电站设备行业，上电、东电、哈电同属国内一流企业，员工人数差不多。

在水电设备方面，哈尔滨电机和东方电机生产能力和制造技术略胜一筹。通过二滩、三峡等项目与国外先进企业和技术合作，东电、哈电在消化吸收国外先进技术的基础上，技术水平有较大提高。通过大水电技术改造，购进了一些重大关键设备，进一步从技术和能力上巩固了优势地位。不过，上海电机与伏伊特公司合资成立了希科公司，依靠国外的支持，获得较大发展，近年得到了国内小浪底、万家寨、棉花滩等水电站的水轮机合同，以及吉林台水电站的发电机合同，已逐渐成为追赶东电、哈电的有力竞争对手；在火电设备方面，东电、上电、哈电能力不相上下，均有制造单机容量为 60 万千瓦机组的经验，都在向开发研制 100 万千瓦级的机组努力。它们与国外厂商进行技术合作，在设备能力和精度上在国内有竞争优势。

值得注意的是，国内还有一大批"第二梯队"、"第三梯队"的企业正在奋起，在发电设备市场上与东方电机拼死竞争。

（三）东方电机的历史和实力

东方电机股份有限公司（以下简称东方电机）是中国研究开发与制造大型发电设备的三大基地之一，属国内生产水力、火力发电设备的大型骨干企业。公司坐落在水力资源丰富的大西南德阳市，距省会城市成都 59 公里，与宝成铁路、108 国道相依，距成绵高速入口仅 2 公里，交通便利。

公司前身是 1958 年由全国各地抽调人员建立起来的东方电机厂，当时生产规模设计批准为水电 250MW、大电机 100MW。1964 年国家批准扩建，1966 年开始大批从哈尔滨电机厂调入工人和技术人员，进入新的发展时期，当年生产完成湖南双牌 4.5 万千瓦水轮发电机一套，交流机 25 台共 6252 千瓦；此后又经过几次调整和扩建，到 20 世纪 90 年代初已形成年产 1800MW 成套火电设备，水电机组 800MW 的生产能力。1992 年被评为国家大型一级企业。

1993 年 12 月 28 日，东方电机厂改制为东方电机股份公司，是国务院确定的首批在香港及内地上市的股份制规范化试点的九家企业之一，主要从事水力发电设备、汽轮发电机、交直流电（动）机以及控制设备的制造销售。

公司占地面积约 73 万平方米，拥有员工 6000 余人。组织机构见图 2。

公司拥有先进的科研设施，包括水力机械通用试验台、1000 吨级推力轴承试验台、大能量试验台、小空化试验台以及大型计算机系统等，建有 10 余个科研基地和 8 个检测中心，可进行一系列机械、水力、电气、材料、磁学、通

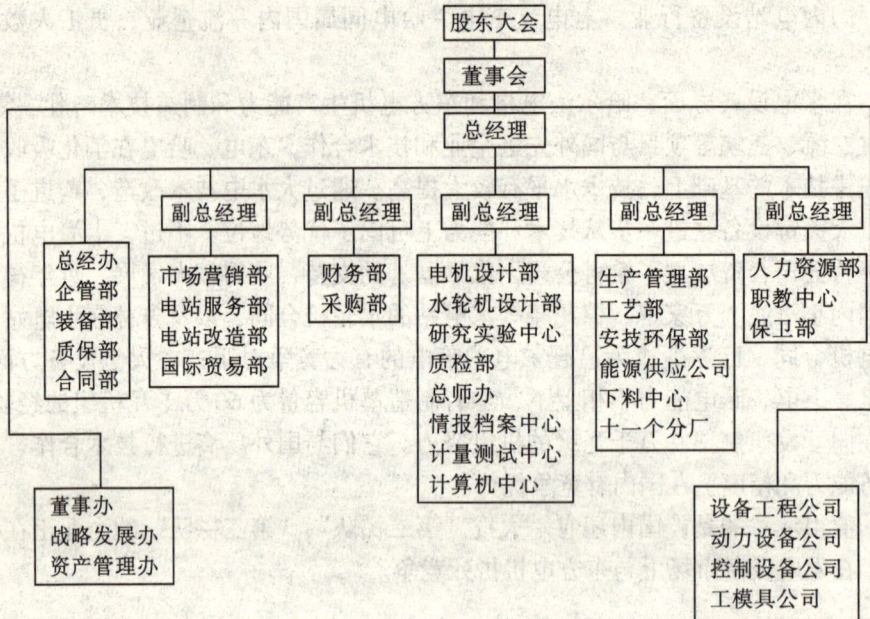

```
                        股东大会
                        董事会
                        总经理
  ┌──────┬────────┬────────┬────────┬────────┬────────┐
        副总经理   副总经理   副总经理   副总经理   副总经理

  总经办   市场营销部  财务部   电机设计部   生产管理部   人力资源部
  企管部   电站服务部  采购部   水轮机设计部  工艺部     职教中心
  装备部   电站改造部        研究实验中心  安技环保部   保卫部
  质保部   国际贸易部        质检部     能源供应公司
  合同部                 总师办     下料中心
                       情报档案中心  十一个分厂
                       计量测试中心
                       计算机中心

  董事办                                    设备工程公司
  战略发展办                                  动力设备公司
  资产管理办                                  控制设备公司
                                         工模具公司
```

图 2　东电的组织机构简图

风等应用研究。[①] 通过国外合作项目，东方电机引进和开发了覆盖产品设计、工程分析、数控加工、测试控制等应用领域的计算机软件系统。

在产品开发方面，公司注重资金投入，坚持走产学研结合、自主创新与技术引进相结合的道路，从 1984 年至今，已成功地研制出近 150 种新产品，其中 34 项获国家或省、部级科研成果奖。其中自行研制的世界上转轮直径最大的葛洲坝 17 万千瓦轴流转桨式水轮发电机组荣获国家科技进步特等奖；通过产学研结合，成功地开发应用蒸发冷却技术于青海李家峡 40 万千瓦水轮发电机组的商业运行，是国内为数不多的拥有自主知识产权的项目。此外，单机容量 4 万千瓦的安徽响洪甸抽水蓄能机组、3 万千瓦四川红岩子灯泡贯流式水轮发电机组的研制在国内同型机组中处于领先地位。

(四) 世界一流战略目标面临人力资源短板

通过各种方式考察，专家们认为，经过十多年努力，到 2000 年东方电机在装备、产品、技术方面与德国的西门子、法国的阿尔斯通和美国的 GE 的差

---

① 刘建生：《东电的竞争战略环境分析与对策研究》，中国期刊网，2006 年 11 月 5 日。

距已经明显缩小，只要经过努力，在国际市场上完全可以与他们一争高低，跨入世界一流企业行列，但是在管理水平、人才队伍的建设方面的差距还相当明显。

美国通用电气以其独具特色的人才选拔培养闻名于世，为了培养传承本公司文化的领导干部和员工，增强其归属意识，GE 在培训方面不惜工本，每年拨款约 10 亿美元，每年在此接受培训的人数以万计，杰克·韦尔奇任董事长期间，直接参与制订管理人员研修计划，每月亲自讲课一次，直接领导考核。

西门子公司高效的人才培训一直被视为企业强大竞争力的来源之一，2002财政年度为员工培训投入了大约 5 亿欧元资金，其中约 40%用于职业培训，另外 60%用于员工的继续教育。职业培训项目涵盖了 35 项职业技能和学术课程。目前大约有 12000 名年轻员工正在接受这些培训，参加各种见习和工作研究计划。在人才培训方面，西门子创造了独具特色的培训体系——多级培训制。其培训计划从新员工培训、大学精英培训到员工在职培训，涵盖了业务技能、交流能力和管理能力等多方面内容。为适应技术进步和管理方式的变化，课程内容每年都有 20%以上的调整。大部分培训项目都是根据公司当前的生产、经营和应用技术的需要而设置的，其中很大一部分是在工作岗位上完成的。

东方电机是从长期计划经济环境走过来的，旧体制的影响尚未从根本上消除。在人力资源管理方面，企业的人事管理和分配制度改革滞后。一方面，人员能进不能出，每年根据技术和管理发展需要，通过校园招聘本科以上学历的专业技术人员、接收部分技工学校毕业生、每年还要按政府指标安置一定数量的退伍兵，企业的富余人员多而分流困难，劳动生产率低。新世纪初公司拥有职工近万人，而企业正常生产经营只需 4000 人左右，国外相同规模的企业员工人数大约为 2000 人。另一方面，由于企业地理位置比较偏远、信息相对封闭，人才引进和维持比较困难，一流重点大学的尖子生难以引进，而且新招高素质人才流失率较高。

人力资源已经成为东方电机发展的"短板"。

二、全员培训体系的提出及实施

(一) 全员培训计划的提出

20 世纪末，尽管东电在国内发电设备制造业中处于"第一梯队"，但是在发展中面临许多问题。

当时，由于企业的重大技术改造以及管理改革落后于哈电和上电，企业的技术基础仍然比较薄弱，许多设备老化，工艺技术跟不上设计要求；加上 20 世纪末的最后三年，国家加强宏观调控，企业市场开拓不力，东方电机一度陷入了前所未有的困境：订单减少或被取消，经济效益大幅下滑，职工人心不稳……

在 2000 年资产重组、机构改革、人事制度改革的基础上，东方电机于 2001 年 3 月召开首次科技创新大会，提出了"通过全体职工 5~10 年的努力，把东方电机建设成为世界发电设备行业一流企业"的战略目标，并将其具体定义为实现"五个一流"，即一流的装备、一流的产品、一流的技术、一流的管理、一流的队伍。

东方电机的领导班子认识到，在"五个一流"目标中，管理水平的提高和人才队伍的建设是实现企业战略目标的关键，而"一流的队伍"又是"一流的管理"的基础。作为一个技术密集型企业，一流的装备要靠员工来操作，一流的产品要靠员工来生产，一流的技术要靠员工来实践，一流的管理要靠员工来配合，加上企业所有制和地理位置的制约，人员流动性比较差，组织全员培训就成为争创"五个一流"的必然选择。

东方电机做出了全员培训的战略决策，首先大力宣传人才观念："人才始终是企业最宝贵的物质财富，人才队伍的培养，关键人才的造就，始终是企业管理中最重要的任务"，"人才一定是自己的最好"。同时决定充分利用每年计提的教育经费，对企业全体员工——从厂长、经理到一线工人；从生产部门到管理部门；从正式员工到劳务工（不在企业正式编制内，类似于合同工、临时工）；从厂内员工到厂外常驻电站工人——实施"全员培训"，以实现"建设一流队伍"的目标，"助推"企业战略目标的实现。

（二）全员培训体系的探索

东方电机将探索全员培训体系的具体任务交给了职教中心。职教中心为建立起符合企业实际的"全员培训管理体系"，采取了下列三个步骤：

1. 通过学习，找寻方法，确立目标，出台《东方电机全员培训实施意见》

"实施全员培训"最初只是一个理念，究竟应该通过什么机制、采取什么方式来付诸实现，需要具体策划。职教中心的教员们通过学习来寻找答案，他们学习了"学习型组织管理理论"、彼得·圣吉的《第五项修炼》、"ISO10015质量管理—培训指南"以及先进企业的经验。通过学习、吸收、转化，结合企业实际，职教中心于2002年底拟定了《东方电机全员培训实施意见》，随后印发到各个股份公司各单位和各控股子公司，征求意见。

《东方电机全员培训意见》明确了全员培训的目标："建立东方电机全员培训体系，就是要将东方电机创建为学习型企业，形成一种求学上进的氛围，使东方电机员工成为学习型员工，全面提升员工品格，培养造就高素质、高技能的管理、科技、营销和技术工人队伍。"并确定了全员培训的实施思路——"构筑一个体系，完善一套机制；分类指导学习，学分管理模式；年度考核必备，营造学习氛围"；最后还勾画了全员培训体系实施步骤，即通过三年努力建成东方电机全员培训体系：2002年下半年完成培训体系方案，对选定的培训试点单位和对象进行专题调研，制定出具体实施办法；2003年对试点单位和对象进行试运行，总结经验，完善方案；2004年全面实施东方电机全员培训。

2. 通过试点，积累经验，建立制度，制定《东方电机全员培训管理办法》

为摸索适合企业实际的培训形式和管理模式，在《东方电机全员培训意见》出台的当年，职教中心就选择了有代表性的分厂、子公司、技术部门、管理部门等不同性质的单位，成立了五个试点小组进行试点。职教中心希望通过试点求解、不同形式地学习如何以不同的学时进行认定，二级培训项目如何进行有效的监督和管理，培训项目怎样才能反映企业、单位和员工三方的培训需求等问题。

在2002~2003年这一年多的时间里，试点小组每月召开一次座谈会，充分交流、沟通、总结各组的情况，规划下月的试点目标。职教中心对照ISO10015质量管理—培训指南，通过总结五个单位的试点经验，于2003年底制定了全员培训的核心管理制度——《东方电机全员培训管理办法》，创立了"以学分模式实施全员培训"的工作管理模式。

3. 通过全面实施，搭建框架，形成体系

在试点的基础上，2004年东方电机将"全面实施全员培训"纳入了当年的年度工作目标，开始全面实施全员培训，通过三年多的实践，东方电机不断总结、完善、提炼，搭建起了具有东方电机特色的全员培训战略框架，形成了运行良好的培训工作体系（见图3）。

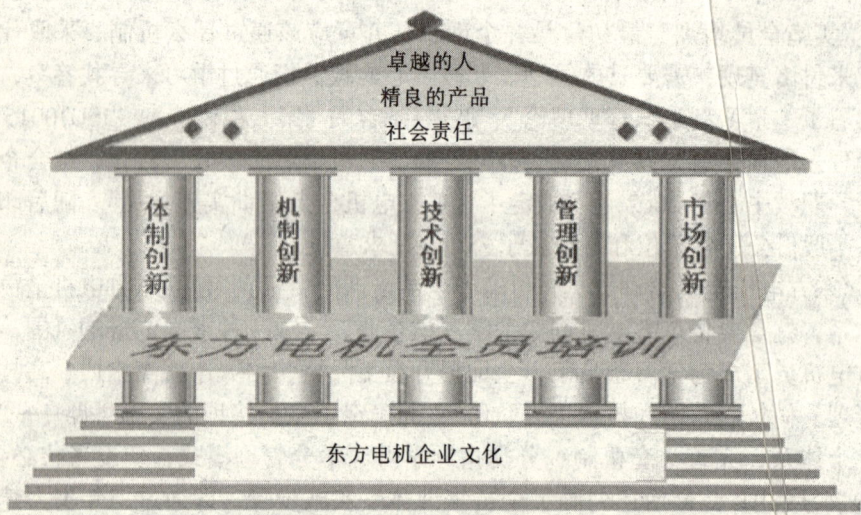

卓越的人
精良的产品
社会责任

体制创新　机制创新　技术创新　管理创新　市场创新

东方电机全员培训

东方电机企业文化

图3　全员培训战略框架

东方电机的战略框架由三个层级的立体目标、5＋1的创新支柱和一个基础平台组成。三个层级的立体目标是指"塑造卓越人品、制造精良产品、强化社会责任"；5＋1的创新支柱是指体制、机制、技术、管理和市场，一个基础平台则是东方电机的企业文化。这三者与"创建世界发电设备制造行业一流企业"的企业目标间的关系是："塑造卓越人品、制造精良产品、强化社会责任"三个层级的立体目标的实现是以实现"世界一流"为基础和前提的。

同时，这三个层级立体目标的实现，也需要体制、机制、技术、管理、市场五个创新支柱的支撑；而东方电机的企业文化是支撑五个创新支柱的基础平台；"以学分管理模式实施的全员培训"以企业文化为依托，对五个创新支柱起"助推"作用并与企业文化共同形成，是提升企业目标和目标支柱品质、提供"助推"创新和实现目标的动力和源泉。

这一战略框架的建立找准了全员培训的定位，为全员培训的深入开展，奠定了坚实的基础。

（三）全员培训体系的实施

1. 全员培训的指导思想、工作方针与原则

结合企业实情和全员培训在战略框架中的定位，东方电机确定全员培训的指导思想是"持续改进，不断创新，高效执行，务实培训"；其工作方针是"立项要精，实施要实，目的要明，考核要严"；其原则是：①岗位培训与学历培训并举，以岗位培训为主；②业余培训与脱产培训结合，以业余培训为主；③全员培训与重点培训相结合，注重实用有效；④一岗多能培训与专业培训相结合，鼓励员工一岗多能和多岗取证；⑤员工个人培训需求同企业发展目标相结合，统一协调。

例如，在技能人才的培养中，以工人技术等级考评为载体，职教中心除进行理论知识的培训外，特别注重对技术含量高的工种进行操作技能的针对性培训，以考评促进技能水平的提高，从而提高技术人才在企业中的比例，进而优化企业的队伍结构。以2004~2005年高级工以上技能人才的培养为例（见表2）：

表 2

职　称	近两年培养人数	现有总人数	近两年培养人数占百分比
高级技师	24	52	46.15%
技师	81	329	24.62%
高级工	475	1629	29.16%

全员培训还鼓励员工结合岗位需要提高学历层次，根据企业需要先后与重庆大学、成都电子科技大学、西南交通大学等高校联合开办了各类学历班，为低文化程度的员工提升自身学历水平开辟了道路，从而提高整个企业的平均学历水平（见表3）。

表 3　东方电机 2003~2005 年开办的学历班

序　号	层　次	专　业
1	工程硕士、专升本	工业工程
2	研究生课程班	机电工程、机械工程、电气工程
3	专升本	机械设计及自动化
4	专科	数控技术
5	专科、专升本	计算机科学与技术
6	高起本（高中起点，本科学历）	工商管理
7	高起本（高中起点，本科学历）	电气工程及自动化

2. 培训管理体系

全员培训的总负责人是党委书记、董事长和总经理，其职责是负责对公司全员培训工作进行政策方针的指导；执行负责人是分管副总经理，其职责是全面负责公司全员培训工作；直接负责人是各二级单位党政领导，其职责是与职教中心配合，对本单位全员培训工作负责。而归口管理部门是职教中心。培训管理业务由四个主干体系和两个基础体系组成。四个主干体系分别是计划体系、实施体系、评估体系和考核体系。两个基础体系则是课程体系和内训师体系。

（1）培训计划体系：培训计划的制订是以三种需求为依据的，即企业发展人才需求、二级单位培训需求和员工个人培训需求。根据制订培训计划的主体不同，分为一级培训计划和二级培训计划。其中一级培训计划是由职教中心负责编制并组织实施的计划，主要包括品格类培训、岗位业务知识培训、各类取证及上岗资格培训、新员工培训、学历教育五种培训类别；而二级培训计划是由各组织实施的以本单位岗位业务知识培训为主的培训计划。

（2）培训实施体系：培训的实施依托全员培训工作网络，它是一个以分管副总经理为执行负责人，以职教中心为归口管理和执行部门，各单位分别成立以分管培训工作的领导为组长的培训领导小组（见图4）。各部门各司其职，保证培训工作的有效性。

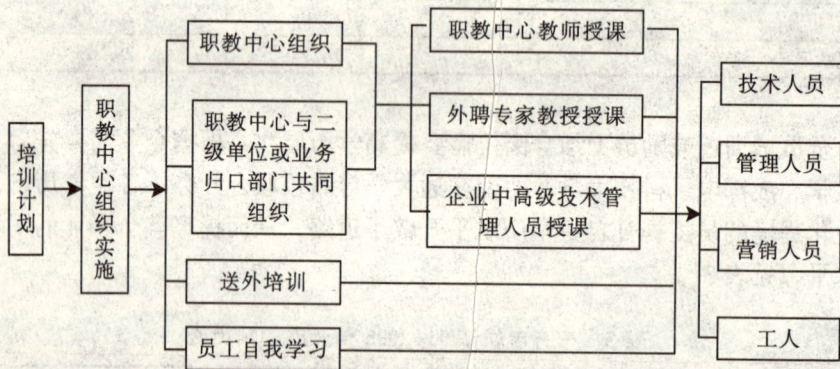

图4　东方电机的培训实施体系

（3）培训评估体系：包括培训课程满意度评估、培训效果跟踪评估。前者是在培训项目结束时针对培训效果、方式、内容、教师授课等方面通过抽样调查采集评估信息，每季做出《培训满意度评估报告》，落实培训改进措施；后者是由职教中心牵头，人力资源部与用人单位共同参与，每年就工作胜任能力、相关知识拓展程度等方面抽样进行培训效果跟踪评估，并写出《培训效果跟踪评估报告》。职教中心对提出的问题进行分析研究，制定出提高培训质量、增进培训效果的措施。

（4）学分模式的培训考核体系：为保证全员培训顺利实施，东方电机借鉴学历教育的学分制，创建了适合企业实际的学分模式的考核体系，该考核体系由最低培训学时要求、培训学时确定、考核方式三部分组成。其中，最低培训学时要求每位员工每年必须完成规定学时的培训，根据岗位不同其最低培训学时为 10～80 学时不等，1 学分 = 10 学时；培训学时确定原则、考核方式部分参见附录。

（5）培训课程体系：包括下列五类培训课程体系：以东方电机企业文化为基础的"品格类培训课程体系"；以职业生涯路径为目标的"职业生涯晋级培训课程体系"；以满足岗位需求的知识技能为目的的"岗位业务知识培训课程体系"；以各类取证标准为依据的"取证培训课程体系"和以东方电机的产品用户培训为对象的"电站培训课程体系"。

（6）教师队伍体系：建立了以职教中心为龙头，以企业内训师为骨干的培训课程开发队伍，采用引进与自主开发相结合的方式，每年开发出一定数量的适应企业实际的本土化的培训课程，逐步丰富、完善培训课程体系。

培训教师体系分为两级，一级是总培训师，包括党委书记、董事长和总经理，他们只对全员培训做政策上的指导和提供相关的制度支持，并不实际参与教学；另一级是培训教师，包括以职教中心业务牵头的三支队伍——中高层管理人员、各岗位专业骨干人才、职教中心教师为主力的培训教师和企业离退休专家及外聘专家教授。

3. 全员培训的配套措施

（1）建立知识共享机制：要真正提升企业的学习力，就必须建立团队学习、知识共享的机制，为此东方电机建立了如下机制：

送外培训后要求交流培训成果。除参加国家相关部门的取证培训以外的送外培训，均要求在培训结束后对相关岗位的人员进行培训成果交流，否则不予报销培训费用。

规定一些特定的项目必须纳入培训，如获得各类技术创新奖的项目必须进行成果交流；新项目的主要研发人必须根据研发进度不定期地召集项目研讨会；设计或工艺有改进或创新时设计工艺人员必须对相关的销售服务人员及工人进行培训，这些培训项目均纳入了培训学时考核。

每月进行一次企业内部专家讲座。东方电机有一批获得各类国家或省级专家称号的技术人员，企业内也分技术、营销、管理、操作工人四条线，建立有一支从副主任级、主任级、高级主任级到专家级的骨干人才队伍，每月根据需求安排的专家讲座，其针对性、实效性强的特点，是外聘专家无法达到的。

建立学习工作化、工作学习化模式。企业的全员培训必须是结合工作的学习，所以将面授、自学+考试、讲座、技能训练、导师带徒弟、岗位练兵、发表专业论文、技术交流、授课、学习项目组等方式均视为培训，积极推动结合工作创新的学习，充分满足不同培训项目、不同参培对象的培训需求。

（2）加强培训制度、标准、教材、题库建设。通过不断实践总结，东方电机建立了一套适合本企业实际的较为完善的培训制度和较为完善的各类取证培训标准（参见附录二），并编写了部分技师、高级技师理论培训教材、电站培训教材、品格类培训教材、岗位业务知识培训教材等。另外《工人技术等级考评》、《特种作业取证、复审培训》等题库的完善也正在进行中。

（3）全员培训数据库建设。随着全员培训的开展，传统的办公方式暴露出数据量大易造成的数据失真、统计不准确、费时费力等弊端，为此，东方电机自主开发了"东方电机全员培训管理系统"。该系统具备的基本功能包括员工的基本信息、各类培训数据的适时记载、各类培训的工作流程管理、各类培训数据统计与分析、员工的培训历程记载等，并且能为企业人力资源开发及培训工作提供战略分析平台，是全员培训系统工程不可或缺的技术支持，更是全员培训活动中的一大亮点。

三、全员培训实施的效果及有待解决的问题

（一）全员培训的效果

1. 营造了学习的氛围，提高了员工队伍的素质

通过全员培训，在全公司范围内形成了学习氛围，过去部分员工的学习习惯和热情变成了全体员工的学习习惯和热情，每年参加培训的人数不断增加，2004年实施各类培训1027项，参加培训的职工达44874人次；2005年实施各类培训906项，参加培训职工达55812人次。

通过全员培训促进了员工的观念转变，规范了员工行为，提高了基层员工的学历层次，培养了一批优秀的技术人才，优化了企业队伍的素质结构，保证了企业安全生产，支持了企业的改革与发展。由于企业近几年发展迅猛，生产任务不断加重，企业为适应新形势不断推出的改革举措，也给员工的思想造成

一波又一波的冲击。通过"品格类"培训，提升了员工正确对待国家、企业和个人三者之间的利益关系的认识水平，在确保完成生产任务、各项改革措施顺利推进、管理水平不断提升等方面发挥了积极作用。

在"工作学习化"的氛围中，知识型、技能型员工不断涌现，学习创新型班组不断创出新的业绩，形成了企业的创新热潮，企业评选的"群众性经济技术创新成果"仅2004~2005年两年就达到494项。

2. 提升了企业的竞争力，助推了企业战略目标的实现

实施全员培训三年来，在以世界顶尖级发电设备产品制造为平台的竞争中，东方电机明显加快了引进、吸收、转化世界先进技术，开发具有自主知识产权核心技术进步的步伐。

（1）三峡机组的研发和制造：三峡电站是目前世界上最大的水电站，世界上的知名水电设备制造公司都在承制三峡机组的部件，而三峡机组关键是造好转轮。对于核心技术的水轮机转轮，东方电机采用了先进的流体计算软件，融合几十年来中国工程技术人员积累的丰富经验，以及具有国际一流水平的水力试验研究基地，自行开发成功了与国际先进水平同步的高性能转轮。同时在水轮机蜗壳浇筑方式、水轮发电机冷却通风计算、线圈主绝缘技术、弹簧束支撑弹性塑料瓦推力轴承和制造工艺等方面都有重大突破，且三峡开发总公司对东方电机造三峡机组关键部件质量的抽查结果表明质量优于国外厂商，其主轴焊缝、定子线圈、叶片加工等均达到国际先进水平、优于国外部件。目前这一技术，已成功应用于三峡右岸、瀑布沟、金安桥等继三峡之后的巨型电站。

温家宝总理对东方电机在三峡特大型水电机组引进技术的消化吸收和再创新的重大成果给予了充分的肯定。国资委高度评价东方电机推动三峡机组国产化的成就。领导、专家们一致认为，三峡机组技术引进的再创新是我国重大装备行业技术引进最成功的典范。

（2）拿下中国核电第一单。东方电机制造核电发电机产品的历史可以往前追溯好几年，但是，当时只能给外国公司打工，制造发电机的外壳之类等非核心部件。通过全员培训，东方电机做好了独立制造1000MW核电发电机的一切准备，在2005年的国际竞标中，终于签下了中国核电第一单——广东岭奥二期两台1000MW核电发电机的制造合同，用事实证明了东方电机已在技术和制造能力上具有同国际一流发电设备制造企业同台竞技的雄厚实力。

实施全员培训的三年来，东方电机在装备、产品、技术、管理、队伍建设方面大踏步向前推进，全员培训真正发挥了助推企业战略目标实现的作用。

（3）将培训延伸为对用户的软件服务，为开拓客户市场打开新局面：东方电机在全员培训中，认真做好"用户培训"，使其成为电站服务的一个重要内

容。2002~2005 年三年共组织近 50 期电站人员培训，不仅很好地发挥了培训的"软件服务"功能，还通过培训宣传了东方电机的技术革新项目，迎来了电站改造项目的订单。

3. 为提高企业效益作出了贡献

优秀的员工队伍促进了生产能力、技术含量和产品质量的提高，创造了显著的经济效益（表4）。2007 年公司完成水火电产品 100 台，产量突破 3000 万千瓦，比上年增长 10%以上，产量记录被再次刷新，由此保持了连续四年产出发电设备名列世界发电设备制造商前列的记录。

表 4　东方电机 2001~2005 年销售收入与利税总额

年　份	产量（百万千瓦）	销售收入（亿元）	利税总额（亿元）
2001	2.14	3.7	-2.7
2002	4.5	9.2	0.91
2003	7.4	12	1.54
2004	15.36	23	4.62
2005	22.78	30.48	6.4

鉴于有目共睹的成就，2004 年 10 月在"创建学习型组织、争做知识型员工"活动现场推进会上被九部委联合授予全国"创争"活动示范单位称号；2006 年 5 月，被中国企业联合会培训工作委员会评为"2005 年度全国企业培训先进单位"。

（二）面临的问题

东方电机在全员培训实践中面临一些急待解决的问题。

（1）如何与员工职业生涯紧密结合？目前的培训课程设置虽然考虑了企业、岗位和员工的三重需要，但是并未与员工的职业生涯、未来的晋升发展轨迹紧密地联系在一起。员工虽然知道学习，知道参加培训的重要性，但是这种学习多少带有一点盲目性，对学习的认知还多少停在表面。全员培训的课程安排和选课要求一旦与明确的职业生涯、晋升轨迹联系起来，就能让员工以更加长远和高瞻远瞩的目光安排自己的学习，能让他们以更明确的目标和更大更强的动力来学习；而企业也会在这种氛围中，享受到积极健康的岗位竞争带来的生产率提高和效益，感受到人才"后浪推前浪"给企业带来的鲜活力量。

（2）如何理顺全员培训的管理体制？培训理应是人力资源管理的重要职能，但是东方电机目前全员培训的归口管理单位却不是人力资源部，而是职教中心。这种设置由于在流程上不顺畅，一方面，会给人力资源管理带来一些麻烦，如员工考核、计算工人工资的某些指标需要询问职教中心，从而可能产生沟通、管理上的问题；另一方面，全员培训中产生的某些统计数据不能有效地被人力资源部共享；人力资源部的某些数据也不能便利地被职教中心使用，用来生成更加重要和有意义的数据指标，而造成信息的浪费。

（3）如何改进某些课程的教学效果？在调查中，一些员工对某些课程的内容和针对性不太满意，例如，装备部反映，企业在新进设备的提前培训方面仍有不足。尽管职教中心有提前培训，但是针对性不强，效果仍不明显。再例如，一些工人建议多关注工人利益，从工人的角度，本着维护工人利益和关怀工人身心健康的态度来设置品格类课程，多开点像心理减压的课。

四、附　录

附录一　培训学时确认原则及考核办法

1. 培训学时确认原则

表5

参培类别	培训形式		培训学时确认
品格类培训 岗位知识培训 各类取证及上岗资格培训 工人技术等级理论培训	授课 讲座		无考试的培训，以实际参培学时计，但缺课超过60%者不计该项目培训学时
			有考试的培训，考试及格者以计划学时计；不及格者以实际参培学时计
	指定教材自学 + 考试		考试合格者计10~20学时，考试不合格者计2~5学时 （原则上长期出差的员工才能采用自学方式，且必须考试或交学习笔记、心得）
操作技能培训	师带徒		按签订的师带徒合同标准进行考核或考试，合格者师徒各计10~30学时
	技能考试		考试合格者按考试时间计，不合格者计2学时
	授课		以实际参培学时计
送外培训	国内培训		按实际培训天数，每天计6学时
	出国培训		按出国天数，每天计1学时

续表

参培类别	培训形式	培训学时确认
作为教师上培训课	按实际授课学时×2计	
公开发表专业论文	按刊物级别：国家级刊物每篇计40学时；省级刊物每篇计35学时；其他刊物每篇计30学时	
学习项目组	视项目大小计10~50学时	
学术研讨	按参加研讨时间计学时	
单位内学术交流	主讲人：按讲课学时×2计培训学时 参会人：按交流时间计培训学时	
学历教育	按考试及格科目每科计10学时	
岗位练兵	国家级比赛前20名计40学时，其余参赛选手计30学时 省级、集团公司级比赛前10名计30学时，其余参赛选手计20学时 市级、股份公司级比赛前6名计20学时，其余参赛选手计10学时	

2. 考核方式

（1）对员工的考核。

处罚：员工是否完成当年最低培训学时，是作为专业技术职称或工人技术等级聘用的依据之一，没有完成者其专业技术职称或工人技术等级下浮一个等级聘用，至次年在完成当年最低学时的基础上又补足了上一年所缺的学时后方可恢复原等级，且在晋升高一级的专业技术职称或工人技术等级时，顺延一年计算年限，连续不能完成，累计计算。

奖励：对完成培训学时者设有报销书费，报销学费，学历教育嘉奖，一岗多能嘉奖，优秀学员嘉奖，优秀内训师嘉奖，技师、高级、技师考评加分等激励措施。

（2）对单位的考核。

处罚：将单位完成总培训学时的情况纳入单位经济责任制考核，与单位工资总额和领导干部的工资挂钩，如当"全年单位实际完成学时小于应培学时"，将按比例减扣被考核单位的工资总额和领导干部的工资。

奖励：对完成培训学时单位设有二级优秀项目奖、先进单位评比加分等激励措施。

（3）对中层及以上干部的考核。

每年至少撰写2篇学习心得，每年至少给职工讲一次培训课，且公司级干部培训学时每年不少于80，中层干部不少于50。

将领导干部个人完成培训学时、给员工讲课纳入干部任职资格考核，将所在单位完成培训学时情况与领导工资挂钩。

附录二　全员培训中的培训制度和培训标准

1. 培训制度

(1) 核心制度：《东方电机全员培训管理办法》。

(2) 领导干部的培训制度：《领导干部培训管理制度》；《领导干部授课的管理规定》。

(3) 各类培训的管理制度：《工人技术等级培训的管理》；《工人特殊过程、特种作业人员培训管理》；《学历教育的管理》；《送外培训的管理》；《新员工培训的管理》；《一岗多能培训管理办法》；《培训效果评估的管理》。

(4) 培训工作规范：《全员培训一、二级培训管理规范》；《全员培训数据库管理规范》；《技能考试工作规范》；《特种作业培训管理工作规范》；《设备操作证培训管理工作规范》。

(5) 培训经费的制度：《教育经费管理办法》。

2. 培训标准

(1)《工人技术等级考评标准》。

(2)《特殊过程持证上岗培训标准》。

(3)《特种作业取证、复审培训标准》。

(4)《设备操作证培训标准》。

附录三　全员培训管理系统图示（见图 5~8）

图 5

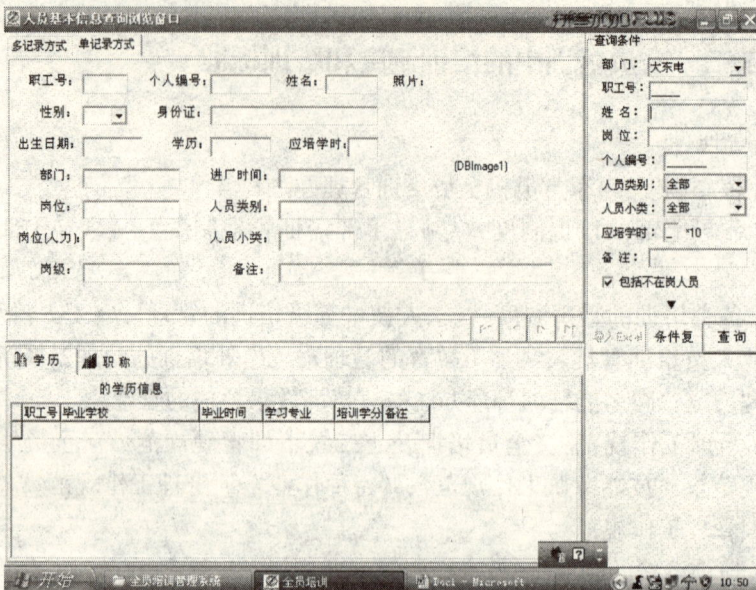

图 6

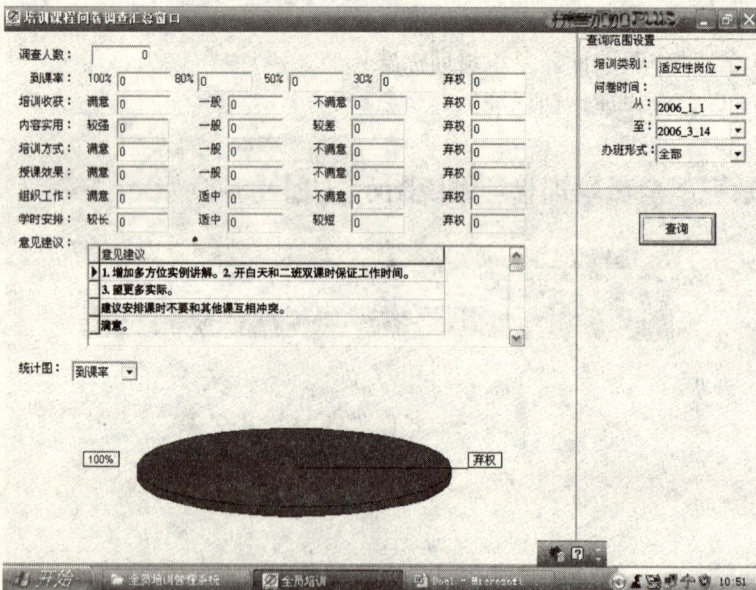

图 7

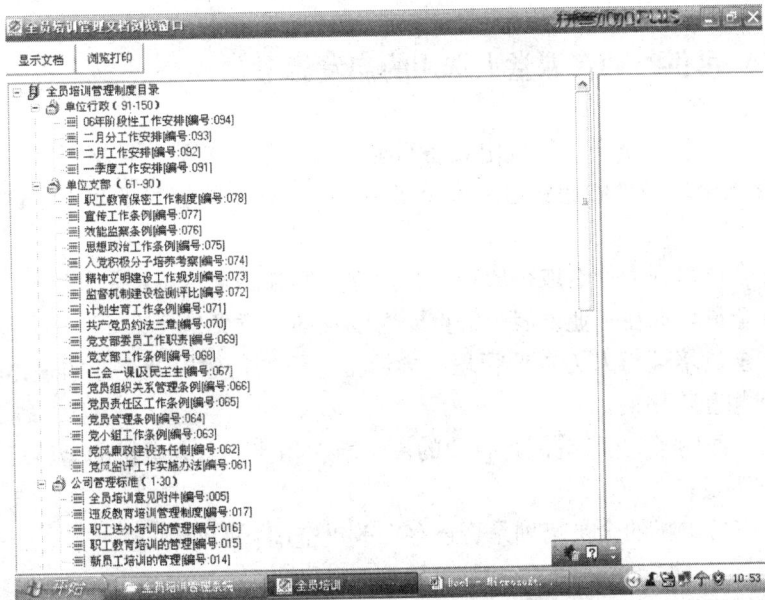

图 8

五、案例使用说明

(一) 案例类型与教学目的

本案例为关于企业员工培训策略的案例。

本案例的教学目的包括：

(1) 了解全员培训的概念及其意义。

(2) 全员培训体系的设计。

(3) 全员培训的实施。

(4) 员工培训的效果评估方法。

(5) 全员培训的难点及其解决办法。

(6) 员工培训数据库的主要结构模块。

（二）可供教师在课堂上选用的启发思考题

（1）为实现"跻身世界发电设备行业一流企业"的战略目标，东方电机为何要选择从全员培训做起？通过全员培训，东方电机是否真的实现了这一发展目标？

（2）全员培训为什么取得成功？其建立与实施的基本思路是什么？

（3）全员培训在企业发展中的重要性以及推广意义是什么？

（4）全员培训与人力资源管理、学习型组织的构建以及企业的整体战略实现是如何相互作用的？

（5）与西门子、GE 等同行企业的员工培训相比，东方电机的全员培训有哪些优势与不足？

（6）东方电机的全员培训是否还存在改进空间？如何改进？

（三）案例分析路线

员工培训的类型━━我国国有企业中员工培训的主要形式━━东方电机跨越式发展过程中面临的人力资源问题━━东方电机的全员培训━━全员培训取得的成就━━全员培训存在的问题━━全员培训可以改进的方面。

（四）背景资料

（1）行业背景。

（2）主要竞争对手。

（3）企业财务状况。

（五）理论要点

（1）员工培训。

（2）学习型组织。

（3）对标管理。

（4）人本管理。

案例 11

零库存是怎样实现的

吴少平　朱长榕　王宏强

摘要： 在经济全球化的背景与趋势下，企业之间的竞争日益加剧。为了提高生产效率，降低成本，从而在竞争中立于不败之地，许多企业对生产经营的业务流程进行再造或调整。其中"零库存"是部分企业采取的管理手段之一。"低库存—零库存"作为一种库存管理理念，得到了一些企业的认同；同时信息技术和物流产业的发展，打破了时空对经济活动的限制，也会使低库存—零库存成为可能。DKC 公司为了强化管理、节约成本、提升企业的竞争力，提出并探索了"降低库存—趋于零库存—零库存"的管理思路与模式，其实践取得了较为显著的成效，促进了该公司的改革与发展。

关键词： 零库存管理　实现模式与途径　成本控制

一、DKC 有色金属制品有限公司

DKC 有色金属制品有限公司（简称 DKC 公司）是成立于 1985 年的中外合资企业，当时设计年产 1200 吨铜材，用户对象为供、变电及电器控制柜生产企业。目前，DKC 公司是福建省内唯一的铜型材加工企业，也是所在地区唯一的中国有色金属加工理事单位。

DKC 公司投资初始，由于项目论证的不足以及外界环境等客观因素，1990 年公司亏损严重，负债率高达 98%，经营难以为继，企业濒临破产。1991 年公司将厂房土地出让，重新租借旧厂房。

1992 年董事会调整了公司领导班子。新班子从市场调查开始，着手制定新的发展策略，开始了新一轮创业。公司明确了以生产供变电、电器控制用铜导电母线（即铜排）及铜异型母线（即异型铜排）为主的专业化生产策略。通过走产品专业化道路，充分利用企业资源（人力、物力、财力等），在提高产品质量、提高产品综合成材率、降低生产成本和降低金属损耗等方面投入了力量，使产品在市场上具有较强的竞争力，同时明确了以质量领先、价格优势、服务全面、即时供货的公司发展路径，产品迅速进入了福建、广东、江西、湖南、浙江等市场及国家重点工程项目。1997 年以替代进口产品成为跨国公司 ABB 厦门低压电器公司的指定供应商，进入跨国公司的供应链，成为国内同行业同类产品的优胜者，入选中国著名铜加工企业行列。

近几年来随着中国经济的飞速发展，国内普遍存在电力供应不足，严重缺电促进了供、变电行业的发展，同时给作为供、变电行业不可缺少的铜导电母线产品带来了机遇。DKC 公司根据有色金属市场的多变性，多年来致力于从传统的产、供、销生产形式到供应链管理方式，从传统的库存管理向低库存，趋于零库存，最终达到零库存的管理模式进行转换的改革探索。这可称为"降低库存—趋于零库存—零库存"的管理思路与模式。

二、实施零库存管理的背景和挑战

（一）客户要求与生产工艺

DKC 公司的主营产品是供应供、变电行业所需的铜导电母线，作为跨国公司 ABB 电器公司的供应商，客户对供货时间的准确性要求很高，产品质量要求非常严格。

铜导电母线生产的基本流程如图 1 所示。

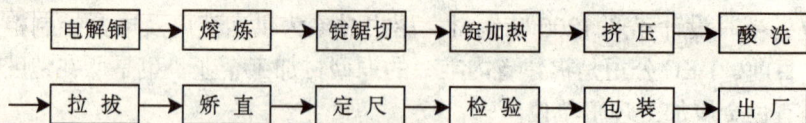

电解铜 → 熔炼 → 锭锯切 → 锭加热 → 挤压 → 酸洗

→ 拉拔 → 矫直 → 定尺 → 检验 → 包装 → 出厂

图 1　铜母线生产工艺图

随着市场竞争的日益加深，客户对企业的要求越来越高，标准也越来越严格。主要表现为：一是对产品的品种、规格和需求数量呈现多样化、个性化要求，而且这种要求具有很高的不确定性；二是对产品的质量和性能可靠性的要求日益提高；三是衡量产品的品质标准并非停留在通行的一般或行业标准，而是以不同顾客的满意与否为尺度的，个性化要求日益提高，由此产生了判别标准的不确定性；四是对供货的时间要求越来越短，时间性越来越强；五是有关各方的供销等经济活动的规范化及合同的约束力亦在加强；六是在满足品种、规格、产品质量、供货时间的同时，还要求产品价格低廉，即要求物美价廉。为满足顾客需求，企业必须对客户的需求作出回应和响应。

（二）原料市场特点

国内外市场竞争中，价格竞争愈演愈烈，要满足最终客户的需求并且具有竞争优势并非单个企业的成本下降。在铜导电母线生产过程中，电解铜原料占产品成本的 75%~85%，电解铜价格昂贵，而且价格每天上下浮动，变化幅度大到 400~1000 元/吨，小到 100~300 元/吨。

原料库存以及产成品的库存增加了企业资金沉淀并带来了降价损失的风险。由于价格高昂，并且价格上下浮动大，客户不愿意集中采购而加大产品库存，因此，客户的采购次数越来越多，而每次的采购量越来越少，基本上要求做到即时供货。

此外，铜导电母线加工过程所需的燃料油，如果采用库存，公司就必须建设储油库以及配套于油库的防火安全设施，投资与建设费用很高。

经过调研和测算，由于该公司的经营与业务特点，铜母线产品规格繁多，原料库存只要增加 5 天使用量，就需相应增加资金占用 750 万元；产品库存每种规格只要保持 1 吨，就相应增加资金占用 600 万元，仅此两项就需增加资金占用 1350 万元，每年将增加利息近百万元。如果建设一个燃料油储存库，大约需增加投资近百万元，每年增加费用 7 万元，每吨燃料油成本将增加 140元。库存不但造成资金大量占用并随之增加成本，而且会带来跌价损失风险。

（三）复杂的系统工程

要实现库存趋于零或为零，不仅对企业内部管理的要求很高，还受到多种社会经济环境因素的综合影响，涉及法律法规、企业诚信、职业道德、供销渠道、商务协调、信息沟通、科技手段、人员素质等诸多问题。

零库存是企业综合管理水平及其实力的体现。在物流控制方面要求有较强的时空观念，通过严密的计划、科学的测算、合理的采购，达到生产物资资料的最佳无缝衔接；要求资金高效率运转，原材料、生产成本在标准时间内发挥更好的效用，以期达到库存最少和最合理的目的。要做到零库存，必须重视市场与生产动态及其分析，把握市场脉搏与规律；要以销定产、以产定购，做到进得准、产得出、销得快，发运及时，进而实现零库存管理。

零库存管理作为一项系统工程，不但需要企业各项基础管理的配合，而且需要供应链上核心企业与各节点企业以及物流一体化的有机配合。作为核心企业，既是上一节点企业的客户，同时也是下一节点企业的供应商，需要对上下游组织连贯性的有机组合上运筹协调、通盘考虑、控制全局、整体把握。

原料供应商和80%的用户以及物流公司都具有10~15年的合作时间。供应链节点企业经过多年的合作、配合，甚至是契合，具有较高的信任度和默契感。供应链环境和该公司的管理模式及制度与文化氛围，为开展和进行零库存管理提供了良好的条件。

从供应链和从物流运动合理化的角度理解零库存：一是库存对象的物资数量趋于零或为零，不等于不要储备和没有储备；二是库存设施、库存劳动耗费相应趋于零或为零。实现零库存的目标是从根本上完全消除"生产过程中物资的暂时停滞"。

在实施零库存管理的过程中也难免会遇到各种困难，这些困难是否得到合理的解决和克服，将成为实施零库存能否成功的关键所在。

1. 整体协调问题

随着科学技术和生产力的发展，顾客的消费水平不断提高，企业之间的竞争加剧，加上政治、经济、社会环境的巨大变化，使得需求的不确定性明显加大，企业的竞争模式发生相应变化。供应链下企业的竞争将由单个企业的单体竞争转变为群体竞争，甚至是一条供应链与另一条供应链之间的竞争。要充分体现一条供应链的整体竞争能力，就要求供应链节点企业具有较好的合作性，将供应链看做一个整体，它不仅仅是节点企业单个之间的运作，而是以顾客的最终需求驱动整个供应链的运动过程。为达到供应链的高效运转，首先要求各节点企业的内部整合，消除企业内部各职能部门的各自为政的状况，进而形成各节点企业内部物流一体化，将企业内部整合后的流程与供应链上其他企业的流程整合在一起，使"间隔式"的物流变成"无缝隙"的物流。

在供应链上，采购环节（准时制采购）、生产环节（准时制生产）、物流配送环节（准时制配送和协同物流），以及销售环节（准时制销售）的协调与控制因素多、变化快、要求高、难度大。在链条各个环节与控点的运行与实施中，需要纵横连贯、同步合拍的系统化集中与统合管理，要求精准化的协调与控制，以及精益化管理和运行。

2. 柔性化

DKC 公司的管理层通过实践考察和理论分析，意识到实现零库存需要在从生产到销售的各个方面的不断改进和完善，构建柔性的物流运行系统。应当建立系统严密、高效快捷、诚信守则的供产销一体化的组织体系和运作平台；企业应当重视和强化内部管理控制，不断加强企业内部供应链各节点部门之间的沟通与协作，消除多余环节、克服本位主义和部门意识，实现企业内部运行与控制的快捷、高效；充分重视并运用先进的物流管理技术与方法，以及相应的制度安排和文化建设，进而形成柔性的运行系统。

3. 模式的选择

实现零库存管理的形式包括委托保管方式、协作分包方式、轮动同步方式、准时供产销系统、看板方式（传票卡制度）、水龙头方式、无库存战略储备，以及多种方式综合运用的物资统合配送制度等。DKC 公司的管理层在实践探索的基础上进一步认识到，由于不同的企业所面临的市场环境不同、处在供应链的位势不同、管理模式不同、生产技术水平和产品不同、运作方式不同、企业文化不同，因此企业应当根据生产经营特点、管理基础和现实条件，科学合理地选择零库存的实现手段及运行方式。

三、零库存管理的实施

（一）更新观念

为适应供应链竞争，作为供应链节点企业的持续发展有赖于竞争优势，而竞争优势的源泉是企业的核心竞争力。DKC 公司以专业化生产、品种规格齐全，具有国内同类产品领先的生产技术和产品品质的优势，使其产品在国内重点工程中得到使用，在用户中享有较高的知名度，并作为跨国公司的供应商进入市场。企业遵循着库存趋于零或零库存的管理方式，不断地改进和完善，始终遵循"客户至上、品质领先、一丝不苟、精益求精"的企业方针，以及"DKC 品质、一诺千金"的企业诚信，吸引和凝聚客户，其"品质和服务"是具有竞争优势的核心竞争力。

以顾客为主体的市场理念和需求引导着供应链的往复和循环运转，不断创造并满足顾客的需求及潜在需求，是企业在市场经济条件下生存发展的重要基础。美国著名的管理学家德鲁克曾说过：企业宗旨的唯一定义是"创造顾客"。

企业作为供应链运转的一个节点，必须树立"顾客完全满意"的理念。DKC公司以"客户至上"为宗旨，以品质、服务、时间和价格为核心竞争力。基于企业的宗旨，要在竞争的市场中立于不败之地，零库存管理是降低成本、缩短时间、提高生产和服务水平的有效方法之一。

零库存管理有利于减少因库存而占用较多的资金，优化了应收和应付账款的结构，加快了资金的周转速度，降低了企业库存管理的成本，规避了市场变化和产品升级换代而带来的产品积压或降价的风险。

(二) 组织变革

组织结构对企业物流效率有很大的影响，企业要实现零库存必须使企业内部的运转顺畅，建立合理的组织结构可使企业内部的人员更好地协调、相互合作。为了实施零库存战略，DKC公司打破了传统的组织构架（图2），精简机构，简化部门之间的工作流程，减少管理人员（图3）。

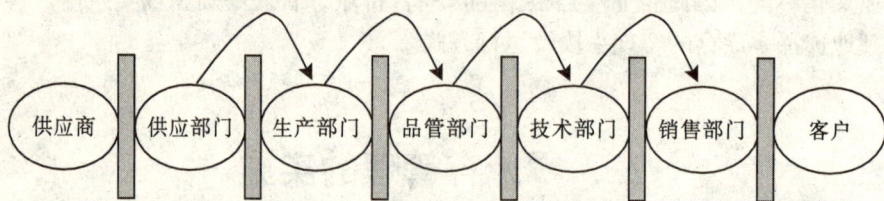

图2 企业内部传统的职能独立结构

（供应商—供应部门—生产部门—品管部门—技术部门—销售部门—客户）

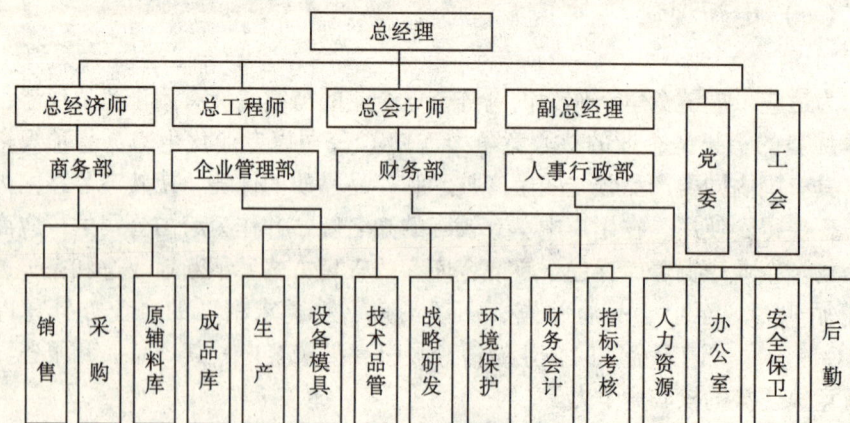

图3 DKC公司调整后的机构设置图

为适应产品专业化生产，该公司分设四个部门：商务部、企业管理部、财务部和人事行政部，分别由总经济师兼任商务部经理；总工程师兼任企业管理部经理；总会计师兼任财务部经理；副总经理兼任人事行政部经理，形成"一总三师"的企业决策和管理层。

1. 商务部

分管销售、供应、原辅材料周转库、成品周转库，即公司对外所发生的各项业务工作。负责产品销售的同时负责资金回笼，确保原辅材料购买所需资金；供应商的供货指令、产品的送货指令均由商务部下达；市场信息、客户需求信息也由商务部获取。

2. 企业管理部

该部门分管生产、设备模具、技术品管、战略和产品研发，即公司内产品生产过程中所发生的各项工作。按质、按量、按时完成商务部下达的生产指令。

3. 财务部

该部门分管财务、会计、指标考核工作；组织会计核算和财务管理；加强资金和资产管理；开展财务预算和控制；对公司生产经营过程中的各项经营与财务指标进行分析、监督和控制。

4. 人事行政部

该部门负责公司人力资源配置与管理，处理公司的各项日常行政事务。

5. 党委和工会

主要进行监督与保障；日常事务由办公室承担。

由于该公司供应、销售、原辅材料、产成品等均由商务部一个部门负责，打破了企业内部供和销的完全职能独立；而企业管理部则融合了生产、设备、品管、产品研发等原属于多重的企业内部的独立职能，有效地克服了因企业内部各职能部门间的不畅通而形成的内部能量消耗（图4）。

图 4　DKC 公司内部整合图

图 4 表明，商务部获取市场需求信息受客户的拉动，同时将客户信息以及

企业需求信息反馈给供应商，同时又拉动供应商。商务部集供应部和销售部于一体，缩短了信息的传递时间，变企业对上游供应商和下游客户的两个部门（供应部门、销售部门）为一个部门（商务部），内部的整合保证了企业在供应链下与节点企业的柔性协调，同时供应和销售以及原辅材料和成品库统归商务部，更有利于上下游企业的协调，这就为该公司实施零库存管理打下了合理的机构设置的基础。

（三）全面控制

库存管理起着协调需求与供给、维持各项活动顺畅进行的重要作用，既要降低库存又不影响生产和销售的正常进行。库存控制的目标包括确保物资供应、不允许缺货、加快资金运行、降低成本等。

零库存管理并非简单的原材料库存和产品库存管理，产品生产过程中所需的辅助材料、工模具、备品备件等，这些物资库存所占用的资金也是较多的。为了尽可能降低成本和库存风险，公司加强了库存的全面控制。

1. 原料的库存控制

铜导电母线生产过程中，由于电解铜原料约占产品成本的八成，降低原料库存实现原料库存趋于零或为零，对降低产品成本起着关键作用。DKC 公司对原料供应采取了综合"即时供货"以及与供应商建立长期协作关系的配送方式。公司商务部根据当天接受顾客订单的数量，采用网络方式反馈给上游供应商，上游供应商按长期协作合同中规定的时间、地点把当天所需原料送达公司，完成原料供应过程。

2. 燃油的库存控制

铜导电母线生产过程中，最大宗的物料需求是燃料油的供应。燃料油属易燃易爆危险物资，如果采用库存，要投入大量的资金用于油库的建设和严格的安全措施。该公司对燃料油供应采取"即时供货"实现燃料油的零库存管理：由燃料油供应商配送当天基本数量的燃料油，若遇增加使用量，燃料油供应商接到指令后确保在 60 分钟内送达。燃料油零库存管理大大降低了油库投资，消除了燃料油储存带来的不安全隐患。

3. 成品的库存控制

公司的产品检验区也是产品包装区，又是产品的发货区。产品检验后及时包装，按照客户所需产品的品种、规格、数量，由协作分包的物流公司及时将产品送往客户。要求产品在"成品库"中停留不超过 8 小时，降低了成品仓库的库容和成品保管所产生的费用。

由于 DKC 公司库存物资种类繁多、价格不等、数量不均，对所有库存品种均给予相同程度的重视和管理是不可能的，也是不切实际的，这就需要企业对库存进行有重点的实施控制。DKC 公司采用了 ABC 控制法对库存进行有重点的控制，有效地降低了库存及其成本。为了保证生产的正常进行必须管好订货点，影响库存量的四个参数是订购点、订购批量、订购周期、进货周期；DKC 公司的商务部根据企业以往的生产状况和历史数据总结出原料的需求规律，并以此为据制定合理的订购点、订购批量、订购周期、进货周期。通过对库存的管理进而实现准时制库存；准时制库存意味着消除浪费，保持存货与生产的同步化。

此外，为保证生产正常运转，公司在模具制造、设备维护方面仅配备了日常保养维护人员。定期的检修以及模具制造由专业协作商进行，最大限度地减少了后勤生产人员数量，降低了生产成本费用。

(四) 配套措施

为实现零库存的目标，DKC 公司进一步从原料采购管理、库存管理、生产管理、市场管理、产品配送、信息管理、组织结构等方面推进和深化改革。

1. 采购管理

DKC 公司的采购流程是：根据生产指令，企管部将所需的原料、辅助材料反馈给商务部，商务部根据生产的需要向原辅材料供应商发出采购指令，采购指令包括原辅材料的品种、规格、数量、品质、价格、送达时间。由于 DKC 公司对客户及其产品需求及时进行了实时和较为准确的预测，从而制订出比较精确的采购计划，同时配之以临时性采购预案。DKC 公司在组织采购时为了减少无谓的损失，严格强化采购控制，采购部门将采购计划交商务部审核，商务部根据采购计划和实际情况决定是否采购和采购量。为了达到零库存的目标必须有合理的采购决策，所以必须明确订购多少、从哪采购、何时采购、如何采购、以何种价格采购等。采购数量力求合理，要根据经济批量测算成本，采购过多就会带来库存压力，过少又会影响生产的正常进行。如果价格波动比较大，盲目地采购又会带来企业的损失。如果公司已经决定了采购，就要随之确定何时采购、从哪里采购、以何种价格采购，这些都会影响企业的采购成本。

2. 供应商管理

为了不影响生产的正常进行，必须对原料质量进行控制，建立相应的验收和检验机制。供应商管理是供应链管理中一个很重要的问题，是实现准时化采购的重要基础。在供应商和制造商关系中，存在两种典型的关系模式：传统的竞争关系和合作关系（竞合关系或双赢关系）。竞争关系是一种短期合同关系，往往是以价格为驱动的，这种合作关系会使价格和供应数量不稳定，从而存在潜在风险。双赢关系则是一种竞合、合作的关系，这种供需关系在相互合作的供应商和制造商之间共同分享信息，通过协商与合作、协调相互的行为。这种合作关系有利于实现准时化采购，是建立在信守诺言基础之上的。DKC公司构建了与供应商的信息交流与共享，以及供应商的激励机制，并通过合理的方法和手段对供应商进行评价与预期，进而建立起双赢的合作关系。通过严整与严密步骤实现对采购环节的有效管理，为实现零库存从源头打下基础。但是采购环节也并不是完全以实现即时供应和零库存为目标，有时企业还要考虑到原材料价格的波动。

3. 生产管理

企业要实现零库存，控制的核心环节还有生产管理。DKC公司在生产过程管理中实现零库存的主要做法可概括为以下几个方面：生产进度控制、在制品控制，力求使在制品的库存降为零；产品的产出控制，始终坚持以销定产。产品的生产进度控制是生产作业控制的重要内容，它贯穿在从产品投产指令下达后直至产品制成的全部生产过程。生产的进度控制包括采购进度控制、进货检验进度控制、生产流程进度控制等；销售部门根据产能作为接受订单的依据、销售部门接收订单后和相关部门协调形成合理的销货计划，根据销货计划安排确定月、周生产计划；物料控制人员根据生产和库存情况分析物料需求并提出请购计划；采购部门根据请购计划组织进货；仓库在生产前及时备好生产物资；制造部门按计划控制产能。可通过采用图表和各类报表、进度控制箱、数据库、电算化系统等工具和方法对生产进度进行控制。DKC公司有效利用了生产管理方法，如看板管理、现场5S管理、定置管理、加强设备维护等，强化对生产过程的精益管理，以减少产成品和在制品的数量，从而达到减少库存的目的。

4. 购销业务流程

实现零库存必须是全过程的协调，实现销售环节同生产环节的整体配合。企业的物流系统与企业活动的各种职能（购进、生产、销售）存在密切关系，其中与销售活动的关系更为紧密。市场营销对物流系统的设计和运行有着基本或决定性的影响，市场营销又成为物流成本变动的重要动因。商务部在掌握顾客需求（产品订单）并了解顾客期望的同时，又获取了供应商、协作方、竞争对手以及行业市场的信息和动态。根据顾客的需求和期望，向企业管理部下达生产指令，生产指令包括产品的品种、规格、数量、品质要求、交货时间。根据生产指令，企管部将所需的原料、辅助材料反馈给商务部，商务部根据生产的需要向原辅材料供应商发出采购指令，采购指令包括原辅材料的品种、规格、数量、品质、价格、送达时间。铜母线生产工艺流程短，当天下达的生产任务当班就可以完成，而顾客订货的需求时间在7~10天。由于铜材价格昂贵，顾客也不愿大批量订货造成库存，就形成数量少、批次多的供货形式，而数量少、批次多，加上又有7~10天的订货时间，正好满足铜母线业的生产安排。所以为了保证能够控制风险又不失去商业机会，商务部通过销售预测，给企管部下发可能的销售量；企管部根据商务部的预测来安排生产工作和确定需要的原料数量。销售分析主要是为了让销售主管及高层主管对现有销售情况有全面和及时的了解；必须迅速、准确地把销售分析转为未来预估的销售量，再交由生产部门生产。在实际作业时，每个月的"实际销售量"会与"可能的销售量"有所出入。根据销售报表，分析何种产品畅销、滞销，再组织召开产销会议进行协调。

5. 配送系统

企业要实现零库存完善的配送系统是必不可少的，它关系到能否按需供货，按销定产，从而准确、及时地满足客户的需要。为了维护公司的利益与服务客户，对商品交运，DKC公司加强运送流程的管理，提升配送的效率并设法降低物流成本。当客户订货后，经过信用调查，接受客户订货，并且进入生产流程，再由仓库调货，将商品运交给客户商品交运。加强商品实体的配送管理，是企业经营内控的重点环节，对企业成本的降低和零库存的实现有重要意义。DKC公司对当天生产的铜母线产品随即进行检验包装，承担配送的物流公司将产品及时送达客户。有效的工序衔接，消除了产品的停留时间，实现了产品的零库存，所有信息的发布和反馈均通过数据库网络进行，提高了工作效率。为了降低配送风险必须加强运输控制，一般来说，运输的方式主要有公路、铁路、航运、空运等，选用何种运输方式，对提高物流效率具有十分重要的影响作用。选择运输方式就要考虑相关因素，如运输能力、货物的安全性、时间的准确性、便捷性、经济性、适用性、可控性、替代性、衔接性以及网络性等，并加以综合考量和分析。具体进行选择时则应从运输需要的不同角度综合地加以权衡。需要权衡的是运输服务与运输成本之间的关系。在选择运输方式时应当以综合成本为依据，而不应仅寻求某一单项成本的降低。企业要实现准时的生产与流通体制，就要求缩短订货到发货之间的周期，在较短时间内迅速对应发货与备货、分拣与配送等业务活动进行引导，进而要求有严格的商品包装、贴付等流通加工机能。这些都促使企业建立信息化、自动化、机械化、高度化的配送中心。高效率的配送效率有助于减少库存，并实现按需定产。

上游供应商主要供应电解铜原料、锭加热用燃料油、挤压和拉拔用模具以及生产过程中的损耗品和设备配件。由于原辅材料的供应商相对集中，主要辅助材料在当地采购，80%的原料采购距离在 500 公里以内，与供应商的协调沟通比较容易，原料、辅助材料供应过程的物流由供应商负责送到公司，有利于开展零库存管理；下游客户主要是供变电、电器控制柜生产企业，产品针对性强，80%的产品直接销往生产厂家，20%通过经销商销售。产品出厂委托专业物流公司，按照用户规定的时间、指定的地点，及时送达，70%的产品销售距离在 500 公里以内，当天都能到达。

DKC 公司根据企业的实际情况不断调整和完善高效、合理、快速的配送方式，为实现零库存提供了重要保障。

6. 预算管理信息系统

为了克服零库存的风险必须做好年度预算。在各期的生产预算、原料采购预算尚未形成之前，先作出书面计划与预算，使各部门的主管有机会在事前充分沟通，以免各持本位，使公司的整体利益受损；一般在前一年的第四季度作出下一年度的销售预算，并确定各个月份的产销量。同时还要保证销售与运输部门的协调，以免延误销售；在销售管理方面商务部与企管部作充分协调，确保产销的紧密结合。

要实现即时采购必须对企业的物料数量进行有效的监控，这样就要求企业建立一套系统。DKC 公司的控制系统可以让财务部、商务部、企管部都能获得物料存量和需求量的准确信息，此系统包括采购预警系统、供应商管理系统、采购单打印系统、采购跟催系统。通过这套系统使 DKC 公司能够正常运转并且不会造成原料的过量供应和短缺。

四、零库存管理成效显著

该公司 1995 年起进行辅助材料零库存管理的探索并初见成效；1996 年启动产成品零库存管理的试运行，至此逐步扩大零库存管理的范围；经过多年实施零库存管理的探索，DKC 公司从最初的"专业化生产，走社会分工协作"的思路起步，逐步进入供应链管理；从燃料油小批量采购获得效益的启示，逐步延伸到原料、辅料、产成品的零库存管理，吸收了国内外供应链、零库存管理的先进经验，结合该企业的实际情况和经营特点，在实施零库存管理中取得了较为显著的成效。

1. 生产费用下降

随着零库存管理的实施和不断深化扩展，DKC 公司的生产费用明显下降（表1），每吨生产可变费用从 1997 年的 1460 元降到 2005 年的 810 元，每吨生产可变费用下降了 650 元，下降率为 44.52%。

表 1　生产可变费用比较表　　　　　单位：元

项　目 ＼ 年　度	1997	1998	1999	2000	2001	2002	2003	2004	2005
吨生产可变费用	1460	1380	1320	1280	1250	1200	1100	900	810

2. 产销率保持高位

公司按照顾客的需求安排生产，避免了因产销脱节形成的产品滞销，产销率保持高位（表2）。

表 2　产销率统计　　　　　单位：%

项　目 ＼ 年　度	1997	1998	1999	2000	2001	2002	2003	2004	2005
产销率	99.8	101.2	100	99.8	100.14	101.1	99.13	100.4	100.25

3. 加快了资金周转

企业流动资金周期天数下降，提高了资金使用效率（表3）。存货各项占流动资产比率下降，流动资金得到有效利用（表4）。

表 3　流动资产周转率比较表

项　目 ＼ 年　度	1997	1998	1999	2000	2001	2002	2003	2004	2005
流动资产周转率（次数）	3.24	3.42	3.63	4.23	4.82	5.64	6.24	7.92	8.2
流动资产周转天数（天）	111	105	99	85	75	64	58	45	44

随着 DKC 公司零库存管理的不断完善，减少了仓库的投资和仓储设施的设置，DKC 公司每年进出原料、辅料、产品等物资近 1.5 万吨，而仓库面积仅 480 平方米，人员配备仅 4 人，有效降低了仓库管理费用和生产成本，提高了工作效率、管理水平和市场竞争力。1997 年开始向 ABB 厦门低压电器公司供货；1998 年公司通过 ISO9000 认证；2000 年公司获得省文明单位称号；2002 年产品荣获省名牌产品称号，同年入选中国有色金属加工理事单位；2003 年公

表4　各项存货占流动资产比率比较表

单位：%

年度 项目	1997	1998	1999	2000	2001	2002	2003	2004	2005
原材料	9.25	12.99	10.1	9.54	7.06	8.36	8.54	5.30	4.91
燃　料	0.00	0.00	0.00	0.00	0.00	0.00	0.01	0.00	0.00
产成品	3.02	1.31	0.70	1.00	1.10	1.61	0.98	0.61	0.71
低值易耗品	0.45	0.43	0.52	0.54	0.41	0.12	0.22	0.02	0.01
辅助生产	0.26	0.18	0.08	0.05	0.11	0.05	0.01	0.10	0.11

说明：原材料：原料、辅助材料、备品备件、未使用的模具、五金材料、油料、钢材。燃料：燃料（柴油）。产成品：成品、在产品。低值易耗品：在使用的模具。辅助生产：在加工的模具。

司获得省先进基层党组织称号；同年获得"中国著名铜加工企业"称号；2004年公司实现全员劳动生产率190万元/人·年，年人均利税6.5万元。

五、DKC公司实施零库存管理的再思考

企业实现零库存可以降低大量的资金沉淀、降低成本而取得经济效益和竞争优势。零库存的实施是建立在相对稳定的客观环境和控制制度基础之上的。若由于供应链上某个环境因素发生变化，超出企业难以承受的能力，零库存则会陷入困境。

供应链下产品的生产经营过程，始终存在着供应商、核心企业，以及客户的各节点企业的整体配合。我国的供应链管理并不完善，因此，在实施零库存管理过程中，必须建立预警应急机制，将产品生产经营过程中因突发事件而造成的影响和损失减到最低限度。在实施零库存管理中，企业应根据所处的环境条件，考虑上游供应商的供应能力、协作方的协作能力、物流公司的反应能力以及企业自身的应变能力，制定零库存管理的预警应急机制。常见的影响因素有：因供应商或协作方的原因未能及时供货，造成原辅材料不能及时到位；因客户的需求变化，临时增加或减少供应，造成产品短缺或过剩；因自然环境及条件的原因，如因台风、冰雪、暴雨、地震等不可抗力因素影响物流的畅通而延误供货时间；因企业内部突发的设备事故、停水或停电造成生产经营中断而影响订单的完成。企业可根据具体情况建立不同的预警级别，预警的方式可以是文本通告、颜色标记、声音报警等。DKC公司根据生产经营的特性划分了影

响零库存实施的重要因素和普通因素，将原料供应、模具供应、关键设备的重要部件供应等列为重要预警因素；将燃料油供应、普通辅助材料供应、物流运输等列为普通因素。预警的方式可采用文本通告和网络提示的方法，由仓库根据公司制定的极限库存，负责以文本通告或公司网络形式及时通报并告知相关部门，有关人员按预定的应急预案启动。

实施零库存管理可能会给企业带来风险，企业要根据带来风险的普通因素和重要因素建立不同的预警级别；不同的风险会给企业带来不同程度的损失，因此要针对不同的风险建立不同的保险系数。保险系数的高低与企业成本相关联，高的保险系数相应带来高成本，所以针对不同风险要建立不同的保险系数，不能一刀切，搞形式主义。企业建立预警机制要通过实际考察企业的内外部环境，进行深入分析，据以建立相应的预警种类和预警级别。此外，还可按照给企业带来风险的因素源不同，将其风险划分为企业外部风险因素和企业内部风险因素。企业外部的风险往往是某些不可抗力引起的，如外部经济与自然环境不利情况的出现；企业内部的风险因素则是可以通过加强管理来克服和预防的，但完全避免相当困难，因此对企业内部风险的预警应当充分重视、密切关注。

有些风险到来时企业往往是无法克服的，企业要克服零库存带来的风险必须要加强风险预测和预防，如关注天气变化情况，甚至包括中远期天气预报，密切关注和考察供应商、分销商的业绩与诚信；及时观察追踪市场动态；加强内部生产管理等。如果企业仅仅建立应急预警机制而不注意预防，这就会使应急预警机制处于被动和流于形式。因此要预警与预防并重，力求防患于未然。

企业在具体实施中，应当如何进行预警和预防呢？企业可根据以往的历史数据，科学运用数学方法，如进行曲线回归分析、动态分析和趋势分析等，预测并把握市场走势，结合市场状况和以往的原材料库存数据对需原材料的安全库存进行预测分析；根据市场动态确定产品的安全库存。安全库存就是企业根据以往经验确定的能够应付市场波动的库存数量，可以设立库存的上限和下限，下限指可能会出现短缺的库存，如一个短暂期的销量；上限是指库存过多，这样会带来不必要的库存成本。总之，企业应依据自己所面临的市场环境动态、供应链的运行状况、不同季节的天气变化保持相应的安全库存。建立安全库存还要考虑成本，企业实施零库存的目的是节约成本，如果一味追求安全系数就会导致成本增加。企业对此也要衡量利弊。

企业实施零库存预警应急机制不仅仅要树立理念而且要切实组织落实，因此企业就要考虑预警机制的联动，让各个部门均能及时并充分地掌握最新动态，结合所在部门的管理职能各司其职，构建预警及其联动机制。目前网络技术比较发达，企业可以利用局域网或其他的通信方式向各个部门及时、快速地传达预警信息，不断建立和完善预警应急机制，形成与预警同步的联动，使零库存管理落到实处，得以实现。通过以上研究探索和深化扩展，可以建立企业实施零库存管理的模型（图5）。

应当指出，当企业还不具备实施零库存的基础条件而"机械"执行，结果只不过是将自身的库存压力以及内部的物流问题转嫁给供应链上的其他环节承担，由此所引发的负面效应将会恶化同其供应链各环节的关系，使成本上升，进而会导致整体供应链竞争力的削弱。企业实施零库存时，应该慎重审视企业是否具备基本条件。只有条件完善时，才能真正享有零库存给企业带来的利益。同时，企业还应该考虑实施零库存的成本，当实施零库存的成本高于所带来的收益时，实施零库存只不过是在追求一种库存管理模式，而没有实际意义。实现零库存是一个系统工程，需要企业各个方面素质的综合提升，不可能一蹴而就；必须扎扎实实苦练内功，逐步完善自己的企业。根据 DKC 公司的情况，有可能一次改革并不能实现零库存，需要在不断的实践探索中推进发展，由减少库存到趋于零库存，再到零库存。

六、案例使用说明

（一）案例类型与教学目的

本案例为零库存管理案例。

本案例的教学目的包括：

（1）让学员对企业实施零库存管理的意义和方式有所了解。

（2）了解和认知企业实现零库存需要哪些条件。

（3）了解和认知企业的哪些环节会影响零库存的实施。

（4）为适应零库存的要求，企业应当如何强化基础管理和应用现代化管理手段？

（二）可供教师在课堂上选用的启发思考题

（1）减少库存是否在任何情况下都有利于降低成本？

（2）准时小批量供应能够减少成本吗？

```
┌─────────────────────┐
│    企业实施零库存管理    │
└─────────────────────┘
           │
┌─────────────────────────┐
│  企业实施零库存管理必要性分析  │
└─────────────────────────┘
           │
┌──────────────────┐
│   考察企业外部环境   │
└──────────────────┘
           │
```

宏观经济环境	企业的市场环境	企业的供应商环境	基础设施建设状况	社会信息渠道环境

```
┌──────────────────┐
│   企业外部环境允许   │
└──────────────────┘
           │
┌──────────────────┐
│    内部资源整合    │
└──────────────────┘
           │
```

人力资源整合	组织结构整合	生产系统升级	库存管理升级	市场管理整合	物流管理升级	供应链整合	信息管理升级

```
┌──────────────────┐
│    内部条件允许    │
└──────────────────┘
           │
┌──────────────────┐
│    启动零库存管理   │
└──────────────────┘
           │
┌──────────────────┐
│   建立预警与联动机制  │
└──────────────────┘
           │
┌────────────────────────┐
│   零库存管理深化探索及改进完善  │
└────────────────────────┘
```

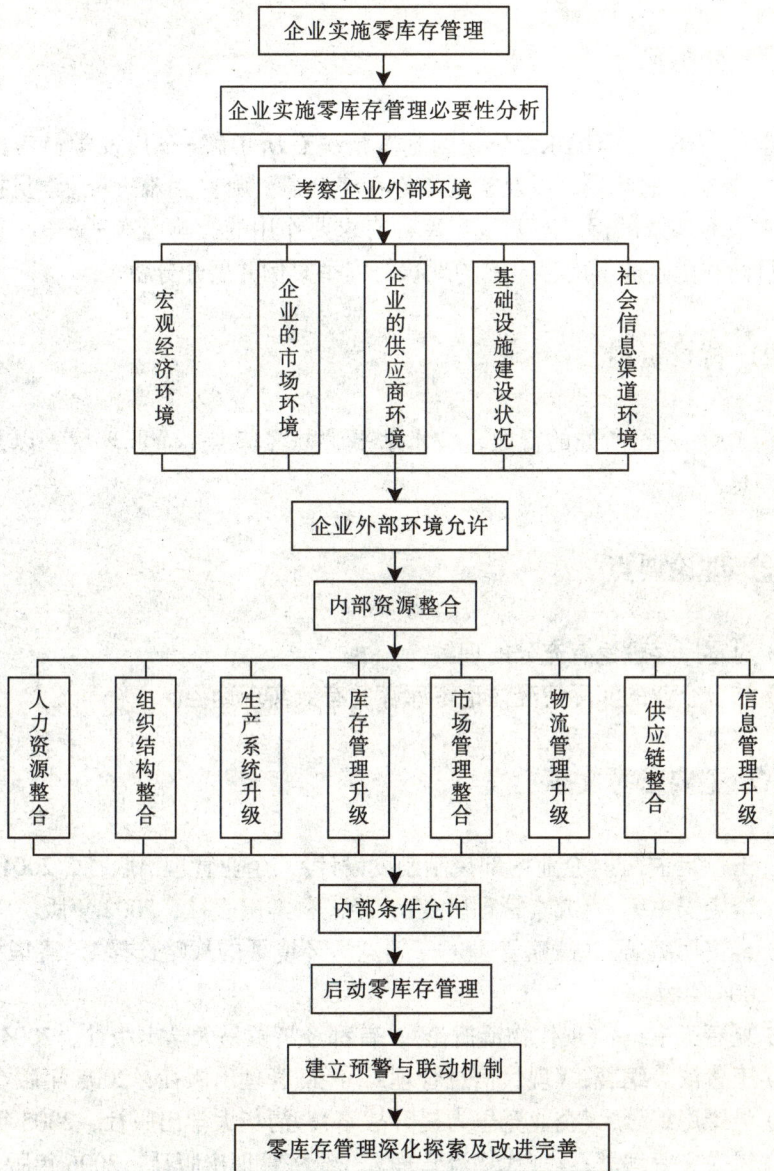

图 5　企业实施零库存管理的模型

（3）如果企业员工的素质没有达到零库存管理的要求，会引发哪些问题？

（4）DKC 公司目前的公司组织结构是否适合零库存管理？

（5）零库存可能会给企业带来哪些风险？

（6）如何建立预警机制以应对风险？

（三）分析路线

请学员（学生）对 DKC 公司的基本情况有所了解 ━━► 启发学员考虑目前 DKC 公司所面临的问题，以及实现零库存将会遇到哪些困难 ━━► 让学员提出一些案例中没有涉及的但是对实现零库存有重要作用的影响因素 ━━► 以小组为单位讨论目前我国企业零库存实施的现状，列举案例并展开分析。

（四）背景资料

分析 DKC 公司所处的行业、技术水平、顾客特点、企业环境，以及企业文化等信息。

（五）理论要点

（1）对零库存理论有充分的理解。

（2）结合企业的实际情况讨论零库存的有效实现途径。

（六）主要参考文献

（1）王世定主编：《企业内部控制制度设计》，企业管理出版社，2001 年版。

（2）李定安主编：《成本管理研究》，经济科学出版社，2002 年版。

（3）金占明编著：《战略管理——超竞争环境下的战略选择》，清华大学出版社，2004 年版。

（4）夏春玉主编：《现代物流概论》，首都经济贸易大学出版社，2004 年版。

（5）王鲁滨等编著：《现代信息管理》，经济管理出版社，2005 年版。

（6）吴维库编著：《企业竞争力提升战略》，清华大学出版社，2005 年版。

（7）侯龙文等编著：《现代物流管理》，经济管理出版社，2006 年版。

（8）黄津孚著：《现代企业管理原理》，首都经济贸易大学出版社，2007 年版。

一家乡镇企业的发展史和规划

黄津孚　韩福明

摘要： 本案例叙述了河北省一家乡镇企业如何白手起家，艰苦创业，从小到大，从仅仅为改变家乡面貌到积极发展循环经济、努力承担解决当地就业等社会责任，从产权不够清晰的农村集体所有制过渡到规范的股份制，从维持生存到考虑长远发展，其成长发展过程以及面临的问题颇具代表性。

关键词： 乡镇企业　再生胶　发展规划　企业文化

一、京东集团发展沿革

（一）穷则思变，转业军人创办橡胶厂

二十多年前，于虎山怀着报效家乡的赤子之心，放弃了部队提干的机会，毅然回到贫穷的家乡，先后担任村支部委员、支部书记，为改变家乡面貌，他和村里其他党员干部萌生了为村里办一家企业的想法。然而办企业生产什么，怎么生产等基本问题对他们都是个未知数。此时他们想到本村有人在北京某橡胶厂工作，找一找他或许能帮上忙。于是他们到北京找到老乡商量办厂事宜。在老乡的帮助下，1985 年 11 月 17 日 "京东" 橡胶厂正式成立（取自北京的 "京" 字和河北省任丘市东里长村的 "东" 字）。时任村党支部副书记的于虎山担任该厂厂长，当时企业有农民工人 44 名。

新组建的企业一无资金，二无技术，三无厂房，干部职工顶风冒雪，挖管

沟、建厂房、安装机器，仅用了不到半年的时间就开始试生产，1986 年 5 月 8 日正式投产。可是，由于产品质量不过关，销路不畅，造成产品大量积压、资金难以周转，一年半的时间仅仅生产出再生胶 450 吨，企业因而出现了亏损。

（二）承包经营延续企业生命

从 1985 年办厂到 1988 年底，企业没能给村里创造明显的经济效益。厂长于虎山发现如果企业不改变经营管理方式，可能难以生存下去。1988 年底于虎山向村党支部建议对橡胶厂实行承包经营，并承诺如果承包不出去，就由他来干，绝不能让这个小企业垮掉。村党支部在投标承包者中经过研究选择后，决定将小橡胶厂承包给了于虎山，承包期为 10 年。由于个人财力不足，于虎山在村子里找了 11 名志同道合的乡亲合伙经营橡胶厂。12 名合伙人每人出 1 万元资金，利益均等，风险共担。这就是后来在京东集团人们常提起的"十大创业股东"。企业经营者责任感有了，企业暂时渡过了生存危机。

（三）浴火重生，凤凰涅槃

正当京东人准备大干一番事业，一场毁灭性的灾难突然降临。1989 年 3 月 10 日凌晨 6 点，由于发电机发热引发大火， 20 分钟内十间主厂房和主设备就被无情的大火烧毁，给企业造成了 10.7 万元的巨大损失。但是京东人并没有被突如其来的灭顶灾难吓倒。在救火现场，厂长于虎山对大家说："大火烧毁了我们的厂房、烧毁了我们的设备，但是烧不毁我们京东人干事业的决心和勇气！"面对一片废墟，京东人表现出了气吞山河、勇往直前的英雄气概，失火当天就在没有被烧毁的磨粉车间投入了生产，所有干部职工 15 天不分昼夜忘我工作、吃住在厂，困了找个地方和衣打个盹，饿了随便啃个干馒头，渴了找口凉水喝；灾后仅仅半个月，京东橡胶就奇迹般地恢复了生产。

这场大火历练了京东橡胶干部职工的精神品质，1989 年下半年他们又新建了橡胶制品二厂。

企业发展面临人才"瓶颈"，1992 年，在第一任董事长于虎山的倡导下，公司在资金十分紧张的情况下，拿出 5 万元与河北科技进修学院建起了河北省第一个乡镇企业大专班， 64 名职工参加了为期一年的培训。员工素质的提高直接带动企业的发展，当时，公司主打产品脚蹬胶皮行销全国，几乎垄断了飞鸽、永久、三枪自行车和古庙市场，产品供不应求，京东迎来了历史上第一个辉煌时期。

（四）企业转制，走出乡村

1993年承包期进入后半程，于虎山厂长发现，如果不对企业重新投入，通过简单的拼机器、拼设备，承包者虽然可以挣到一些钱，可一旦承包期满，机器设备就接近报废，企业最终可能还是倒闭。于是他又向村党支部建议解决企业的产权问题。

图1　京东集团再生胶生产车间

1993年底，村支部决定将企业估价后整体卖给于虎山等创业者。1994年1月1日，京东橡胶厂正式更名为京东橡胶实业公司。面对快速发展的企业，公司的十大股东胸怀更宽广，目光更久远，第一次接纳了64名新股东，选举产生了第二届董事会，于虎山任董事长，郭宝光任副董事长兼总经理，于培工任常务副董事长，陈德民任董事后增选为副董事长，赵平、何光甲、何宝强任董事，正式形成了七人董事会，建立了比较完善的管理体制；1997年1月1日在原有管理模式的基础上，引入风险管理机制，即统一经营、并灶吃饭、风险集体承包、自负盈亏。承包人交纳风险抵押金10万元。新的管理模式，很好地解决了责、权、利的关系，为企业的快速发展打下了良好的基础。

产权问题得到解决后，经营者不必再担心承包经营期的投资风险，使企业进入良性运转时期。随着企业的发展，为了不断扩展业务，公司开始逐步扩大股东规模，并开始针对公司的未来谋划下一步的发展计划。

　　京东橡胶公司地处偏僻的农村村落之中，企业对外联系、人员招聘等都存在问题。要想把企业做大做强，必须给公司更宽阔的视野和更大的舞台。公司领导班子经过认真研究，1990 年下决心在任丘市投资办厂，面对离家遇到的种种困难，1991 年公司决定核心领导小组成员举家迁往任丘、自断退路。与此同时，公司发源地的橡胶厂继续保留，为附近乡亲们提供就业机会。

　　从农村来到城市，生活环境与方式发生改变，有可能使部分农民出身的企业领导失去艰苦创业的精神。董事长于虎山和企业其他领导经过商议，决定制定五条"高压政策"加以自律，五条高压禁令矛头直指股东和企业中层以上干部，涉及经济问题、赌博、喝酒、生活作风以及欺上瞒下问题，以此来提醒每一名企业领导到城市是来干事业而不是来享受，"要学毛泽东，不学李自成"。被人们称为"五条高压线"的独特的企业领导管理方式，塑造了京东橡胶基本的队伍形象，也为管理层接受城市生活考验提供了护身符和"紧箍咒"。

　　1994 年公司与沧州某中专联合办学，32 名职工参加了培训。1992 年和1994 年两次培训为京东造就了一大批管理人才。

（五）兼并国有企业，探索多元化经营

　　原任丘市磷肥厂已经停产多年，厂地宽阔，内部有个再生胶车间设备虽然不多，但全部可以利用。为盘活闲置多年的国有资产，当地政府制定了鼓励并购该厂的优惠政策。京东橡胶出于自身发展和为国家分忧的考虑，决定收购该厂。2000 年 4 月 6 日，经过激烈的竞标，京东橡胶胜出，最后以 1133 万元的价格收购任丘市磷肥厂，并获得市政府 10% 减免的政策支持。

　　速度就是效益，从 4 月 6 日兼并到 4 月 20 日，仅仅用了半个月的时间，原再生胶车间的机器就开始了正常的生产。沉寂了多年的机器又发出了隆隆的叫声，荒芜了多年的企业又焕发了生机。京东橡胶注入巨额资金对原有生产设备进行技术改造，有的直接更新，修建了配套的供电、给水装置。又出资对原厂房、宿舍、食堂等进行了修缮，兴建了办公楼、进行厂区绿化、修建职工娱乐场所和基础设施，使原磷肥厂发生了根本性的变化。经过计算，京东橡胶对原磷肥厂先后投资 400 多万元，效果显著，2000 年 9 月实现产值 60 多万元，利润 5 万元，成为公司新的经济增长点。当年净增产值 500 多万元。

　　2003 年 9 月 25 日，京东公司又以 4320 万元的价格战胜了其他三名对手，成功竞买了原任丘市渤海棉纺厂。他们同样发扬了大干快上的传统，仅仅通过不到三个月的时间，就完成了对停产一年多的棉纺设备的维护改造，办公大楼及厂区面貌整修一新，2003 年 12 月 18 日一次试车成功。并购棉纺厂的同时京

东公司吸纳了该厂下岗职工 650 余人，占整个纺织公司总人数的 90% 以上，为任丘社会的稳定作出了积极的贡献。

经过两次兼并后，京东橡胶正式成立集团公司，为了充分调动员工积极性，鼓励优秀人才在京东集团建功立业，集团把股份奖励作为激励手段，不断扩大股东队伍，逐步向公众公司方向发展。目前，集团最大股东的股份只占公司股份的 7%。

京东橡胶积极开拓国际市场。2000 年以前，企业仅有少量再生胶制品通过青岛等地的外贸公司向国外出口。2000 年公司取得了产品自营进出口经营资格，于是在集团内部成立了国内贸易部和国际贸易部。国际贸易部通过互联网、广交会等渠道广泛宣传公司产品，承接国际订单。通过近几年不断引进外语和懂贸易的管理人才，京东集团对外销售与服务不断取得进步，对外贸易量和贸易范围不断扩大，已经在国内同行业处于领先地位。目前京东产品已远销英国、美国、加拿大等十几个国家和地区。外贸出口额从 2000 年以前 300 万元人民币上升到 2002 年 100 万美元，2003 年、2004 年出口进一步上升到 1000 万元、2000 万元人民币。

（六）立足国情，建设"五位一体"企业文化

在不断学习和实践中，公司领导班子体会到人的因素，特别是企业文化对企业生存发展至关重要，决定将企业文化建设作为企业管理的"抓手"。

集团董事会专门成立了京东集团企业文化建设领导小组，由董事长于虎山担任组长。经过反复酝酿、提炼，他们提出了集团文化的核心——"十最思想体系"：最高的权力是制度；最大的凝聚力是企业文化；最大的财富是人才；最大的出路是创新和学习；最可贵的品质是务实奉献、知错必改；最大的敌人是自我；最难忘的东西是真情；最高的行为准则是以德为先，公平、公正、竞争；最大的影响是工作、生活、环境；最成功的管理是规则 + 真情。

企业文化属于精神层面，怎样落到实处是个大问题。集团领导认识到搞企业文化不能脱离国情，要以传统文化为核心构建独具特色的企业文化。于是，京东集团在原已存在的民兵连基础之上，先后建立了京东集团党支部、共青团、工会组织，再加上股东机构形成了"五位一体"的文化载体，化无形文化为有形文化。

京东橡胶民兵连的建立可追溯到 1987 年，在转业军人于虎山厂长的倡导下，由任丘市武装部在该厂正式建立，民兵连的建制与训练对于发扬军队作风，使京东橡胶始终保持旺盛的战斗精神，保持与地方政府的紧密联系发挥了重要

图 2　京东集团企业文化注意发挥党员作用

作用。继成立民兵连后，京东集团先后建立了党支部、共青团、工会等组织。

　　工会组织完全是一种员工自发行为，京东集团目前一直保持职工入会率为100%。一方面工会成为集团联系职工的纽带；另一方面工会成为员工互助的民间组织。集团规定入会职工每人每月交纳会费 10 元，中层管理人员每人每月 30 元，高层管理者每人每月 300 元，所收款项全部用于员工临时困难救助工作，而且集团规定高层管理者不在救助之列。通过工会组织的工作使京东员工感到集团的温暖，增强了员工的凝聚力。党团组织在企业文化建设中发挥着先锋模范作用。2005 年 3 月 23 日，共青团河北省省委书记高洪志来京东视察团建工作，对京东团为企业服务、发挥模范带头作用的行为进行了高度赞扬。

　　京东文化首先体现为领导自律文化，为了把好思想关，杜绝不良行为，他们为自己制定了"五条高压线"，每一条都与高层领导的实际利益密切相关。除此以外，京东集团还对公司所有员工实行绩效管理。绩效管理由文化建设领导小组和监事会共同实行，以月为单位对每名员工和管理者进行业务、学习考核，并将考核结果与月薪挂钩。

　　为了推进企业文化建设，京东公司两次组织高层领导到海尔集团等企业进行考察学习。

　　京东文化的核心是重视人的作用，特别是重视人才的作用。京东集团在培养人才、使用人才、激励人才方面下了很大工夫。

　　集团派出人员到北京大学、北京吉利大学、青岛科技大学、天津工贸学校、河北农业大学深造，为贯彻先进的企业文化，实行科学管理提供人才保障，更主要的措施是加强全体管理干部的科学文化、民主法制内部培训，先后举办了三期基层管理干部特训班。集团从北京第二炮兵请来了军事教官，实行了封闭式军事化训练，将部队文化融于企业管理当中，使近百名基层管理干部增长了知识，增强了纪律性，培养了团队精神。特训期间，组织了特训学员观看天安门广场升旗仪式，参观了长城，对广大学员进行深刻的爱国主义、集体主义教育。

结合公司实际，公司按照确定教师、确定地点、确定时间、确定教材的"四确定"的原则制订了培训计划，制定了培训大纲，精选了《公民道德建设实施纲要》、《"十最"学习教材》、《员工手册》、《企业文化建设》、《宪法》、《劳动法》和《橡胶专业技术与常识》等教材，对员工进行了国情教育、思想教育，培养员工的自力更生、艰苦创业的精神，使职工牢固树立了以厂为家、爱岗敬业的思想。在季度末考核中将理论知识成绩与素质工资挂钩，调动员工学习的积极性和主动性。

在用人方面，公司引进了海尔"人人是人才，赛马不相马"的用人理念。董事长于虎山有一句口头禅：你有多大的本事，我就给你多大的舞台！在人才是企业最宝贵的财富这一理念指导下，公司倡导五湖四海，反对内部人的宗族观念。董事长于虎山对"外部人"的使用给予大力支持，对于排挤"外部人"的现象坚决反对。有一位外部招聘的大学生，工作能力强，工作方法创新意识浓，在集团工作中表现突出，得到董事会的重用，然而因其"外部人"的身份，屡屡遭到一些"内部人"的排挤，对此，于虎山董事长对有关人员的错误行为给予了严厉批评，并把这名大学生安排到了更重要的岗位上。

文化需要制度推进，公司大力推进工资制度改革，从"德、能、勤、绩"四个方面对员工进行评定，建立了一整套科学、合理的工资体制，以调动员工工作的积极性和主动性；出台了"同职不同级"的干部管理制度，以每季度考核成绩来评定相关人员的级别，体现"能者上，平者让，庸者下"，使优秀人才能够脱颖而出。

二、京东集团现状

(一) 企业概况

京东集团自 1985 年创建，历经扩建、搬迁、兼并，目前已发展成为包括合成橡胶、纺织、农业园区在内的集团公司，其总部位于河北省任丘市（县级市）。京东集团是集科研、生产、销售为一体的国家级重点民营股份制企业，下设京东橡胶有限公司、河北京东纺织有限公司、京东农业开发基地和一个技术研发中心。集团现有员工 2000 余人，具有高级、中级职称的员工 100 多名。公司占地面积 26.8 万平方米，拥有资产 1.8 亿元，年产值在 3 亿元左右。

公司组织体系如图 3 所示。

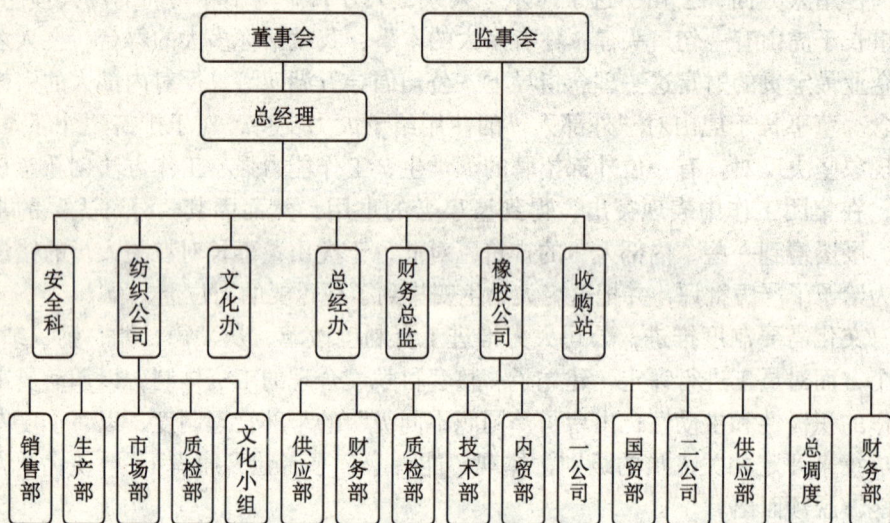

图 3　京东集团组织体系

京东集团下属京东橡胶有限公司占地 19.8 万平方米，拥有资产上亿元，员工 1400 余人，其中高、中级以上职称人员 51 人。公司现已形成年产橡胶板 4.5 万吨，防水卷材 300 余万平方米，再生胶 2.5 万吨的能力，部分产品产量居全国之首，销售网络遍及全国各大中城市，出口到 20 多个国家和地区。

京东纺织有限公司有职工 800 人，占地 73337 平方米，纺织能力 5 万锭，年生产标准纱万吨以上。全部细纱机以及配套的前纺，槽桶设备均为名牌产品。同时配有瑞士精梳机，德国自动网络筒机。能生产高、中、低支普梳、精梳纯棉产品。质量检测设备齐全，检测手段完备。具有完善的质量保障系统和良好的售后服务体系。曾被沧州市技术监督局授予"质量信得过产品"称号，产品远销海内外。

京东集团产品系列如表 1 所示。公司再生胶产品中以再生胶制品为主，胶粉作为再生胶制品的原料，根据市场对胶粉的需要来生产。一般情况下京东集团会把胶粉进一步加工成不同形态的橡胶制品而投入市场。

表 1　京东集团产品系列

橡胶产品系列	纺织产品系列
1~50mm × 500~1600mm 系列产品胶版	
Jd0201a；Jd0201d；Jd0202；Jd0203 特种胶版系列	
Jd0301；　jd0302；　jd0303；　jd0304；　jd0305；jd0306；jd0307；Jd0308 防滑胶版系列	可生产各种普梳纯棉纱，规格为 16~45s，质量优等
Jd0401；jd0402；Jd0403 牲畜垫系列	
Jd0501；Jd0502；Jd0503；Jd0504 防水卷材系列	
Jd0601；Jd0602；Jd0603；Jd0604 再生胶系列	
精细橡胶粉	

（二）治理机制

京东集团的股东从建厂初期的 12 大股东，到 1993 年第一次接纳了 64 名新股东，到今天京东集团已有 700 余名股东，其中最大的股东所占股份为集团总股份的 7%。现在公司将股份作为奖励，每年评选一百名基层优秀工作人员成为新股东。随着集团的不断发展，京东集团的股东规模越来越大。

京东集团的最高权力机构为股东大会选举产生的董事会，集团总经理在董事会的授权下以及监事会的监督下开展企业经营管理工作。凡公司重大问题决策，一般由董事会、监事会、总经理及工会代表共同决策，最后由总经理落实决议的实施事宜。目前在集团管理层还有家族主义的些许痕迹以及强人、能人管理的印象。为了打造"百年京东"这一宏伟目标，董事长于虎山表示，京东集团必须探索新的决策机制以及继任者计划，必须在人才上搞五湖四海，必须让出资人成为决策主体。

公司贯彻用户至上，科学管理，诚实守信，不断创新，让利给客户的经营方针，严格执行 ISO9001 质量认证体系，曾连续 10 年被评为国家级、省级"重合同，守信用"企业。2000 年取得自营进出口权，2003 年"京东"商标被评为河北省著名商标。2005 年 3 月，董事长于虎山荣获"全国乡镇企业家"称号。2005 年 4 月，京东橡胶有限公司被评为全国石油化工百强企业。2005 年 4 月 25 日，在烟台市召开的中国橡胶工业协会六届二次理事会暨成立二十周年大会上，京东集团被评为出口创汇先进企业。

(三) 企业规划

京东集团的短期目标是：从 2004 年开始，利用 5 年时间再造一个京东集团；中期目标是：再用 5~10 年实现万人企业目标；长期目标是：建立百年京东，使企业做到基业长青。

(1) 股东发展战略。重要岗位由股东出任，优秀人才最先吸收为股东，关键岗位股东增加股金，重大贡献可奖励股金兑现或配股，股金总量控制。

(2) 人才发展战略。每年输送一批优秀员工到大专院校深造，坚定不移地推动在职培训，大力引进和留住人才，坚持"能者上，平者让，庸者下"的用人机制，敬业、负责、务实、谦虚、创新是衡量干部的重要标准。

(3) 文化发展战略。企业的经营理念是：企业文化的主体是人，一个没有文化的企业就是一个没有个性的人，一个没有文化的企业是绝无竞争力的企业。五位一体的管理格局是文化建设的重要手段，弘扬企业精神，用"十最"管理思想统揽管理工作全局，真正起到凝聚、导向、约束和辐射等作用。

"十最"管理思想是：最高的权力——制度；最大的凝聚力——企业文化；最大的财富——人才；最大的敌人——自我；最难忘的东西——真情；最可贵的品质——务实奉献、知错必改；最大的出路——创新和学习；最高的行为准则——以德为先，公平、公正、竞争；最大的影响——工作、生活、环境；最成功的管理——规则+真情。

(4) 品牌发展战略。品牌是一个企业的无形资产，一个没有品牌的企业将无法生存壮大，它体现在管理、服务、诚信诸多因素，打造和维护"京东"品牌是全体员工的神圣使命。

(5) 创新发展战略。创新是企业的灵魂，一个不能创新的企业将失去它的生命力，观念、体制、产品、技术、服务和设备等方面的创新是京东公司发展的必经之路。

(6) 员工队伍稳定与员工增收战略。员工队伍稳定与企业形象密切相关，员工增收是员工稳定的前提，把住招工源头，为员工创造适宜的工作、生活、环境是员工稳定的关键。员工稳定是京东公司健康发展的有效保证。

（7）ISO9000 管理与安全创效战略。ISO9000 管理工作是树立京东品牌的可靠保证，是管理水平逐步提高的捷径。安全生产是企业生存的根基，是企业创造效益的保障。

（8）创建环保与花园式工厂战略。坚定不移地走环保之路、建设花园式工厂是京东公司长足发展的前提条件，不惜一切代价改善特殊车间的工作环境。

（9）各单位自负盈亏创效战略。

（10）民主监督与民主管理战略。设立董事长、监事长、工会意见箱，实行有奖建议。坚持厂务公开及职代会制度，充分发挥工会组织的作用。

三、行业背景

（一）关于再生胶

京东橡胶公司是利用汽车废旧轮胎为原料生产再生橡胶制品。汽车废旧轮胎是当代社会汽车工业迅速发展的产物，处理不当就会变成"黑色污染"。随着我国经济的不断发展以及人民生活水平的不断提高，家庭轿车正在迅速走入我国居民家庭。这意味着废旧轮胎在我国将快速增加。废旧轮胎处理问题一直是困扰世界各国的一个严重问题，各国都在探索如何科学地使废旧轮胎再利用。一方面废旧轮胎再利用可以大大降低环境污染；另一方面世界橡胶资源的稀缺性决定了人们要思考如何使宝贵的橡胶资源发挥最大的效能。因此，废旧橡胶再利用已被列入循环经济范畴。从这一点来讲，可以说京东集团从事的再生胶生产行业是一个符合社会发展需要，潜力巨大的"朝阳型"产业。

世界范围内对废旧轮胎的再利用先后经过了掩埋、做燃料、生产再生橡胶板等制品、橡胶粉这四个阶段。目前世界发达国家主要是利用先进的技术将废旧轮胎加工成胶粉，生产橡胶板制品的时代已经过时，许多国家甚至关闭了橡胶板企业。20 世纪 80 年代以来，美国、德国、瑞典、日本、澳大利亚、加拿大等国都相继建立了一批废橡胶粉公司，其生产能力已大大超过再生胶。例如，美国原是世界上再生胶产量最高的国家，1951 年产量达 37 万吨，到 90 年代降到 12 万吨，再生胶只占 41%，而胶粉占 59%。日本在 70 年代后期胶粉产量所占比例已达 37%，80 年代超过 65%，是保留再生胶比例（35%）较多的国家。原苏联从 1982 年开始逐步将废橡胶全部用于生产胶粉，至 90 年代初，胶粉产量已超过 35 万吨。其主要原因是胶粉生产流程简化，与生产再生胶相比，节约大量设备、厂房、动力和人力，不使用各种助剂，也不存在废水、废气、粉尘的污染，生产环境明显改善，而且胶粉各项性能优于再生胶，用途更加广泛。胶粉的生产与应用在国外称为"朝阳"产业，是废旧橡胶综合利用的第二次变革，给废旧橡胶综合利用带来新的生机。

我国再生胶工业从无到有，从小到大，依靠自己的技术力量迅速发展起来。特别是改革开放以来，我国再生胶工业得到了快速发展，目前再生胶年生产能力超过 70 万吨，精细硫化橡胶粉年生产能力超过 15 万吨，每年产销量约 40 万吨（其中精细硫化橡胶粉 5 万吨左右），约占全国橡胶消耗量的 20%，占世界再生胶年产销量的 1/2，堪称世界上第一再生胶生产大国。从目前情况来看，我国再生胶工业产品已落后于发达国家。有关专家指出，未来再生橡胶工业的发展趋势是再生胶生产将随着我国合成橡胶工业的发展而缩小，精细硫化橡胶粉将逐步取代再生胶。因此，我国再生胶工业的发展方向是：废橡胶利用胶粉化；粉碎工艺常温化；再生胶生产动态化、品种多样化、精细化；企业规模化、集团化；生产自动化、无污染化；管理现代化、信息化、网络化；综合利用要深化，走中国再生胶工业发展之路。从这一点来看，京东集团未来必须走技术的升级换代并以此实现产品的更新。

（二）行业地位

1. 再生胶行业

据 1995 年工业普查资料，全国有再生胶、胶粉生产企业 614 家，从业人员近 5 万人，全国除西藏、海南外，都有再生胶生产企业，其中以沿海工业发达地区分布较为集中，广东、河北、山东、浙江、江苏、福建、辽宁、河南 8 省再生胶、胶粉生产企业占企业总数的 66.5%，西部地区不足 10%。

再生胶行业 98% 以上为小型企业，国有企业所占比例不足 1%，集体企业高达 78%，民营企业、三资企业占 11%。全行业再生胶年生产能力超过 70 万吨，其中年生产能力超万吨规模的企业有 18 家，超过 5000 吨规模的企业有 29家。精细胶粉年生产能力超过 15 万吨，其中万吨规模的企业有 5 家，主要再生胶、胶粉生产企业有 52 家，这 52 家企业的年生产能力超过 40 万吨，占全国再生胶、胶粉生产能力的 1/2，在行业中起主导作用。

京东橡胶公司在行业内具有规模和技术优势，目前企业生产实力和规模，特别是在橡胶粉和橡胶板产能上居全国同行前列。由于国外已不再生产或很少生产胶粉，京东集团利用此机会积极发展海外业务，为自己开拓了新的市场空间。

2. 纺织行业

纺织企业的国内外市场竞争都十分激烈。京东集团最初兼并任丘国营棉纺企业的原因主要是看中了这家企业的厂区、设备、土地等闲置资源。经过近几年大量投资，京东纺织规模有所扩大，但在河北纺织界还属于普通一员，更不要说在全国的地位了。收购以后企业利润尽管年年增加，但是纺织行业受政策、棉花产量、国内国际市场价格、各国贸易政策影响较大，行业波动性往往较大。京东纺织公司目前的纺织产品种类只有纱线一种产品，利润增长点比较少。

3. 农业

京东集团虽然还包括一个农业开发基地，但因农业项目的低回报现实以及目前规模及发展水平的限制，农业基地还不能为集团带来显著收益。

（三）劳动力供给形势

京东集团所在的橡胶与纺织行业都属于劳动密集型产业，企业员工以一线生产员工为主。劳动密集型行业存在与发展的基础是大量使用廉价的劳动力，因此如何获得员工并保持员工队伍的稳定是企业生存的关键。

进入 21 世纪以来，原先认为我国劳动力无限供给状况发生了改变，"民工荒"问题已开始从广东、上海等经济发达地区向中部地区转移，河北、山东等地相继出现企业招工难的现象。京东集团坐落于交通中等发达的任丘市，这一带经济发展水平还不是很高，从经济环境来讲，比较适合劳动密集型企业的生存，企业似乎不应该存在用工困难的问题。然而，由于再生胶制造过程中的生产环境污染、劳动强度大、技术含量低等原因，使许多人特别是年轻人不愿从事这一行业，所以企业经常面临员工短缺的问题。近两年，橡胶公司员工的流动率接近 50%。纺织公司以女工为主，女工短缺是近几年民工荒的明显特点之一，因此京东纺织公司也同样面临员工队伍稳定的问题。所以从用工角度来看，京东集团的纺织公司所在行业员工竞争非常激烈，企业间互挖"墙脚"现象普遍存在，纺织工跳槽相当普遍。京东集团如何在劳动力日趋紧张、农民工职业选择自由度加大的情况下保持员工队伍稳定，满足生产的需要已成为一项迫在眉睫的重要任务。为了鼓励优秀员工留在企业，保持企业发展的后劲儿，京东集团从 2004 年开始，把股份作为对员工的激励手段，每年从员工中评选 100 名优秀工作者，发展成为股东，使公司所有权进一步分散，让优秀的员工成为企业真正的主人。这一做法虽有一定效果但并不显著，根据对 184 名员工的问卷调查，股东身份员工 85 人中有离职意愿的比例大约为 63%，非股东身份员工 99 人有离职意愿的员工比例约为 68%。

四、雄关漫道：企业面临的挑战

（一）战略困惑

京东集团目前正处于从中型企业向大型企业的转变期。京东集团在再生胶行业优势明显，目前国内只有南北 5 家同类竞争者，但该行业进入门槛低，市场空间不大，竞争非常激烈。京东集团从事行业虽属劳动密集型，但任何行业都在创新中发展，企业只有实现自主创新才能够形成核心竞争力，才能确保企业长期优势。京东集团目前还没有自主知识产权产品，还没有专门的研发队伍和专项经费投入。企业一直试图通过多元化战略为企业寻找新的经济增长点，但多次受挫。1997 年京东集团投资玻璃店失败；2000 年投资胶管厂失败；2002 年投资北京快餐业失败；投资果木园还未找到更好的发展出路。现在的京东集团如何突破发展的"瓶颈"，争取做强、做大是以于虎山为首的京东领导集体正在认真思考的严肃战略问题。

（二）绩效考核与组织协调问题

员工反映最强烈的一个问题就是绩效考核强化了部门利益、局部利益，而淡化了公司整体利益。

集团公司为了节约成本，实行了内部成本核算管理体系。由财务部对生产部门的原材料采购和最终产品销售进行价格监控和定价，贸易部门根据市场需求向生产部门进行内部采购产品，然后向市场出售。由于市场千变万化，包括原材料价格、产品价格都有可能在短时间内发生变化，财务部门由于并不直接与市场接触，这就导致了企业内部价格对市场反应的迟滞，于是就会出现生产部门与财务核算部门的矛盾。生产部门面对绩效考核压力，只生产那些对本部门内部利润有利的产品，不顾企业外部真正的市场需求，这必然又导致贸易部生产订单与生产部门利益不一致的问题，最终表现为生产部门不接受或选择性接受贸易部门生产订单的现象。这样一来，一方面市场紧俏的商品因为内部核算利润低而生产部门不愿生产；另一方面内部利润高的产品大量积压，最终造成集团产品对企业外部市场反应的迟钝，从而使企业整体利益受损。

（三）一线员工流失过多的负面影响

近年来京东集团一线员工离职率居高不下，橡胶公司员工年流动率达到近50%，据分析，离职率高的原因包括：

（1）收入不高。虽然企业实行计件工资，但工资水平相对于劳动任务总体偏低，2005年工人的工资平均在800元左右。

（2）劳动强度大，生产环境较差，许多年轻人难以适应。

（3）农民工比例高。京东橡胶公司一线生产工人100%为农民工，纺织公司农民工在50%左右，年轻的工人一旦成家或女工有了小孩之后就极有可能离开企业。

过高的流动比例一方面直接影响产品产量和质量；另一方面还将给企业带来其他方面的损失。首先，选人与培训成本增加。农民工文化程度普遍在初中及以下水平，整体素质偏低，进厂以后需要培训。其次，离职员工大多不会成为集团的正面宣传者，从长期来看不利于京东企业形象，进而逐步增加企业选人难度，最终表现为企业发展成本提高。

针对目前企业人力资源管理的实际问题，为了稳定员工队伍京东集团采取了各种措施，例如，扩大股东范围，鼓励员工加入股东队伍（离职取消股权）；改善工作环境，对于污染严重的生产车间进行环保改造；通过工会组织等企业文化载体加强与工人的沟通，切实关心工人的疾苦，对于生活困难的职工给予物资帮助。与此同时，公司还利用企业文化建设统一员工思想，增强凝聚力。

（四）企业文化如何落地生根

京东集团目前已建立独具特色的企业文化体系，但还没有明确的核心价值观，据对中层以上的员工访谈，几乎没人知道京东的核心价值观是什么。部分员工抱怨说企业文化是在走形式，搞宣传。公司对企业文化的考核抓得很紧，但是员工对于考核什么、如何考核还存在争议，有的员工提出应该将目前学什么考什么改变为：干什么学什么，学什么考什么。对于考核过程中的公平性员工也提出异议。

京东集团虽然积极推行股权分散化，但在人们的思想意识中公司治理还有家族影子，如何让有潜力的员工在制度层面上给他们安心和放心工作的舞台，还有待进一步探索。

五、附　录

附录一　京东集团先进党支部——纺织公司党支部

纺织公司党支部在集团公司党总支的领导下，群策群力，积极探索企业文化与党建工作相融合，在工作中保持共产党员先进性、模范性、表率性，促进生产和管理，为企业发展保驾护航，为企业的长足发展作出应有的贡献。他们的主要经验包括如下几点：

（1）长期坚持三会一课。纺织公司党支部坚持每月一次党支部会议，执行党总支决议，布置党建工作，解决生产及职工生活困难。每月一次党员学习，一次党员生活会，学习党的新政策、党的历史知识、公司制度、分公司决议，统一全体党员的思想、保持党员本色。民主生活会上开展批评与自我批评和汇报自己工作情况的活动。上半年党员还开展了"保持共产党员先进性教育"活动，每人写学习体会，并有多篇优秀的文章在《京东人》上发表。

（2）开展丰富多彩的有意义的活动。每月1~2次的义务劳动是纺织公司党员必须遵守的纪律。下班后只要他们有时间，不论是整理库房和车间卫生、打扫厕所或是扫积雪、雨天疏通管道等，哪里有困难、有需要，哪里就有他们的身影。积极参与各种类型的文体活动，负责前期的准备工作、精心地组织和安排；2006年1月27日纺织党支部协助总公司圆满地完成了沧州党建工作检查团的接待工作，受到了上级的高度赞扬，为公司赢得了荣誉。

（3）思想帮扶，温暖人心。纺织公司党支部十分重视职工流动问题，只要职工有此思想倾向，从上到下思想工作及时跟上，对部分思想波动较大的职工还采取了针对性的一帮一活动；对家中有困难的职工经常前去探望，对待职工就像对待自己的家人；入会工作最初不能得到职工的理解，全体党员率先垂范，个个积极入会，而后又一对一帮扶，使纺织公司的入会率达到了90%以上；党员做职工思想工作达到每月20人以上，为稳定职工队伍发挥了很大的作用。

（4）设备投入、生产管理一起抓。为实现从产量型向质量型的战略转变，纺织公司厂委会研究决定对细纱、筒成、粗纱等设备进行更新、改造，纺织公司党支部积极配合厂委会的工作，保质保量地完成了此项工作，为确保产品质量、增加产品品种提供了有力的设备保障；现场管理在党支部的积极参与下发生了质的变化。

附录二　集团公司董事长于虎山采访节选

采访人：中国人民大学商学院博士研究生韩福明（以下简称韩）
被采访者：京东集团董事长于虎山（以下简称于）
访谈时间：2006 年 2 月 23 日上午
访谈地点：于虎山董事长办公室

韩： 于董事长，您认为京东集团为什么没有像其他乡镇企业一样，经过短暂的繁荣之后而销声匿迹呢？

于： 我个人认为关键在于京东集团有一个坚强团结的领导集体。从京东橡胶建立到今天的集团公司，集体决策一直是我们坚持的。当然，京东能走到今天还在于我们能在每次京东陷入发展困境时主动求变，比如适时地进行承包、买断、搬迁、扩建新厂、兼并其他企业等。

韩： 作为董事长您在领导集体中居于核心地位，您认为怎样才能使领导集体坚强而团结呢？

于： 最重要的就是信任和公平，而且要求别人做到的自己首先做到。在我们的领导集体里还规定家属不准干涉公司事务，这样做可以减少内耗。五条"高压线"既是给员工制定的又是限制领导集体成员的。

韩： 请您谈一谈收购磷肥厂和棉纺厂的初衷，是出于企业要走多元化的道路还是其他原因呢？

于： 收购倒闭的磷肥厂是因为需要扩大再生胶生产，想再建一个橡胶厂，而且磷肥厂厂房设备等都可以在收购后使用。收购棉纺厂当时也没有考虑多元化问题，只是觉得这样一个已经倒闭的国营企业，闲置许多资源，如场地、设备等，如果能以较满意的价格将其收购，将来可以作为橡胶公司发展的有益资源，至少有一点可以保证，那就是这块场地具有潜在价值。收购后，我们对纺织市场作了调研，觉得进入这个行业具有可行性，因此，就在原有机器设备基础上，进行更新改造，继续从事纺织产业。从这几年的发展来看，纺织公司运转良好。

韩： 从国外橡胶行业的发展趋势来看，胶粉将是一个值得关注的方向，京东集团为什么不把主要精力放在胶粉上而把重点放在再生胶产品上呢？

于： 胶粉是发展重点，这是理论界的观点，我不完全赞同。胶粉只是再生胶产品生产过程中的初级原料，附加值较低。国外因为劳动力等原因而放弃再生胶产品生产，这恰恰为我们提供了相应产品的市场，这几年京东再生胶制品在国际市场销售量的不断增加就很能说明问题。作为企业我们必须把目光瞄准市场而不是理论界。

韩：您认为京东集团具有家族企业的特征吗？

于：也许别人认为京东具有家族企业的特征，但我并不想把京东办成家族企业。我设想的京东其成员必须是来自五湖四海，必须让能者上，必须让出资人成为决策的主体。京东目前的股东已经有几百人，我在公司股份最大，也不过占公司股份的7%，所以严格来讲，京东已不是一个家族企业和简单的合伙企业。

韩：有人说京东集团也是强人型企业，京东的强人就是您。您同意这种看法吗？

于：这是一个我认真考虑过的问题，如何让京东集团建立起科学的决策机制，事关百年京东目标的实现。我们目前已建立了董事会制度，正在按现代公司模式运作公司，公司的重大决策都是集体决策，我不搞专权。当然随着股东队伍的不断扩大，职业经理人也有可能作为集团的选择，如何让经营者与所有者最大限度地一致，让人才有用武之地，我想最终还是要靠制度。京东制度的根本就在于让出资人拥有决策权。

韩：您怎样评价京东集团的企业文化建设及其效果呢？

于：尽管目前对于京东集团的企业文化建设在企业内部还有不同的观点，但我认为总体上搞企业文化建设是有利于京东的。京东集团的职工包括大部分的管理者都来源于农民，这是一个特殊群体。通过企业文化建设，可以使他们从农民较快地变为工人，增强他们的组织纪律性和集体意识，规范他们的行为，提高生产效率。"五位一体"的文化载体符合国情、厂情。当然如何进一步完善企业文化建设，京东还有许多工作要做。

韩：作为民营企业，您为什么要在公司主动建立民兵连、党支部、共青团、工会等原国有企业存在的组织形式呢？他们的运行需要成本，他们能给企业管理带来什么益处呢？

于：这是一个有意思的问题。首先我是军人出身，所以我和市武装部联系建立了民兵连。建立民兵连，通过一定程度的军训，可以使新员工很快提高组织纪律性，使他们增加自豪感，成为企业的骨干。建立党支部和共青团等先进组织，可以使企业文化载体丰富化，可以使员工找到进步的方向，党团活动结合企业管理可以促进企业文化的发展。工会可以作为企业联系员工的纽带，可以帮助有困难的员工，有利于稳定员工队伍，京东集团目前员工加入工会的情况是百分之百，而且全是自愿的，我们的工会具有明显的自助性，领导和员工共同出资，领导出资多但不用这些钱，而员工一旦有困难，则立即实施帮助，这让员工很高兴。另外，通过建立这些组织，密切了企业与政府的关系，也为企业的发展创造了良好的外界环境。

韩：您认为目前企业发展遇到的最大问题是什么？

于：如何为企业找到新的增长点是我们面对的最大问题。虽然再生橡胶是循环经济，但国家的保护政策还不完善，行业内竞争也很激烈。加大再生胶国际贸易力度是一个方面，但是否涉足其他行业也在考虑。

六、案例使用说明

（一）案例类型与教学目的

本案例为企业发展战略和企业文化案例。

本案例的教学目的包括：

（1）了解中国乡镇企业的发展历程。

（2）了解中国乡镇企业发展过程中面临的机遇和问题。

（3）深刻理解企业文化的共性与个性。

（4）了解中小企业文化建设的实践。

（5）理解企业领导人在企业发展中的决定性作用。

（6）增加再生胶行业的知识。

（二）可供教师在课堂上选用的启发思考题

（1）许多乡镇企业为什么经历红红火火以后销声匿迹？

（2）京东集团成长过程有哪些经验教训？

（3）行业优势与多元化战略的关系是什么？

（4）企业文化建设如何才能取得实效？

（5）京东集团如何实施二次或三次创业？

（6）农民企业家如何避免目光和思维局限？

(三) 案例分析路线

京东集团成长主要动力 ——➤ 企业发展规划 ——➤ 面对的挑战 ——➤ 可选的解决途径 ——➤ 中小企业成长发展的一般规律。

(四) 理论要点

(1) 发展战略。
(2) 乡镇企业。
(3) 企业文化理论。

(五) 参考资料

(1) 张国斌:《中国乡镇企业发展过程的历史考察与思考 (1979—1991)》,中南财经政法大学, http: //jyw.znufe.edu.cn/pub/znjjslt/rcpy/sbxt/t20060522_5407.htm。

(2) 农业部:《2007 年全国乡镇企业经济运行情况》, http: //www.agri.gov.cn/xxfb/t20080204_968372.htm。

(3) 国家信息中心:《中国乡镇企业十一五发展规划》, 国土资源部资源网, 2008.2.25。

(4)《我再生胶制造技术世界领先》, 中国化工报, 2006.9.2, http: //www.18-china.com/news1/ReadNews.asp? NewsID = 14416&BigClassID = 54。

(5)《再生胶行业经济形势分析》, 中国橡胶, http: //www.jrj.com.cn/NewsRead/Detail.asp? NewsID = 729237。

声 明

    本辑案例编写目的不在于论证某种经营管理理论与方法之科学性，也不在于宣传相关企业之成就或问题，仅仅在于为工商管理案例教学提供素材。作者对案例材料之真实性负责。未经许可，禁止对本辑案例进行任何形式的复制、存储和转载。

编著者

2008 年 5 月